DOCÊNCIA em FORMAÇÃO
Ensino Fundamental

Coordenação:
Antônio Joaquim Severino
Selma Garrido Pimenta

© 2007 by Nídia Nacib Pontuschka
Tomoko Iyda Paganelli
Núria Hanglei Cacete

© Direitos de publicação
CORTEZ EDITORA
Rua Monte Alegre, 1074 – Perdizes
05014-000 – São Paulo – SP
Tel.: (11) 3864-0111 Fax: (11) 3864-4290
cortez@cortezeditora.com.br
www.cortezeditora.com.br

Direção
José Xavier Cortez

Editor
Amir Piedade

Preparação
Alexandre Soares Santana

Revisão
Oneide M. M. Espinosa
Rodrigo da Silva Lima
Roksyvan Paiva

Edição de Arte
Mauricio Rindeika Seolin

Ilustração da capa
Luiz Gesini

Dados Internacionais de Catalogação na Publicação (CIP)
(Câmara Brasileira do Livro, SP, Brasil)

Pontuschka, Nídia Nacib
  Para ensinar e aprender Geografia / Nídia Nacib Pontuschka, Tomoko Iyda Paganelli, Núria Hanglei Cacete. – 3ª ed. – São Paulo: Cortez, 2009. – (Coleção docência em formação. Série Ensino Fundamental)

Bibliografia.
ISBN 978-85-249-1348-8

1. Geografia – Estudo e ensino 2. Prática de ensino 3. Professores – Formação profissional I. Paganelli, Tomoko Iyda. II. Cacete, Núria Hanglei. III. Título. IV. Série.

07-8801   CDD-910.7

Índices para catálogo sistemático:
1. Geografia: Estudo e ensino: Prática de ensino   910.7

Impresso no Brasil – agosto de 2025

NÍDIA NACIB PONTUSCHKA
TOMOKO IYDA PAGANELLI
NÚRIA HANGLEI CACETE

Para ensinar e aprender
Geografia

3ª edição
4ª reimpressão

CORTEZ EDITORA

Sumário

Aos professores 9

Apresentação da coleção 11

Introdução 21

1ª Parte A Geografia como ciência e disciplina escolar .. 33

Capítulo I A Geografia como ciência
da sociedade e da natureza 35
    1. A produção científica da Geografia 39
    2. Questionamento da Geografia no Brasil 50

Capítulo II A disciplina escolar
e os currículos de Geografia 57
    1. Estudos Sociais nas escolas vocacionais
       e no Colégio de Aplicação 62
    2. Repercussões da Lei 5.692/71
       nos cursos de formação docente 65
    3. O movimento de renovação
       da Geografia nas escolas 67
    4. Propostas curriculares para o ensino
       de Geografia: breve histórico 69
    5. Atividade 86
    6. Leituras complementares 86

Capítulo III A formação docente e o ensino superior 87
    1. O professor e sua formação 89
    2. A pesquisa na formação
       dos professores de Geografia 94

	3. Atividades 103
	4. Leituras complementares 103
2ª Parte	O ensino-aprendizagem da Geografia e as práticas disciplinares, interdisciplinares e transversais 105
Capítulo I	Disciplinaridade, transversalidade e interdisciplinaridade 111
	1. Organização dos conteúdos por agrupamentos .118
	2. Seleção de conteúdos e sua estruturação lógica: categorias, conceitos e mapas conceituais 120
	3. Transversalidade e os temas transversais 126
	4. Temas transversais no Brasil 130
	5. Atividades 137
	6. Leituras complementares 138
Capítulo II	A interdisciplinaridade e o ensino de Geografia 141
	1. Para uma reflexão teórica sobre a temática 146
	2. A interdisciplinaridade na escola: possibilidades 149
	3. Diálogo entre os conhecimentos parcelares 150
	4. O tema gerador como articulador de projeto interdisciplinar 152
	5. "Correndo atrás da bola": uma prática de interdisciplinaridade na rua 157
	6. Interdisciplinaridade e espaço: fronteira entre campos diferentes do conhecimento 161
	7. Atividades 169
	8. Leituras complementares 169
Capítulo III	Estudo do meio: momentos significativos de apreensão do real 171
	1. Observações e entrevistas: alicerces da coleta de dados em um estudo do meio 181

	2. Estudo do meio em TGI e TCC: um exemplo ...188
	3. Atividades 201
	4. Leituras complementares 211
3ª PARTE	REPRESENTAÇÕES E LINGUAGENS NO ENSINO DA GEOGRAFIA....................................213
CAPÍTULO I	TEXTOS ESCRITOS...217
	1. Ensino de Geografia e literatura 234
	2. Atividades 249
	3. Leituras complementares 256
CAPÍTULO II	A LINGUAGEM CINEMATOGRÁFICA NO ENSINO DE GEOGRAFIA.....................................259
	1. Tecnologia, informação e conhecimento..........261
	2. Cinema e conhecimento geográfico e educacional 265
	3. A questão da imagem 278
	4. Atividades 283
	5. Leituras complementares 286
CAPÍTULO III	REPRESENTAÇÕES GRÁFICAS NA GEOGRAFIA 289
	1. Representações gráficas.................................292
	1.1. O desenho e suas modalidades 293
	1.2. Croquis 303
	1.3. Cartas mentais/mapas mentais 312
	2. Atividade 315
	3. Leituras complementares 317
CAPÍTULO IV	REPRESENTAÇÕES CARTOGRÁFICAS: PLANTAS, MAPAS E MAQUETES 321
	1. Para que servem os mapas? 324
	2. Maquetes: a simbolização da realidade 329

	3. Atividades	333
	4. Leituras complementares	335
Capítulo V	O livro didático de Geografia	337
	1. Critério de avaliação: um exemplo	344
	2. Atividades	347
	3. Leituras complementares	348
Bibliografia		349
Pranchas coloridas		377

AOS PROFESSORES

A Cortez Editora tem a satisfação de trazer ao público brasileiro, particularmente aos estudantes e profissionais da área educacional, a Coleção Docência em Formação, destinada a subsidiar a formação inicial de professores e a formação contínua daqueles que se encontram no exercício da docência.

Resultado de reflexões, pesquisas e experiências de vários professores espccialistas de todo o Brasil, a coleção propõe uma integração entre a produção acadêmica e o trabalho nas escolas. Configura um projeto inédito no mercado editorial brasileiro por abarcar a formação de professores para todos os níveis de escolaridade: educação básica (incluindo a educação infantil, o ensino fundamental e o ensino médio) e a educação superior; a educação de jovens e adultos e a educação profissional. Completa essa formação com as problemáticas transversais e com os saberes pedagógicos.

Com mais de 30 anos de experiência e reconhecimento, a Cortez é uma referência no Brasil, nos demais países latino-americanos e em Portugal pela coerência de sua linha editorial e atualidade dos temas que publica, especialmente na área da educação, entre outras. É com orgulho e satisfação que lançamos esta coleção, pois estamos convencidos de que representa novo e valioso impulso e colaboração ao pensamento pedagógico e à valorização do trabalho dos professores na direção de uma melhoria da qualidade social da escolaridade.

José Xavier Cortez
Diretor

Apresentação da coleção

A *Coleção Docência em Formação* tem por objetivo oferecer aos professores em processo de formação, e aos que já atuam como profissionais da educação, subsídios formativos que levem em conta as novas diretrizes curriculares, buscando atender, de modo criativo e crítico, às transformações introduzidas no sistema nacional de ensino pela Lei de Diretrizes e Bases da Educação Nacional de 1996. Sem desconhecer a importância desse documento como referência legal, a proposta desta coleção identifica seus avanços e seus recuos e assume como compromisso maior buscar uma efetiva interferência na realidade educacional por meio do processo de ensino e de aprendizagem, núcleo básico do trabalho docente social. Seu propósito é, pois, fornecer aos docentes e alunos das diversas modalidades dos cursos de formação de professores e aos docentes em exercício textos de referência para sua preparação científica, técnica e pedagógica. Esses textos contêm subsídios formativos relacionados ao campo dos saberes pedagógicos, bem como ao dos saberes ligados aos conhecimentos especializados das áreas de formação profissional.

A proposta da coleção parte de uma concepção orgânica e intencionada da educação e da formação de seus profissionais, tendo bem claro que professores se pretendem formar para atuar no contexto da sociedade brasileira contemporânea, marcada por determinações históricas específicas.

Como bem o mostram estudos e pesquisas recentes na área, os professores são profissionais essenciais nos processos de mudança das sociedades. Se forem deixados à margem, as decisões pedagógicas e curriculares alheias, por mais interessantes que possam parecer, não

> Trata-se da Lei nº 9.394, de 20 de dezembro de 1996, Lei de Diretrizes e Bases da Educação Nacional (LDB). Essa lei aplica ao campo da educação os dispositivos constitucionais, constituindo, assim, a referência fundamental da organização do sistema educacional do país.

> Os professores exercem papel imprescindível e insubstituível no processo de mudança social.

se efetivam, não geram efeitos sobre a sociedade. Por isso é preciso investir na formação e no desenvolvimento profissional dos professores.

Na sociedade contemporânea, as rápidas transformações no mundo do trabalho, o avanço tecnológico configurando a sociedade virtual e os meios de informação e comunicação incidem fortemente na escola, aumentando os desafios para torná-la uma conquista democrática efetiva. Transformar práticas e culturas tradicionais e burocráticas das escolas que, por meio da retenção e da evasão, acentuam a exclusão social não é tarefa simples nem para poucos. O desafio é educar as crianças e os jovens, propiciando-lhes um desenvolvimento humano, cultural, científico e tecnológico, de modo que adquiram condições para enfrentar as exigências do mundo contemporâneo. Tal objetivo exige esforço constante de diretores, professores, funcionários e pais de alunos e de sindicatos, governantes e outros grupos sociais organizados.

Não ignoramos que esse desafio precisa ser prioritariamente enfrentado pelas políticas de governo. Todavia, os professores são profissionais essenciais na construção dessa nova escola. Nos anos 1980-90, diferentes países realizaram grandes investimentos na área da formação e desenvolvimento profissional de professores para essa finalidade. Os professores contribuem com seus saberes, seus valores, suas experiências nessa complexa tarefa de melhorar a qualidade social da escolarização.

Entendendo que a democratização do ensino passa pelos professores, por sua formação, por sua valorização profissional e por suas condições de trabalho, pesquisadores têm defendido a importância do investimento no seu desenvolvimento profissional. Esse processo de valorização envolve formação inicial e continuada,

> As escolas precisam passar por profundas transformações em suas práticas e culturas para enfrentar os desafios do mundo contemporâneo.

> Na complexa tarefa de aprimoramento da qualidade do trabalho escolar, os professores contribuem com seus saberes, seus valores e suas experiências.

> A formação docente é um processo permanente e envolve a valorização identitária e profissional dos professores.

articulada, identitária e profissional. Essa formação identitária é epistemológica, ou seja, reconhece a docência como um campo de conhecimentos específicos configurados em quatro grandes conjuntos, a saber: 1) conteúdos das diversas áreas do saber e do ensino, ou seja, das ciências humanas e naturais, da cultura e das artes; 2) conteúdos didático-pedagógicos, diretamente relacionados ao campo da prática profissional; 3) conteúdos ligados a saberes pedagógicos mais amplos do campo teórico da prática educacional; 4) conteúdos ligados à explicitação do sentido da existência humana individual, com sensibilidade pessoal e social. E essa formação identitária é também profissional, ou seja, a docência constitui um campo específico de intervenção profissional na prática social.

> A identidade do professor é simultaneamente epistemológica e profissional, realizando-se no campo teórico do conhecimento e no âmbito da prática social.

O desenvolvimento profissional dos professores é objetivo de propostas educacionais que valorizam a sua formação não mais baseada na racionalidade técnica, que os considera meros executores de decisões alheias, mas em uma perspectiva que reconhece sua capacidade de decidir. Ao confrontar suas ações cotidianas com as produções teóricas, é necessário rever as práticas e as teorias que as informam, pesquisar a prática e produzir novos conhecimentos para a teoria e a prática de ensinar. Assim, as transformações das práticas docentes só se efetivarão se o professor ampliar sua consciência sobre a própria prática, a de sala de aula e a da escola como um todo, o que pressupõe os conhecimentos teóricos e críticos sobre a realidade. Tais propostas enfatizam que os professores colaboram para transformar a gestão, os currículos, a organização, os projetos educacionais e as formas de trabalho pedagógico das escolas. Assim, reformas produzidas nas instituições sem tomar os pro-

> A transformação da prática do professor decorre da ampliação de sua consciência crítica sobre essa mesma prática.

fessores como parceiros/autores não transformam a qualidade social da escola. Em consequência, valorizar o trabalho docente significa dar aos professores condições para analisar e compreender os contextos histórico, social, cultural e organizacional que fazem parte de sua atividade docente.

> Têm-se cobrado dos professores responsabilidades que ultrapassam suas atribuições no plano individual. Cabe-lhes, sim, apontar coletivamente caminhos institucionais para enfrentar essas novas demandas.

Na sociedade brasileira contemporânea novas exigências são acrescentadas ao trabalho dos professores. Com o colapso das velhas certezas morais, cobra-se deles que cumpram funções da família e de outras instâncias sociais; que respondam à necessidade de afeto dos alunos; que resolvam os problemas da violência, da droga e da indisciplina; que preparem melhor os alunos para as áreas de matemática, de ciências e tecnologia para colocá-los em melhores condições de enfrentar a competitividade; que restaurem a importância dos conhecimentos e a perda da credibilidade das certezas científicas; que sejam os regeneradores das culturas/identidades perdidas com as desigualdades/diferenças culturais; que gerenciem as escolas com parcimônia; que trabalhem coletivamente em escolas com horários cada vez mais reduzidos. Em que pese a importância dessas demandas, não se pode exigir que os professores individualmente as atendam. Espera-se, pois, que, coletivamente, apontem caminhos para o enfrentamento dessas exigências.

> Para enfrentar os desafios das situações de ensino, o profissional da educação precisa da competência do conhecimento, de sensibilidade ética e de consciência política.

É nesse contexto complexo que se faz necessário ressignificar a identidade do professor. O ensino, atividade característica dele, é uma prática social complexa, carregada de conflitos de valor e que exige posturas éticas e políticas. Ser professor requer saberes e conhecimentos científicos, pedagógicos, educacionais, sensibilidade, indagação teórica e criatividade para encarar as situações ambíguas, incertas, conflituosas e, por vezes, violentas, presentes nos contextos escolares e não escolares. É da natureza da atividade docente proceder à mediação reflexiva e crítica entre as transformações sociais concretas e a formação humana dos alunos, questionando os modos de pensar, sentir, agir e de produzir e distribuir conhecimentos.

Problematizando e analisando as situações da prática social de ensinar, o professor utiliza o conhecimento elaborado das ciências, das artes, da filosofia, da pedagogia e das ciências da educação como ferramenta para a compreensão e a proposição do real.

> Valorizar o trabalho docente implica dar aos professores condições para análise crítica do contexto em que se realiza sua prática educativa.

Esta coleção investe na valorização da capacidade de decisão dos professores. Assim, discutir os temas que permeiam o cotidiano das atividades escolares como projeto pedagógico, autonomia, identidade e profissionalismo dos professores, violência, cultura, religiosidade, importância do conhecimento e da informação na sociedade contemporânea, a ação coletiva e interdisciplinar, as questões de gênero, o papel do sindicato na formação, entre outros, articulados aos contextos institucionais, às políticas públicas e confrontados com experiências de outros contextos escolares e com teorias é o caminho que esta coleção propõe.

> O caminho proposto por esta coleção é o da discussão dos temas do cotidiano escolar, ligados aos contextos institucionais e às políticas públicas e confrontados com as teorias e a experiência.

Os livros que a compõem apresentam um tratamento teórico-metodológico relacionado a três premissas: 1. Há estreita vinculação entre os conteúdos científicos e pedagógicos. 2. Produz-se conhecimento de forma construtiva. 3. Existe estreita ligação entre teoria e prática.

Assim, de um lado, é preciso considerar que a atividade profissional de todo professor possui uma natureza pedagógica, isto é, vincula-se a objetivos educativos

> A atividade pedagógica tem estreita vinculação com os objetivos educacionais, com os processos metodológicos e organizacionais da apropriação e da transmissão do saber e do agir.

de formação humana e a processos metodológicos e organizacionais de transmissão e apropriação de saberes e modos de ação. O trabalho docente está impregnado de intencionalidade, pois visa à formação humana por meio de conteúdos e habilidades, de pensamento e ação, o que implica escolhas, valores, compromissos éticos. Isso significa introduzir objetivos de natureza conceitual, procedimental e valorativa, em relação aos conteúdos da matéria que ensina; transformar o saber científico ou tecnológico em conteúdos formativos; selecionar e organizar conteúdos de acordo com critérios lógicos e psicológicos, em função das características dos alunos e das finalidades do ensino; utilizar métodos e procedimentos de ensino específicos, inserindo-os em uma estrutura organizacional em que participe de decisões e ações coletivas. Por isso, para ensinar, o professor necessita de conhecimentos e práticas que ultrapassem o campo de sua especialidade.

De outro lado, é preciso levar em conta que todo conteúdo de saber é resultado de um processo de construção de conhecimento. Por isso, dominar conhecimentos não quer dizer apenas apropriação de dados objetivos pré-elaborados, produtos prontos do saber acumulado. Mais do que dominar os produtos, interessa aos alunos compreender que estes são resultantes de um processo de investigação humana. Assim trabalhar o conhecimento no processo formativo dos alunos significa proceder à mediação entre os significados do saber no mundo atual e aqueles dos contextos nos quais foram produzidos. Significa explicitar os nexos entre a atividade de pesquisa e seus resultados; portanto, instrumentalizar os alunos no próprio processo de pesquisar.

> Os conteúdos do saber decorrem intrinsecamente de um processo de construção do conhecimento; não são produtos acumulados.

Na formação de professores, os currículos devem considerar a pesquisa como princípio cognitivo, investigando com os alunos a realidade escolar, desenvolvendo neles essa atitude investigativa em suas atividades profissionais e assim tornando a pesquisa também princípio formativo na docência.

> A construção do conhecimento se dá através da prática da pesquisa. Ensinar e apreender só ocorrem significativamente quando decorrem de uma postura investigativa de trabalho.

Além disso, é no âmbito do processo educativo que mais íntima se afirma a relação entre a teoria e a prática. Essencialmente, a educação é uma prática, mas uma prática intencionada pela teoria. Disso decorre atribuirmos importância ao estágio no processo de formação do professor. Entendendo que ele faz parte de todas as disciplinas, percorrendo o processo formativo desde o início, os livros desta coleção sugerem várias modalidades de articulação direta com as escolas e demais instâncias, nas quais os professores atuarão, apresentando formas de estudo, análise e problematização dos saberes nelas praticados. O estágio também pode servir de espaço de projetos interdisciplinares, ampliando a compreensão e o conhecimento da realidade profissional de ensinar. As experiências docentes dos alunos que já atuam no magistério, como também daqueles que participam da formação continuada, devem ser valorizadas como referências importantes para serem discutidas e refletidas nas aulas.

> No processo educativo, teoria e prática se associam e a educação é sempre prática intencionalizada pela teoria.

> O estágio e as experiências docentes acumuladas assumem papel relevante na formação do professor.

Considerando que a relação entre as instituições formadoras e as escolas pode representar a continuidade da formação para os professores das escolas, assim como para os formadores, os livros sugerem a realização de projetos conjuntos. Essa relação poderá propiciar ao aluno em formação oportunidade para rever e aprimorar sua escolha pelo magistério.

> Formar o profissional da educação exige um investimento competente e crítico nas esferas do conhecimento, da ética e da política.

Para subsidiar a formação inicial e continuada dos professores onde quer que se realize, nas faculdades isoladas, nos centros universitários e no ensino médio, esta coleção está assim estruturada:

Educação Infantil
profissionais de creche e pré-escola

Ensino Fundamental
professores da 1ª à 4ª série e da 5ª à 8ª série

Ensino Médio
professores do ensino médio

Ensino Superior
professores do ensino superior

Educação Profissional
professores do ensino profissional

Educação de Jovens e Adultos
professores de jovens e adultos em cursos especiais

Saberes Pedagógicos e Formação de Professores

Problemáticas Transversais e Formação de Professores

Em síntese, a elaboração dos livros desta coleção baseia-se nos seguintes pontos:

• Investir no conceito de desenvolvimento profissional, superando a visão dicotômica de formação inicial e de formação continuada.

- Investir em sólida formação teórica nos campos que constituem os saberes da docência.

- Considerar a formação voltada para o profissionalismo docente e para a construção da identidade de professor.

- Tomar a pesquisa como componente essencial da/na formação.

- Considerar a prática social concreta da educação como objeto de reflexão/formação ao longo do processo formativo.

- Assumir a visão de totalidade do processo escolar/educacional em sua inserção no contexto sociocultural.

- Valorizar a docência como atividade intelectual, crítica e reflexiva.

- Considerar a ética como fundamental à formação e à atuação docente.

> Investir em uma concepção orgânica de formação de professores mediante um tratamento metodológico que vincula os campos dos saberes da docência: o propósito dos livros desta coleção.

Antônio Joaquim Severino
Selma Garrido Pimenta
coordenadores

Introdução

Introdução

Este livro integra a Coleção Docência em Formação no Ensino Fundamental e Médio. Apresentando uma discussão sobre como ensinar e aprender Geografia, destina-se a cursos de formação de professores e pedagogos.

A preocupação das autoras é a discussão da atual realidade da formação docente para o ensino e a aprendizagem da Geografia como componente curricular, apontando caminhos possíveis para que a disciplina cumpra seu papel nas escolas de ensino fundamental e médio. Aborda o processo de ensino e aprendizagem em Geografia na busca de seus fundamentos e da explicitação metodológica que potencializem esse processo.

Os caminhos passíveis de ser percorridos em cursos de formação de professores da disciplina são variados e dependem do entendimento da instituição formadora e de seus mestres sobre o que venha a ser a educação básica e sobre o papel da Geografia nessa formação. A nosso ver, o trabalho em sala de aula precisa permitir ao aluno a compreensão do espaço geográfico. Para tanto, há necessidade de um diálogo permanente com o próprio espaço para que o aluno amplie sua visão de mundo, conheça e reconheça seu papel na sociedade tecnológica e computacional em uma economia e cultura mundializadas.

Quem poderá, ao defrontar com uma classe, responder às clássicas perguntas: Para que ensinar Geografia?

Introdução

O que ensinar em Geografia? Como ensinar Geografia? Que recursos didáticos selecionar e como utilizá-los? Como estabelecer relações com as demais disciplinas do currículo, considerando que, em princípio, todas elas têm papel significativo na formação de um jovem? Como fazer que o trabalho pedagógico em Geografia contribua para a vida do aluno em suas múltiplas dimensões? São questões permanentes que os professores se propõem constantemente e às quais o professor da disciplina precisa responder para si próprio, para seus companheiros de escola e, sobretudo, para seus alunos. As respostas são diferentes em contextos históricos e espaciais variados; particularmente no mundo complexo e contraditório em que o País vive, com a escola envolta em situações conflitantes em sua relação com os diversos poderes, com pais e alunos de diferentes culturas e categorias sociais e com a violência urbana que assola as grandes e médias cidades brasileiras. As mudanças na sociedade têm hoje um ritmo tão acelerado, que as respostas se tornam rapidamente obsoletas e inadequadas para os objetivos educacionais preestabelecidos.

O objetivo maior do livro é pôr em questão como a Geografia, componente curricular, pode construir, no processo de formação docente, um saber escolar com base nos conhecimentos geográficos produzidos na academia, nos conhecimentos prévios trazidos pelos alunos para a escola mediante sua vivência com o espaço geográfico e nos métodos, linguagens e técnicas articuladores de todos esses conhecimentos. Saber esse que, construído, ajude a orientar o aluno nas várias dimensões de sua vida.

Para a consecução desse objetivo, há muitos caminhos; no entanto, avaliamos como o principal meio na formação do professor de Geografia do ensino básico a incorporação da pesquisa em sua formação, com o aproveitamento desses saberes na construção do saber escolar.

Mas o que é preciso pesquisar em Geografia e como fazê-lo?

Neste livro, fazemos algumas propostas que, conquanto não possam ser consideradas únicas, não são de modo algum aleatórias ou desconectadas de uma prática, uma vez que resultam de pesquisas anteriores e de trabalhos produzidos nas disciplinas de Práticas de Ensino e de Metodologia do Ensino, de estágios supervisionados de licenciandos de Geografia e da experiência de pedagogos em escolas públicas e privadas.

Para que seja possível trabalhar com pesquisa na formação inicial, é preciso que o próprio professor se reconheça como pesquisador, ou seja, trilhe caminhos teóricos e metodológicos na busca de respostas para os desafios que encontra na relação pedagógica com os alunos e no diálogo com o espaço geográfico e com um mundo em mudança.

O professor pode pesquisar em bibliografia relacionada à educação — da qual os livros desta coleção são um exemplo —, mas também na realidade de seu lugar, de seu país e de outros países hoje tão próximos de nós, principalmente por meio da mídia, com destaque para a televisão.

A Geografia, como ciência, avançou em seus vários ramos, e deveria ter havido uma contribuição maior para seu ensino e aprendizagem. No entanto, é preciso lembrar que o movimento e o ritmo de mudanças nas sociedades se alteraram, as relações internacionais se mundializaram e se globalizaram, o neoliberalismo se expandiu e vem, de forma profunda, interferindo no cotidiano de nossas vidas e também no cotidiano escolar. Na atualidade, tais transformações exigem urgentemente a criação de respostas com novos conteúdos. Os conteúdos convencionais intrínsecos à Geografia precisam ser vistos por novos prismas.

O trabalho pedagógico na disciplina Geografia precisa permitir ao aluno assumir posições diante dos problemas enfrentados na família, no trabalho, na escola e nas instituições de que participa ou poderá vir a participar, aumentando seu nível de consciência sobre as responsabilidades, os direitos sociais, a fim de efetivamente ser agente de mudanças desejáveis para a sociedade.

Ao realizar a leitura do espaço geográfico, o professor pode permitir-se também fazer a leitura do espaço social da escola, para entender de onde se originaram os conhecimentos e as representações sociais que dominam o trabalho pedagógico, assim como as relações de poder ali estabelecidas internamente entre os próprios atores sociais e entre a escola e os órgãos superiores. Para tanto, é preciso conhecer os marcos fundamentais da história da educação e da trajetória do ensino de Geografia das últimas décadas, da ditadura militar até nossos dias, para compreender a tensão existente nas universidades e nas escolas superiores responsáveis pela formação docente. Alguns princípios precisam ser discutidos se quisermos que o professor se constitua em pesquisador: domínio do conhecimento geográfico a ser ensinado e dos caminhos teórico-metodológicos existentes para trabalhar sua disciplina e a necessidade da colaboração das diferentes disciplinas para a compreensão da complexidade do mundo.

O conhecimento produzido na universidade, fundamentado em pesquisas de campo, de laboratório e de bibliografia e dominado pelo professor, deve constituir o instrumental teórico a ser elaborado, recriado, para transformar-se em saber escolar, ou seja, em saber a ser ensinado. *"O saber que se torna objeto de ensino na escola não é o saber universitário simplificado, é um saber transformado, recomposto, segundo um processo que trata de dominar ao máximo, evitando simplificações que deformam os conhecimentos ou que provocam desvios"* (Marechal, 1990, p. 47).

Nossa intenção é pensar a formação do professor de Geografia para uma escola e uma sociedade em que se possa consolidar a democracia. Com essa perspectiva, o professor precisa preparar-se para participar de projetos na escola que visem a reflexões participativas, viáveis para o momento vivido, e sejam adequados às condições e à complexidade da sociedade atual neste início de século XXI.

Os docentes precisarão estar sempre atentos a questões do mundo contemporâneo, como a distribuição mais justa da renda, a conservação da natureza, a valorização do trabalho humano, as relações comerciais no mundo e a interferência na vida da escola e de seus alunos. Para tanto, os professores de Geografia necessitam ter sólida formação científica, pedagógica e humanista.

Propomos, para a formação inicial desse professor, a posse de certo perfil profissional que oriente satisfatoriamente as atividades didáticas posteriores, sem, no entanto, a pretensão de considerar esse perfil como único:

- dominar o conhecimento historicamente produzido no âmbito da ciência de referência e da disciplina a ser ensinada, reconhecendo o significado social que sua profissão possui e o papel que a Geografia cumpre na formação dos alunos;

- saber atuar, individualmente ou em grupo, com criatividade, flexibilidade e cooperação com seus alunos e companheiros de profissão;
- comprometer-se com a construção de seu conhecimento mediante a preocupação contínua de articular teoria e prática, sabendo que sua formação como profissional professor não se esgota com os conhecimentos adquiridos nos cursos de licenciatura e bacharelado;
- ter como princípio a interação entre pesquisa e ensino e permitir que o processo investigativo esteja sempre presente, articulado aos conhecimentos já produzidos historicamente e à realidade do aluno.

O perfil desejável do professor poderá ser desenvolvido pelo conhecimento da Geografia, das práticas ou metodologias de ensino e das bibliografias construídas com base em pesquisas sobre ensino e formação docente que ora se multiplicam.

Um curso de formação que tenha como princípio orientador a pesquisa e se preocupe com os métodos, técnicas e linguagens a ser utilizadas no ensino de Geografia terá condições de formar um bom professor dessa disciplina.

O professor que souber realizar levantamento bibliográfico em bibliotecas e pelo sistema computacional, usar laboratórios e ter atitude crítica diante das linguagens e recursos didáticos oferecidos pela chamada indústria cultural poderá não só oferecer a seus alunos a transmissão de conhecimentos já produzidos, mas também superar esse estágio, caminhando em direção à produção de saber e de material didático.

Desse modo, a pesquisa é considerada princípio fundamental da aprendizagem, importante tanto para a formação do professor como para o exercício profissional.

Conhecer a ciência geográfica e sua trajetória é imprescindível, mas não suficiente; é preciso saber ensiná-la.

No mundo de hoje há verdadeiro mar de informações; no entanto, informações e dados isolados ou descontextualizados não criam sentido ou significado para o aluno. Há que problematizar questões da realidade geográfica, na busca de sentido que colabore para a formação de uma consciência espacial, reconhecendo a interação entre os elementos dessa realidade e o cotidiano da vida de alunos e professores.

Revela-se também importante reconhecer no espaço geográfico a materialização das práticas sociais e verificar como um fenômeno qualquer, de grande ou pequena repercussão, é percebido, pensado e questionado pelo professor e pelo aluno em comunhão. Nessa perspectiva, a dialética mostra-se como método de análise que permite a identificação das contradições presentes na produção do espaço e a crítica dos produtos da indústria cultural.

Na formação do professor de Geografia, há necessidade de fazer escolhas em meio ao universo de conhecimentos estudados em Geografia e nas ciências afins; de levar em conta a estrutura da própria disciplina; de rever e produzir outro saber que considere a essência do pensamento geográfico atual e estudá-lo com o público específico de alunos; de levar em conta as faixas etárias dos alunos, as categorias sociais a que pertencem e suas características culturais e econômicas, orientando-se pelos objetivos estabelecidos nos projetos pedagógicos da escola, que precisam ser operacionalizados e transformados em atividades didáticas em sala de aula.

Outro aspecto a ser considerado refere-se à influência da mídia, que frequentemente aparece na fala dos estudantes e em muitos dos exemplos que invocam, decerto provenientes da televisão e dos programas de maior audiência. Como articular essas informações televisivas com outras e aprofundar as representações dos nossos alunos das escolas de ensino básico? Como construir conhecimentos por meio de uma leitura crítica e de um diálogo permanente com a realidade dos alunos e professores?

É fundamental termos presente que a aprendizagem envolve compreensão, pois o que se aprende sem compreender não é verdadeiro. Estudar os nomes dos rios do Brasil ou da Rússia e os eixos viários que dão acesso às principais metrópoles do País somente será válido se for para a construção de significados, ou seja, se esses estudos tiverem significado na vida das pessoas e dos nossos alunos.

A linguagem do aluno, assim como a das pessoas em geral, está impregnada de significados, de saberes, de emoção, de afetos e, por que não dizer, também de preconceitos. Alguns deles são explícitos, outros implícitos, e todos precisam ser desvelados por meio de acurada reflexão.

Ouvir o aluno permite conhecer as representações sociais construídas sobre o mundo, mas precisamos ensiná-lo a questionar e buscar soluções, ajudando-o a elevar-se a outros patamares de abstração a fim de superar o senso comum. Em que medida nós, professores, podemos incentivar a capacidade de observação de uma paisagem, de questionar a sua organização territorial, de formular questões, hipóteses e ir à busca de respostas?

As propostas curriculares oficiais das diferentes instâncias — federal, estaduais e municipais — merecem ser analisadas criticamente em virtude do papel que exercem na formação do professor de Geografia em todos os níveis.

É tarefa das mais complexas a seleção de conteúdos para o ensino da disciplina, diante da expansão do conhecimento geográfico atual. Nesse sentido, na 1ª Parte do livro há o levantamento e a análise de critérios orientadores para a definição de eixos temáticos ou temas geradores relacionados ao espaço geográfico, os quais podem estar articulados à produção geográfica existente e ao conhecimento a ser construído por meio da pesquisa junto com os alunos em formação.

Inseridos nos eixos temáticos ou temas geradores estão as noções e conceitos fundamentais da Geografia: espaço geográfico, natureza, sociedade, tempo histórico, território, região, lugar, paisagem e ambiente. Esses conceitos marcam a história do pensamento geográfico em diferentes momentos. Nessa parte, considera-se também a relação entre a produção da ciência geográfica e a formação do professor da disciplina.

Na 2ª Parte, empreende-se uma discussão sobre disciplinaridade, transversalidade e interdisciplinaridade e sobre formas de ruptura com a fragmentação dos saberes. A formação fragmentada do geógrafo e do professor de Geografia a que a grande maioria foi submetida interfere em sua vida profissional e no relacionamento com colegas de outras disciplinas. Nesse sentido, caminhos alternativos baseados em pesquisas são apresentados para promover a articulação entre saberes, buscando a compreensão tanto das dicotomias existentes no interior do pensamento geográfico como das diferenças e divergências entre a Geografia e as demais disciplinas. Considera-se que tanto o professor quanto o aluno precisam pensar de forma interdisciplinar para participar de projetos de ensino na própria disciplina e em sua relação com os professores dos demais componentes curriculares.

O estudo do meio, fundamentado nessa perspectiva e tendo como princípios a pesquisa, a dialogicidade e a interdisciplinaridade, desponta como método de investigação do espaço geográfico, de sua história, de suas características biofísicas e sociais. Pelo estudo do meio visa-se a aproximação à totalidade do objeto que se pretende conhecer.

Ao discutir as linguagens e as técnicas disponíveis para o ensino, a preocupação é ressignificar conhecimentos já existentes e produzir novos conhecimentos e materiais didáticos a ser utilizados em outras situações de ensino e da formação.

A 3ª Parte apresenta uma reflexão sobre as linguagens que constituem suporte básico para a construção da Geografia, de seu ensino e aprendizagem. São apresentadas também, à luz das atuais pesquisas, as linguagens utilizadas no ensino da disciplina, como o texto escrito, o mapa e o gráfico, e sua importância no fazer pedagógico desse componente curricular.

Outras linguagens também são tratadas nessa 3ª Parte, pois hoje já penetram em sala de aula: por exemplo, o desenho, o cinema, a fotografia, a televisão, a literatura e a música. Elas enriquecem as aulas de Geografia, contribuindo para a sensibilização às relações existentes entre a sociedade e a natureza e o entendimento dessas relações.

Nossa expectativa é que este livro e as propostas aqui apresentadas ajudem licenciandos e pedagogos em formação a aprender e ensinar Geografia e que os professores atuantes nos anos iniciais e finais do ensino fundamental e médio nele encontrem subsídios para o diálogo, a reflexão e a ressignificação de suas práticas pedagógicas.

1ª Parte

A Geografia como ciência e disciplina escolar

Capítulo 1

A GEOGRAFIA COMO CIÊNCIA DA SOCIEDADE E DA NATUREZA

A Geografia como ciência da sociedade e da natureza

> *O conhecimento científico é profundamente dinâmico e evolui sob a influência das transformações econômicas e de suas repercussões sobre a formulação do pensamento científico. Assim, o objeto e os objetivos de uma ciência são relativos, diversificando-se no espaço e no tempo, conforme a estruturação das formações econômicas e sociais.*
> Manuel Correia de Andrade

Geografia econômica. São Paulo: Atlas, 1981. p. 11.

> *Para que uma civilização científica seja uma boa civilização, é preciso que o aumento do conhecimento humano seja acompanhado por um aumento de sabedoria, termo este que está sendo empregado no sentido de uma concepção justa dos fins da vida, isto é, algo que a ciência não proporciona por si mesma.*
> Bertrand Russel

A perspectiva científica. São Paulo: Cia. Editora Nacional, 1962, p.13

A Geografia, como ciência da sociedade e da natureza, constitui um ramo do conhecimento necessário à formação inicial e continuada dos professores que têm ou terão sob sua responsabilidade classes das séries iniciais de alfabetização, assim como dos professores das séries mais adiantadas que trabalham com ela como disciplina escolar. Como ciência humana, pesquisa o espaço produzido pelas sociedades humanas, considerando-o como resultado do movimento de uma sociedade em suas contradições e nas relações estabelecidas entre os grupos sociais e a natureza em diversos tempos históricos.

A Geografia como ciência e disciplina escolar

A Geografia, como disciplina escolar, oferece sua contribuição para que alunos e professores enriqueçam suas representações sociais e seu conhecimento sobre as múltiplas dimensões da realidade social, natural e histórica, entendendo melhor o mundo em seu processo ininterrupto de transformação, o momento atual da chamada mundialização da economia.

> Cf. CLAVAL, Paul. Histoire de la Géographie. In: BAILLY, Antoine S. *Les concepts de la Géographie humaine.* Paris: Masson, 1991. p. 33-42.
> BAILLY, Antoine S.; POCOCK, Douglas D. C. L'humanisme en Géographie. In: BAILLY, Antoine S. *Les concepts de la Géographie humaine.* Paris: Masson, 1991. p. 161-167.

As atuais abordagens do conhecimento geográfico, no Brasil, resultam das várias correntes de pensamento, desde aquelas influenciadas pela escola de Vidal de La Blache até as contemporâneas. Alguns pesquisadores orientam-se teórica e metodologicamente com maior ênfase por correntes do neopositivismo; outros, por correntes humanísticas e psicológicas da geografia da percepção e pela fenomenologia; outros, ainda, pelo materialismo histórico e dialético.

A identificação dos pressupostos dessas correntes permite aclarar a atuação das correspondentes ações educativas no desenvolvimento da espacialidade nos professores e alunos, considerando a multiplicidade de concepções acerca da Geografia e de seu ensino.

Este livro pretende analisar algumas abordagens possíveis no âmbito do ensino e aprendizagem da Geografia em contextos socioculturais diferenciados.

Conteúdo e método, embora distintos, não existem um sem o outro em educação. Decidir por um método passivo ou por outro interativo e participativo decerto incide de modo diferente no desenvolvimento do pensamento e do raciocínio do aluno e em sua formação social, levando-o a direções também diferentes. A discussão com o professor em formação inicial ou continuada sobre a consistência e a coerência de sua opção teórico-metodológica é fundamental para trabalhar com a educação geográfica dos alunos e, sobretudo, ter o respeito dos estudantes como educador e profissional que sabe Geografia.

Muitas linguagens e tecnologias que atualmente estão disseminadas na sociedade pouco penetraram em sala de aula. O debate sobre seus limites e possibilidades precisa ser realizado com certa urgência, para que os professores possam utilizá-las criteriosa e criticamente na prática de sala de aula. A cartografia como representação e linguagem, e não como disciplina escolar ou como o item fundamental de um programa sobre o desenvolvimento da noção espacial e da espacialidade dos fenômenos, necessita ser considerada na formação docente da educação infantil aos ciclos básicos. A análise das imagens fotográficas frontais, oblíquas, aéreas e de satélites permite a leitura espacial de uma escala local à mundial.

Na formação de professores e alunos, é essencial o domínio da leitura do espaço por meio de observação espontânea e dirigida, das entrevistas, da produção de registros e da pesquisa em variadas fontes, nas realidades locais concretas do bairro ou de cidades. Tais procedimentos constituem pontos de partida e chegada, nos quais se constroem os parâmetros reais para a compreensão de espaços locais e de regiões bem mais distantes.

1. A produção científica da Geografia

Houve, nos últimos 3 mil anos, extraordinário acúmulo de conhecimentos geográficos, de origem empírica ou científica, que se desenvolveram desde as primeiras cartas e descrições produzidas na China. No entanto, o conhecimento geográfico foi significativamente ampliado com as grandes descobertas marítimas, e a institucionalização da Geografia, no chamado mundo ocidental, somente ocorreu com as expedições científicas pela África, América e Ásia sob o respaldo das associações geográficas e das academias europeias, que sistematizaram as informações coletadas pelos cientistas em suas viagens pelo mundo.

A Geografia, no fim do século XVIII, reuniu condições para constituir-se em ciência, mas ainda se defrontava com dois problemas: o primeiro dizia respeito à sua ligação com a História, da qual era servidora — ou seja, cumprindo o papel de apenas fundamentar aspectos e fatos históricos; o segundo problema referia-se às relações entre a natureza e o homem. A Geografia da época aceitava a influência quase absoluta do meio biofísico sobre o homem. Mesmo quando a Geografia humana se desenvolveu como um corpo de conhecimentos sistematizados, essa ideia permaneceu. As discussões sobre esses problemas vão atravessar o século XIX e a primeira metade do século XX.

As publicações de Alexander von Humboldt (1769-1859), conselheiro do rei da Prússia, e Karl Ritter (1779-1859), tutor de uma família de banqueiros, compunham, na época, a base da denominada Geografia científica, constituída no fim do século XIX.

Essas atividades eram importantes para o poder político e econômico da Europa e interessavam às classes dominantes dos países europeus, em um período em que estes promoviam a expansão colonial, apropriando-se de territórios na África e Ásia.

No mesmo período, Karl Ritter, historiador e filósofo, professor na Universidade de Berlim, apresentava uma obra de caráter metodológico em que definia o conceito de "sistema natural" como uma área delimitada que possuía individualidade e na qual cada arranjo

---

O barão Friedrich Heinrich Alexander von Humboldt (1769-1859) foi considerado, por sua obra, o pai da Geografia. Importante viajante e escritor, estudava a influência dos fatores naturais sobre a vida das sociedades vivas: vegetais, animais ou humanas. Fez várias viagens pelo mundo: Europa, Ásia e América, colhendo informações meteorológicas, geológicas, hidrográficas, identificando e registrando espécies da fauna e da flora. Humboldt dizia ser preferível a ligação dos fatos anteriormente observados ao conhecimento de fatos isolados, ainda que novos. Dentre outras obras suas, destacam-se *Quadros da natureza* e *Cosmos*.

comportaria um conjunto de elementos, entre os quais o homem seria o principal. A Geografia, para ele, era o estudo de lugares. Realizou estudos comparativos entre regiões diferenciadas, procurando explicar as formas de ocupação do território, e escreveu *A organização do espaço na superfície do globo e sua função no desenvolvimento histórico.* A proposta de Ritter é antropocêntrica, valorizando a relação homem–natureza (Moraes, 1987, p. 49).

Karl Marx, também nessa época, analisava o sistema capitalista em plena expansão e buscava explicações para as relações existentes entre o homem e a natureza, apontando a diminuição da influência do meio natural sobre o homem e demonstrando, até mesmo, preocupação com a ecologia. Segundo Marx, o homem transformava o meio ambiente em função de rápida acumulação de capitais, sem levar em conta os danos ecológicos e sociais dessas transformações (Andrade, 1981, p. 13).

Essa reflexão feita por Marx a respeito da relação entre homem e natureza pouca influência teve sobre os geógrafos das escolas alemã e francesa no século XIX.

Friedrich Ratzel, antropólogo e geógrafo alemão, publicou sua *Antropogeografia: fundamentos da aplicação da Geografia à História* em 1882. Esse livro foi responsável pela propagação das ideias deterministas, que consideravam a grande influência do meio natural sobre o homem. Para ele, o progresso da humanidade seria obtido com o maior uso dos recursos naturais, propondo mesmo que se estreitassem as relações do homem com a natureza. Definia o objeto da Geografia como *"o estudo da influência que as condições naturais exercem sobre a humanidade"*.

Ratzel afirmava que o território constituía as condições de trabalho e de existência de uma sociedade;

prova de decadência de determinada sociedade seria a perda de território, ao passo que o progresso somente existiria com a ampliação territorial. Sustentava que, na luta pela vida, prevaleceriam sempre os mais fortes sobre os mais fracos, como resultado lógico da contenda. Essas ideias, profundamente comprometidas com o capitalismo da livre empresa e da concorrência dominante, na época tiveram grande aceitação, levando seu patrono a fazer escola e propagá-las tanto na Alemanha como nos Estados Unidos (Andrade, 1981, p. 13).

Esse pensador reduziu o homem ao nível animal, sem considerar suas qualidades específicas. Propôs um método de trabalho semelhante ao das ciências da natureza, concebendo o Estado como organismo, protetor e responsável pelo território nacional. Seus seguidores constituíram a chamada "escola determinista" de Geografia, considerando que *as condições naturais determinam a História* ou, ainda, que *"o homem é um produto do meio"*. Dessa ideia passou-se facilmente para a noção de maior desenvolvimento dos povos brancos, que viviam em condições climáticas favoráveis, em relação aos povos habitantes dos trópicos, que não dispunham de climas com estações do ano bem definidas (Andrade, 1981, p. 13; Quaini, 1979, p. 18-20).

Com Ratzel, *a luta pela existência torna-se a luta pelo espaço vital*, o que reflete a passagem do capitalismo da livre concorrência — pela qual várias empresas do mesmo tipo concorrem entre si — para o capitalismo monopolista e imperialista, em que algumas poucas empresas dominam o mercado, estabelecem os preços e se expandem para países pouco desenvolvidos do ponto de vista industrial, controlando seus mercados de consumo.

Os geógrafos seguidores de suas ideias preocuparam-se com problemas como povo, raça, Estado e localização dos Estados, constituíram as bases da Geopolítica e influenciaram estudiosos de outras áreas do conhecimento, a exemplo de Sodré, que transcreve:

> há na Europa uma espécie de equilíbrio entre as nações do Sul e as do Norte. As primeiras possuem toda espécie de comodidades para a vida e poucas necessidades; as segundas têm muitas necessidades e poucas comodidades para a vida. A umas, a natureza deu muito e a elas só lhes pede pouco; a outras, a natureza deu pouco e a elas lhes pede muito. O equilíbrio se mantém pela preguiça que ela deu às nações do sul e pela indústria e atividade que deu às do norte (Montesquieu, apud Sodré, 1986, p. 40).

É necessário ressaltar que, durante o século XIX, o centro de discussão da Geografia, na Europa, concentrou-se na Alemanha e somente no fim desse mesmo século o pensamento geográfico francês encontrou seu espaço.

As ideias dos mestres alemães chegaram também ao Brasil, trazidas pelos geógrafos franceses, mas acrescidas de críticas embasadas na escola criada por Vidal de La Blache e seus discípulos.

O que ocorria na França no momento em que o pensamento geográfico francês encontrou espaço para sua sistematização?

A burguesia francesa comandara uma transformação radical na ordem social existente, instaurando o domínio das relações capitalistas, o que ampliou o espaço da ação política. A derrota da França na Guerra Franco-Prussiana (1870-71) havia mostrado à classe dominante do país a necessidade de pensar o espaço geográfico, deslegitimar a reflexão geográfica alemã e fundamentar o expansionismo francês.

Paul Vidal de La Blache (1845-1918), nomeado para a Faculdade de Letras de Nancy, optou por lecionar Geografia. Tornou-se vice-diretor dessa escola e, em 1877, mestre de conferência da Escola Normal Superior. Nos 20 anos em que permaneceu na escola, formou a maior parte dos futuros mestres da escola francesa de Geografia. De 1898 a 1909, lecionou Geografia na Sorbonne, sendo eleito membro da Academia de Ciências Morais e Políticas, e, em 1917, tornou-se presidente do Comitê de Estudos para as Negociações de Paz. Fundou os *Annales de Géographie* em 1891. Criou a escola francesa de Geografia, à qual se agregaram inúmeros discípulos. Estimulou a criação de cátedras e institutos de Geografia na França.
De acordo com o pensamento de Vidal de La Blache, o homem não se submete às condições do meio sem reagir. Assim, rejeitava o determinismo ambientalista, falando em possibilidades ambientais. Mais tarde, as ideias desse mestre francês configuraram uma corrente denominada possibilismo, segundo a qual a natureza oferece as possibilidades e o homem as dispõe. Lucien Febvre cita palavras de La Blache: *"A natureza prepara o sítio e o homem o organiza, para permitir responder aos seus desejos e às suas necessidades"* (1922, p. 414).

A Geografia passou a desenvolver-se com o respaldo do Estado francês, sendo introduzida como disciplina em todas as séries do ensino básico na reforma efetivada na Terceira República. Foram criadas as cátedras e os institutos de Geografia, o que estimulou a formação de geógrafos e de professores da disciplina.

A análise geográfica lablachiana deveria ter o seguinte encaminhamento: observação de campo, indução a partir da paisagem, particularização da área enfocada (traços históricos e naturais), comparação das áreas estudadas e do material levantado e classificação das áreas e dos gêneros de vida em séries de tipos genéricos, devendo chegar, no fim, a uma tipologia. As ideias de Vidal de La Blache e de seus seguidores, hoje denominadas por muitos Geografia tradicional, exerceram influência sobre a disciplina tal como era desenvolvida nas Universidades de São Paulo e do Rio de Janeiro e, aos poucos, expandiram-se para outras universidades do País. Os princípios da escola francesa nortearam as primeiras gerações de pesquisadores brasileiros e o trabalho pedagógico dos docentes (Moraes, 1987).

No Brasil, o ideário produzido pela escola francesa chegou aos bancos escolares por meio dos licenciados, que, de posse do saber científico desenvolvido na universidade e com o auxílio de livros didáticos, escritos por professores universitários, elaboravam suas aulas, produzindo um saber para os diferentes níveis de ensino. Cabe destacar o trabalho de Aroldo de Azevedo, cujos livros foram hegemonicamente adotados nas escolas brasileiras, atravessando gerações, entre as décadas de 50 e 70 do século XX.

Em meados da década de 50, a Geografia tradicional, ou melhor, as tendências tradicionais da Geografia, que buscavam compreender o espaço geográfico por meio das relações do homem com a natureza, passaram a ser questionadas em várias partes do mundo e, nas décadas seguintes, também no Brasil. Os geógrafos foram à busca de novas teorizações e novos paradigmas.

A fundação da Faculdade de Filosofia, Ciências e Letras da Universidade de São Paulo (FFCL/USP), em 1934, e do Departamento de Geografia, em 1946, teve papel fundamental no desenvolvimento da ciência geográfica no País e na formação de licenciados para o ensino da disciplina. Do ponto de vista teórico, é importante registrar a profunda influência europeia sobre o desenvolvimento dessa ciência no Brasil, com destaque para a presença francesa, justificada pela nacionalidade dos primeiros mestres, entre os quais Pierre Monbeig e Pierre Deffontaines, na FFCL-USP, e François Ruellan, na Faculdade Nacional do Rio de Janeiro.

Simultaneamente à criação da USP, foi fundada a Associação dos Geógrafos Brasileiros (AGB), que teve e tem até hoje significativa importância para todos os que, no Brasil, produzem conhecimento geográfico e/ou ensinam Geografia. O nome AGB exprimia o desejo dos fundadores de que a nova associação não tivesse caráter restrito, mas integrasse, em nível nacional, todos os que desejassem conhecer melhor o País.

Antes da FFCL/USP, não existia no Brasil o bacharel e o professor licenciado em Geografia. Existiam pessoas que, egressas de diferentes faculdades ou até mesmo das escolas normais, lecionavam essa disciplina, assim como outras. Eram professores de Geografia, principalmente, advogados, engenheiros, médicos e seminaristas.

A Geografia, no antigo ginásio, até a época da fundação da FFCL/USP, em 1934, nada mais era do que a dos livros didáticos escritos por não geógrafos. Esses expressavam geralmente o que foi a ciência até meados do século XIX, na Europa: enumeração de nomes de rios, serras, montanhas, ilhas, cabos, capitais, cidades principais, totais demográficos de países, de cidades etc. A memória era a capacidade principal para o estudante sair-se bem nas provas.

Foram importantes para a produção geográfica, até 1934, as pesquisas feitas pela Comissão Geográfica e Geológica do Estado de São Paulo, existente desde 1886. Esse período era chamado de "a pré-história da Geografia" no País, porque não eram formados academicamente na área os primeiros pesquisadores de aspectos ligados ao espaço que serviram como referência para a geração inaugural de geógrafos brasileiros.

> Essa comissão fez levantamentos detalhados sobre a hidrografia, a geologia, o solo e a vegetação, com documentário fotográfico e cartas topográficas que acompanhavam os relatórios e os artigos.

Pasquale Petrone, referindo-se à produção de livros didáticos utilizados antes de 1934, comenta a baixa qualidade de seus conteúdos, ditos geográficos, e apresenta como exceção, em virtude de seu caráter inovador, os livros de Delgado de Carvalho, autor tanto de obras didáticas, como *Geografia do Brasil*, de 1928, quanto de livros científicos importantes, como *O Brasil Meridional*, publicado na França. Outro autor que fugia à regra, representando uma mudança na qualidade da produção didática, era Alfredo Ellis Junior, historiador que também escrevia livros de Geografia (Petrone, 1993).

No entanto, os livros desses autores não tiveram aceitação, por serem considerados difíceis por professores e alunos nas décadas de 20 e 30.

Delgado de Carvalho, intelectual formado em universidades europeias e norte-americanas, participou dos debates educacionais dos anos 20. Foi diretor do Colégio Pedro II e integrou o grupo executivo que reformulou os programas de ensino no Distrito Federal (Rio de Janeiro), sob a direção de Anísio Teixeira — que teve, na época, para a História e a Geografia, profundo significado na definição tanto dos conteúdos a ser ensinados quanto das respectivas metodologias. Delgado de Carvalho produziu obras científicas, didáticas e metodológicas no campo das ciências sociais, participando ativamente do movimento da Escola Nova, que fundamentava as discussões e as reformas de ensino na década de 30 e nas que se seguiram. *A Metodologia do ensino geográfico*, publicada em 1925, constituiu o trabalho mais importante da Geografia no Brasil da primeira metade do século XX.

> Ler sobre o movimento da Escola Nova em LIBÂNEO, José Carlos. *Didática*. São Paulo: Cortez, 1994. p. 62-63.

No livro, Delgado de Carvalho discutiu a urgência da Geografia em tornar-se uma ciência, o que somente seria possível em um trabalho de interação entre ensino e ciência geográfica. O autor comparou o estágio da Geografia no Brasil com o processo de discussão que encontrara na Europa, onde já se definia o objeto dessa ciência: "o estudo da Terra como hábitat do homem". Criticou a Geografia nomenclatural, que exigia apenas memorização, e a Geografia administrativa, que limitava o estudo às divisões políticas dos países, pois, a seu ver, tais abordagens serviam de obstáculo a uma reflexão teórica sobre a ciência geográfica no domínio didático. Insurgiu-se contra o patriotismo ideológico transmitido pela Geografia. Segundo ele, pelo conhecimento do país, pela consciência de suas forças vivas, é que se poderia apreciar o valor dos conhecimentos geográficos, e o histórico dos acontecimentos econômicos e sociais é que nos permite compreender a formação do país e explicá-la (Vlach, 1991, p. 106-113).

> "(...) o conjunto das atividades estatais, no período 1930-45, assinala a agonia do Estado de tipo oligárquico e o desenvolvimento do Estado propriamente burguês." Cf. IANNI, Octavio. Estado e planejamento econômico no Brasil (1930-1970). Rio de Janeiro: Civilização Brasileira, 1977. p. 14.

Delgado de Carvalho propôs que o território brasileiro fosse estudado por meio das regiões naturais, posição que promovia a naturalização das questões relativas à sociedade brasileira. Não poderia haver propostas diferentes diante do contexto de influências francesas exercidas sobre a intelectualidade brasileira, nas quais os aspectos físicos eram preponderantes.

No Brasil, a formação de uma Geografia com caráter científico efetivou-se a partir de 1930, ao serem criadas as primeiras faculdades de Filosofia, o Conselho Nacional de Geografia, o Instituto Brasileiro de Geografia e Estatística (IBGE) e a Associação dos Geógrafos Brasileiros (1934).

A criação da FFCL/USP contribuiu para mudanças no perfil do professor de Geografia e História, pois possibilitou o surgimento de um profissional novo, o bacharel e licenciado. Esse novo professor foi procurar seu espaço no mundo profissional, tendo papel importante na transformação cultural, sobretudo na sala de aula, na atuação junto aos alunos do ginásio.

A formação docente em Geografia desenvolveu-se com o crescimento da produção científica baseada em trabalhos de campo, realizados com os estudantes e vinculados à literatura geográfica de origem francesa ou alemã, acrescida da crítica dos professores brasileiros. O aluno, ao completar sua formação inicial, tornava-se professor de História e Geografia.

Somente em 1957, com a multiplicação dos trabalhos de natureza geográfica, o então curso de História e Geografia da FFCL/USP foi desmembrado, passando a haver vestibulares específicos para os ingressantes em cada um dos cursos.

Nas décadas de 40 e 50, a importância maior era dada aos estudos regionais, considerados, pelos autores da época, a expressão fiel da paisagem geográfica. O IBGE também teve papel fundamental na produção de artigos sobre pesquisas de caráter geográfico, os quais chegaram aos alunos do antigo ginásio e colégio por meio dos professores da área, bem como pelos livros didáticos e pelas orientações metodológicas fundamentadas em publicações produzidas por esse instituto e pelo Conselho Nacional de Geografia.

Para o ensino médio, destacou-se o Boletim Geográfico, com distribuição por todo o território nacional mediante as agências e delegacias do IBGE, tendo sido um dos primeiros a preocupar-se com o ensino da Geografia de forma regular. Esse boletim, que existiu por 36 anos (de 1943 a 1978), possuía uma parte dedicada ao ensino. Os geógrafos estrangeiros e as gerações que os sucederam deixaram artigos e transcrições sobre o ensino nesse periódico (Prevé, 1988).

A Associação dos Geógrafos Brasileiros – Seção São Paulo deu início, em 1949, à publicação do *Boletim Paulista de Geografia (BPG)*, que se tornou canal de expressão dos geógrafos do Estado de São Paulo e, principalmente, da USP, contando, até o ano de 2005, 81 números publicados.

O BPG, em que os geógrafos expunham e ainda expõem suas ideias e pesquisas, foi constituindo fonte bibliográfica obrigatória dos estudantes e sendo utilizado pelos professores das escolas de ensino fundamental e médio. O boletim, desde a década de 40, vem influenciando a formação dos professores na USP e nas faculdades particulares e públicas do País. Os associados da AGB – São Paulo mantinham-se atualizados sobre o movimento e a produção da Geografia em nível nacional e até mesmo internacional mediante a seção denominada "Noticiário".

Na apresentação do primeiro número do BPG, Aroldo de Azevedo afirmava que a publicação deveria ser o espelho da nova geração de geógrafos e oferecer aos leitores contribuições originais de valor, quer no quadro da Geografia física e biológica, quer no da Geografia humana, em seu mais amplo sentido, sem esquecer o campo fascinante da Geografia regional (Azevedo, 1949, p. 2).

Na esteira do *BPG*, outras universidades criaram suas próprias publicações, enriquecendo o acervo bibliográfico brasileiro.

2. Questionamento da Geografia no Brasil

As constantes crises ocorridas na economia primário-exportadora — mineração, borracha, açúcar de cana, café —, associadas às grandes crises do capitalismo mundial (Primeira e Segunda Guerras Mundiais, Depressão Econômica de 1929-1933), foram analisadas por Octavio Ianni, que revelou as limitações estruturais da dependência econômica do Brasil. *"O desenvolvimento do setor industrial, a expansão do setor terciário, a urbanização e os progressos da divisão social do trabalho evidenciaram tanto os limites como as possibilidades do sistema econômico e político brasileiro"* (1977, p. 59).

Nos anos 50, após o término da 2ª Guerra Mundial, houve uma (re)elaboração das condições de dependência do País, com a reintegração do Brasil ao sistema econômico mundial sob a hegemonia dos Estados Unidos. As classes sociais brasileiras, paulatinamente, passaram a participar dos debates sobre os problemas nacionais, sobretudo nos grandes centros urbanos; a burguesia industrial, a classe média e o proletariado tinham interesse e sensibilidade para debater o desenvolvimento econômico, a industrialização, o nacionalismo e a emancipação econômica (Ianni, 1977, p. 110).

O planejamento econômico, com a aplicação de novas tecnologias, passou a ser visto como uma das saídas. A realidade tornou-se mais complexa. A urbanização acentuou-se e formaram-se as áreas metropolitanas. O quadro agrário sofreu modificações em várias partes do Brasil, em decorrência da industrialização e da mecanização das atividades agrícolas. As realidades locais, paulatinamente, tornaram-se elos de uma rede articulada em nível nacional e mundial, ou seja, cada lugar deixou de explicar-se por si mesmo como produto de longa relação (dialética) histórica entre a vida do homem em sociedade e o meio natural transformado em meio geográfico por esse mesmo homem.

O espaço geográfico, mundializado pelo capitalismo, tornou-se complexo e as metodologias propostas pelas várias tendências da Geografia tradicional não eram capazes de apreender essa complexidade. Novas metodologias deveriam surgir para empreender tal tarefa. O levantamento feito por meio da pesquisa de campo revelou-se insuficiente; passou-se, aos poucos, para o uso de técnicas mais sofisticadas, como, na década de 60, a aerofotogrametria, antes monopólio dos exércitos brasileiro e americano. Na década de 70, os geógrafos passaram a utilizar, com maior intensidade, a leitura de imagens de satélites que mostravam a cobertura do céu, sobretudo na meteorologia e na climatologia, como documentos importantes nos estudos da dinâmica atmosférica.

Nas décadas de 80 e 90, os programas de computador e as técnicas ligadas ao sensoriamento remoto passaram a ser usados. No entanto, mais importante do

---

Aerofotogrametria – Técnica para fotografar a superfície terrestre, por avião, permitindo um levantamento global do terreno com os elementos físicos e humanos nele existentes: cidades, estradas, topografia, rios, voçorocas etc.

Imagem de Satélite – Técnica de mapeamento das condições da superfície terrestre através de imagens captadas por satélites artificiais, equipados com sensores sensíveis aos raios infravermelhos. Através dessa técnica obtêm-se documentos fundamentais para o conhecimento das diferentes feições, apresentando-se em mosaicos da organização humana do espaço. Os chamados documentos por falsas cores resultam de bandas espectrais que valorizam diferencialmente feições da superfície terrestre. Apenas para exemplificar, a imagem de uma área urbana quase sem poluição tem cor diferente de outra com intensa poluição; o mesmo ocorrendo com as águas de rio ou lagos.

que as novas técnicas disponíveis para as análises espaciais foi a reflexão teórico-metodológica, intensificada, no Brasil, a partir da década de 70.

O embasamento filosófico, centrado no positivismo clássico e no historicismo, passou a ser fortemente questionado pelos geógrafos teoréticos. O IBGE foi pioneiro na produção de artigos de caráter geográfico em que se verifica o uso de métodos matemáticos. Essas análises quantitativas podem ser lidas nos diferentes números da Revista Brasileira de Geografia dos anos 70.

No Estado de São Paulo, reuniu-se um grupo de geógrafos pertencentes ao Departamento de Geografia da Faculdade de Filosofia de Rio Claro, os quais fundaram uma entidade denominada Associação de Geografia Teorética (Ageteo) e produziram, em 1971, o primeiro *Boletim de Geografia Teorética*, influenciados pela abordagem que o IBGE desenvolvia no Rio de Janeiro, utilizando procedimentos quantitativos em suas análises.

> Ver a separata da *Revista Brasileira de Geografia*, ano 34, n. 1-4, Rio de Janeiro, 1972, e a Apresentação escrita por Ney Strauch.

Com essa iniciativa, os geógrafos de Rio Claro pretendiam dar início à divulgação dos trabalhos de uma corrente desenvolvida, principalmente, nos países de língua inglesa — Inglaterra e Estados Unidos —, mas também na Finlândia, na Suécia e na Alemanha, os quais, em resposta aos questionamentos feitos às tendências tradicionais, buscavam nos métodos estatísticos e nos modelos matemáticos uma análise, a seu ver, mais rigorosa do espaço.

No Editorial do número 1, esse grupo expressou os objetivos da revista, pois pretendia tratar de velhos problemas da Geografia sob novos enfoques. Essas tendências teórico-quantitativas passaram a ser denominadas neopositivistas, uma vez que dispensavam tratamento matemático a temas geográficos. Valorizavam os recursos da cibernética, da teoria da informação e das comunicações, assim como as técnicas e modelos matemáticos e de simulação, sustentando que o uso desses recursos permitiria explicar o espaço geográfico, realizar predições e eliminar as dicotomias entre a Geografia física e a humana (*Boletim de Geografia Teorética*, 1971).

Tal corrente foi extremamente criticada por geógrafos brasileiros, que buscavam outros caminhos para a compreensão e explicação do espaço geográfico. Segundo esses críticos, os teóricos apresentavam um discurso de conteúdo mais abstrato do que as propostas da chamada Geografia tradicional e, a despeito da linguagem mais elaborada, não deixavam de constituir uma vertente conservadora, à medida que sua abordagem tecnicista encobria questões políticas, econômicas e sociais presentes na análise do espaço geográfico.

Os teóricos de orientação marxista influenciaram a produção da Geografia no Brasil nas décadas de 80 e 90, ficando os teóricos restritos a um grupo menor da Faculdade de Rio Claro, sob a influência do IBGE. Hoje, nota-se uma revisão dos posicionamentos desses geógrafos ditos teóricos e das novas gerações de pesquisadores.

A Geografia teorética não teve repercussão direta nas escolas de primeiro e segundo graus. No entanto, medidas ligadas à política educacional do País (sob regime militar), na década de 70, levaram para as escolas livros com saberes geográficos extremamente empobrecidos em seu conteúdo, desvinculados da realidade brasileira e, ademais, descaracterizados pela proposta dos Estudos Sociais, introduzidos pela Lei 5.692/71 (Conti, 1976, p. 57). Esse empobrecimento dos livros didáticos é explicado pela imposição da censura militar sobre publicações, autores e editoras.

> Cf. MARX, Karl; ENGELS, Friedrich. *A ideologia alemã*. 5. ed. São Paulo: Hucitec, 1986. SANTOS, Milton (Org.). *Novos rumos da Geografia brasileira*. São Paulo: Hucitec, 1982.

Enquanto as instituições de ensino superior particulares proliferavam sem condições materiais e humanas de realizar pesquisas, as universidades públicas mantinham o debate sobre a ciência geográfica e seu ensino. Na França, principalmente no pós-guerra, continuando nas décadas seguintes, nomes como Pierre George, Yves Lacoste, Bernard Kayser, Jean Tricart, Jean Dresch e Raimond Guglielmo procuraram o aprofundamento teórico da Geografia, utilizando o materialismo histórico e dialético. Marx e seus seguidores afirmavam que só a perspectiva de transformar o mundo permitia sua compreensão, só a visão crítica permitia apreender a essência e o movimento dos processos sociais.

Yves Lacoste escreveu, em 1976, *La Géographie, ça sert, d'abord, à faire la guerre*. No Brasil surgiu uma tradução pirata sob o título *A Geografia: isso serve, em primeiro lugar, para fazer a guerra*, obra que desencadeou polêmicos debates entre os geógrafos de diferentes gerações e correntes de pensamento.

Escrevia Lacoste que o Estado e a grande empresa possuíam uma visão integrada do espaço, por suas intervenções em vários lugares, enquanto o cidadão comum tinha uma visão fragmentada, porque somente conseguia abarcar seu cotidiano, não possuindo informações de outras realidades. O Estado, conhecendo o espaço de forma integrada, tinha em suas mãos importante instrumento de poder. Esse foi o início da preocupação da Geografia com o conteúdo político da disciplina, fundamental na formação do cidadão.

No movimento de reflexão sobre a Geografia, destacou-se o geógrafo francês Pierre George, que introduziu conceitos marxistas na discussão dessa ciência.

Surgiram, na década de 80, tendências críticas que apresentavam o materialismo histórico como elemento unificador e método de investigação da realidade, buscando superar os diferentes dualismos sempre constatados na Geografia, desde que constituiu um corpo sistematizado de conhecimentos. Mas, ao longo da década de 90, despontaram tendências não marxistas, além de algumas que desvalorizavam a importância do método dialético no debate. Hoje, existem vários caminhos para a discussão e a produção da Geografia, apoiadas no existencialismo, na fenomenologia, na percepção e até mesmo no anarquismo.

A produção científica dos geógrafos brasileiros também encontra embasamento teórico na reflexão de pensadores não geógrafos que tomam o espaço como categoria central de suas análises. Merecem destaque Manuel Castells e Henri Lefebvre, que, em sua vasta produção, analisam o espaço urbano, fazendo a crítica das diferentes correntes filosóficas e das análises sociológicas e metodológicas para explicar a vida urbana e rural no contexto do capitalismo. Não negam a vida cotidiana e social dos habitantes fora do trabalho, ainda que o fator econômico possa, muitas vezes, ser preponderante nas práticas espaciais dos habitantes de uma rua, de uma cidade, de um bairro rural.

Michel Foucault, analisando o espaço do poder e a estruturação de instituições totais como a escola, a prisão e o hospital, mostra como se exercem as relações de poder, as quais não estão centralizadas apenas no Estado, mas perpassam toda a sociedade.

David Harvey realizou estudos temáticos preocupados com o urbano, a exemplo de suas ideias registradas nos livros *A justiça social e a cidade* e *A condição pós--moderna*. Alain Lipietz, com a obra *Capital e seu espaço*, e o filósofo português Boaventura Sousa Santos, com os livros *Pela mão de Alice* e *A crítica da razão indolente: contra o desperdício da experiência*, também fizeram aproximações nesse sentido.

No Brasil, José de Souza Martins, sociólogo, produziu bibliografia básica, sobretudo para quem se dedica

> Sobre as correntes do pensamento geográfico que ainda servem de suporte para as pesquisas e para o ensino de Geografia, cf. CARLOS, Ana Fani Alexandri. *A Geografia brasileira, hoje:* algumas reflexões. *Terra Livre*, São Paulo, n. 18, p. 161-178, jan./jun. 2002. SPOSITO, Eliseu Savério. *Geografia e Filosofia*. São Paulo: Unesp, 2004. LENCIONI, Sandra. Região e Geografia. São Paulo: Edusp, 1999.

à Geografia agrária, e escreveu o livro *Subúrbio*, dedicado, segundo ele, aos geógrafos urbanos.

Isso para mencionar apenas alguns que influenciaram a produção dos geógrafos em suas variadas orientações metodológicas, mantendo como traço comum o discurso crítico.

As transformações que abriram caminho para as diferentes correntes de pensamento não ocorreram linearmente. Assim, nas décadas de 80 e 90, continuaram os embates teórico-metodológicos entre as grandes frentes: a New Geography, a Geografia tradicional, a Geografia crítica, a Geografia comportamental.

As noções de espaço–tempo em Geografia

Geografia	Geografia neopositivista	Geografia radical ou crítica	Geografia comportamental
Principais espaços estudados	Espaço geoeconômico	Espaços materiais	Espaço vivido
Principais temas	Geométrica das localizações	Relações sociais e espaciais	Espaço percebido e valorização dos indivíduos
Incorporação da dimensão temporal	Tempo cósmico apropriado em termos de taxas de atualização, de ciclos e de custo energético	Tempo longo das lutas de classes sociais: estudos dos modos de produção e reprodução	Tempo social de longa duração: tempo longo da evolução das mentalidades da psicologia da percepção temporal

Fonte: Adaptado de Bailly et al.(1991), p. 171.

Capítulo **II**

A DISCIPLINA ESCOLAR E OS CURRÍCULOS DE GEOGRAFIA

A disciplina escolar e os currículos de Geografia

Enquanto na universidade, na década de 70 do século XX, os debates se acirravam em decorrência da busca de novos paradigmas teóricos no âmbito do conhecimento em Geografia, a escola pública de primeiro e segundo graus, hoje ensino fundamental e médio, enfrentava um problema ocasionado pela Lei 5.692/71: a criação de Estudos Sociais com a eliminação gradativa da História e da Geografia da grade curricular.

As medidas legais foram tomadas pelo Conselho Federal de Educação e pelos demais órgãos superiores, em plena ditadura militar, quando a discussão dos problemas da vida do País estava praticamente ausente ou restrita a pequenos círculos fechados.

Pela Lei 5.692/71, assistiu-se à extinção do exame de admissão ao ginásio e à fusão do ginásio ao primário (antigo grupo escolar), constituindo a escola de primeiro grau de oito anos. Olhadas isoladamente, tais medidas foram um avanço; no entanto, sucedeu que as verbas destinadas à educação permaneceram as mesmas, revelando-se insuficientes para atender ao aumento do público a ser escolarizado. Mudanças no currículo e na grade curricular, como a criação de Estudos Sociais e Educação Moral e Cívica, contribuíram para causar danos à formação de toda uma geração de estudantes.

A legislação, imposta de forma autoritária, tinha mesmo a intenção de transformar a Geografia e a História em disciplinas inexpressivas no interior do currículo e, ao mesmo tempo, fragmentar mais ainda os respectivos conhecimentos.

Conti (1976) já alertava os professores para um problema que enfrentariam em futuro próximo, afirmando que a licenciatura em Geografia e História, obtida com tanto sacrifício na universidade, estava perdendo seu significado. Afirmava que os Estudos Sociais apresentavam um conteúdo difuso e mal determinado, não se sabendo se se tratava de uma área de estudo ou de uma disciplina escolar, ora aparecendo como sinônimo de Geografia humana, ora usurpando o lugar das Ciências Sociais ou da História ou pretendendo impor-se como uma espécie de aglutinação de todas as ciências humanas.

Data do começo da década de 60, posteriormente à Lei de Diretrizes e Bases (1961), a introdução, no antigo curso primário do Estado de São Paulo, dos Estudos Sociais como substitutivo à Geografia e à História, alteração essa que, segundo tudo indica, teria sido inspirada em modelos pedagógicos americanos. A Secretaria de Educação não propôs nada de concreto em termos de modificação curricular, limitando-se a admitir a união das duas disciplinas sob o novo rótulo de Estudos Sociais.

Delgado de Carvalho, no prefácio à edição de 1955 de Ciências Sociais para a escola primária, enfatizou o trabalho pedagógico com base no real e na integração dos conhecimentos e apresentou o objetivo do livro, afirmando que a vida real impunha novos métodos à educação e na vida não existia uma separação marcada pelas diferentes disciplinas de ensino. "Existem ligações entre elas e foi o intuito de respeitar essas ligações que levou ao agrupamento dos fatos e das ideias ao redor de certos temas fundamentais, os projetos ou centros de interesse, que, em certos países, eram chamados de 'complexos'" (Issler, 1973, p. 210).

A discussão contemporânea sobre conteúdos de ensino beneficia-se das reflexões, debates e produções sobre currículos escolares e sobre os condicionantes históricos, políticos, econômicos, sociais, culturais e educacionais em sua elaboração e adoção. Além de permitir a compreensão da relação sociedade–cultura–currículo–práticas escolares e dos programas de ensino das disciplinas no passado, fundamenta melhor a análise dos currículos e programas de ensino atuais.

Ver: GOODSON, Ivor. Currículo: teoria e história. Petrópolis: Vozes, 1995; CHERVEL, A. História das disciplinas escolares: reflexoes sobre um campo de pesquisa. Teoria & Educação nº 2, 1990. p. 177-229; ISAMBERT, Jamati V. Les Savoirs Scolaries. Paris: Éditions Universitaires, 1990.

Ao sintetizar uma concepção de currículo, Sacristán afirma:

> é expressão do equilíbrio de interesses e forças que gravitam sobre o sistema educativo num dado momento, enquanto que através dele se realizam os fins da educação no ensino escolarizado.
>
> Em seu conteúdo e nas formas através das quais se nos apresenta e se apresenta aos professores e aos alunos, é uma opção historicamente configurada, que sedimentou dentro de uma trama cultural, política, social e escolar; está carregado, portanto, de valores e pressupostos que é preciso decifrar.
>
> Reflete o conflito de interesse dentro da sociedade e os valores dominantes que regem os processos educativos. Isto explica o interesse da sociologia moderna e dos estudos da educação por um tema que é campo de operações de diferentes forças sociais, grupos profissionais, filosofias, perspectivas pretensamente científicas etc. Daí também que este tema não admita o reducionismo de nenhuma das disciplinas que tradicionalmente agrupam conhecimento sobre fatos educativos.
>
> É na escola, em geral, que se concretiza no currículo que transmite, num determinado nível educativo ou tipo de instituição, um modelo de educação, uma posição e uma orientação seletiva frente à cultura (1998, p. 17).

Nesse sentido, as diferentes atribuições curriculares — que se referem ao conteúdo, à metodologia, à avaliação, à organização e à inovação do/no ensino — são assumidas pelos diversos agentes de sua implementação: o Estado, as comunidades, a escola e o professor. A este atribui-se a responsabilidade pelos aspectos citados e pela definição de um programa, pelo planejamento/ordenação das aulas, pela avaliação dos alunos, pelo autoaperfeiçoamento e pelo aperfeiçoamento horizontal, associado ao projeto pedagógico da escola. Esta, por sua vez, orientada pelas diretrizes gerais de um Estado, define, com base em um mínimo curricular de áreas e/ou disciplinas, objetivos e conteúdos e horários mínimos.

No Brasil, a centralização e a descentralização das diretrizes curriculares pelo Estado têm sofrido flutuações. A partir de 1940, houve uma centralização das diretrizes curriculares estabelecidas pelo MEC. Ocorreram depois períodos de maior autonomia dos Estados da Federação, proporcionada pela Lei 5.692/71, para posteriormente verificar-se, uma vez mais, a centralização da política educacional com os Parâmetros Curriculares Nacionais para o ensino básico e as Diretrizes Curriculares Nacionais para o ensino superior, nos anos 90 e no limiar do século XXI.

1. Estudos Sociais nas escolas vocacionais e no Colégio de Aplicação

Os Estudos Sociais, tal como foram introduzidos na rede de ensino, após 1971, diferiam muito da proposta do componente curricular, denominado Estudos

Sociais, desenvolvida nos ginásios vocacionais e nas classes experimentais de ginásio do antigo Colégio de Aplicação Fidelino de Figueiredo, da Faculdade de Filosofia, Ciências e Letras da USP, na década de 60. Para Balzan (1974), essas escolas propunham novo projeto pedagógico, em resposta à inadequação das metodologias tradicionais. Pretendiam efetivar algumas das características da Escola Nova, as quais, no Brasil, até então existiam apenas como ideário.

A grande característica do trabalho desenvolvido nos ginásios vocacionais foi, segundo o autor, antes de mais nada, o tratamento científico dado aos problemas da Educação: pesquisa para o planejamento do currículo, reformulações periódicas e conjuntas do planejamento quando necessário e um processo constante de reflexão sobre as atividades desenvolvidas. Antes da realização do trabalho pedagógico com os alunos, pesquisavam-se as condições de vida da população, do ponto de vista sociocultural, na área a ser atendida pelos ginásios vocacionais.

Balzan lembra que, na época, faltava clareza na conceituação de Estudos Sociais, embora os professores percebessem que a História e a Geografia, concebidas no sentido tradicional, não davam conta da construção de uma nova escola e do papel que os Estudos Sociais deveriam ter como área de estudos, e não como uma disciplina escolar.

O planejamento das atividades curriculares da área de Estudos Sociais estava baseado no seguinte modelo: área-núcleo, círculos concêntricos e estudo da comunidade. Desse modo, era a área principal do currículo. Com base nela estabeleciam-se as programações das demais disciplinas. As reuniões semanais permitiam debates e integração entre os professores de diferentes áreas. O estudo partia dos problemas da comunidade, tendo o cuidado de compará-los com outras regiões ou outros países. Havia a preocupação de abrir os círculos concêntricos.

Outro aspecto importante era a permanência de dois professores em sala de aula: um de História e um de Geografia, que trabalhavam de forma integrada e juntos em classe, garantindo a especificidade de cada disciplina e um conhecimento aprofundado dos temas estudados.

As escolas vocacionais e o antigo Colégio de Aplicação foram fechados sem que seus trabalhos tivessem sido divulgados para o grande público, como era a ideia inicial, e sem que tivessem sido expandidos para maior número de escolas da rede pública. Na verdade, as condições exigidas por essas escolas — pagar os professores para permanecer o número de horas necessárias para o planejamento, o preparo de material, a avaliação e as reuniões, promover concursos para a contratação deles e atribuir a cada um apenas duas classes de mesma série — representavam alto custo para o governo. Além desses fatores, o motivo principal para o fechamento centrava-se na qualidade do ensino oferecido, que permitia aos alunos uma visão mais próxima do real. É preciso lembrar que se estava em plena ditadura militar.

Tais escolas tiveram papel importante na formação de seus próprios professores e na formação inicial dos alunos dos cursos de licenciatura da Universidade de São Paulo. Esses ginásios recebiam estagiários de diferentes licenciaturas, tendo os alunos a oportunidade de ver, na prática, a aplicação de técnicas renovadas de ensino e usar sua criatividade no preparo e desenvolvimento das aulas.

2. Repercussões da Lei 5.692/71 nos cursos de formação docente

Com a aprovação da Lei de Diretrizes e Bases da Educação 5.692, em 1971, os Estudos Sociais foram incorporados ao currículo da escola denominada de primeiro e segundo graus de acordo com um núcleo comum composto de três matérias: Comunicação e Expressão, Estudos Sociais e Ciências. Essas matérias correspondiam às chamadas licenciaturas curtas, e, para as disciplinas do segundo grau, seriam formados professores em licenciatura plena.

Essas medidas receberam intensas críticas dos geógrafos brasileiros, principalmente no que dizia respeito aos Estudos Sociais como campo de integração dos conhecimentos de História e Geografia. Em artigo publicado no Boletim Paulista de Geografia (1981), Seabra questionava a maneira pela qual se pretendia chegar a essa integração: a formação polivalente de professores que recebiam um verniz das diferentes disciplinas, História e Geografia, sem que tivessem, durante o processo de formação, uma reflexão profunda sobre os fundamentos epistemológicos e metodológicos de cada disciplina. Segundo o autor, retirava-se da relação entre ensinar e aprender sua propriedade fundamental, ou seja, preparar o sujeito para estar no mundo, para agir no mundo e participar da construção da realidade social presente e futura.

Com a criação dos Estudos Sociais, a política educacional estabelecida subordinou a estrutura do ensino universitário a uma tendência perigosamente ambígua, segundo a qual a formação do professor deve ser reduzida em comparação à do pesquisador.

O debate acirrado levou o MEC, mediante a Secretaria de Educação Superior (SESu), a constituir um grupo de trabalho com professores universitários, o qual sugeriu, entre outras medidas, substituir Estudos Sociais por História e Geografia nas diferentes séries finais do ensino de primeiro grau, com a ampliação da carga horária e a extinção da licenciatura curta.

Apesar dos problemas que os Estudos Sociais trouxeram para a formação dos professores e alunos do primeiro grau, houve alguns resultados não esperados, decorrentes da luta dos professores para sua extinção nas 5ª e 6ª séries do primeiro grau, no Estado de São Paulo, em 1983. Os docentes de primeiro e segundo graus, que, em sua grande maioria, desde o término da licenciatura, encontravam-se desvinculados da universidade, aproximaram-se dela, por diferentes razões: às vezes, para protestar veementemente contra as medidas arbitrárias, outras, para armar-se de argumentos a fim de combater a "falsa disciplina" ou, ainda, para solicitar o auxílio daqueles que detinham o poder junto aos órgãos educacionais.

A Associação dos Geógrafos Brasileiros (AGB) e a Associação Nacional de Professores Universitários de História (Anpuh) auxiliaram, com as respectivas críticas, na extinção dos Estudos Sociais e também contribuíram para a aproximação de parte do professorado à universidade. Esse processo colaborou para minimizar o desconhecimento da produção geográfica e histórica, a qual, apesar do período militar (década de 70), continuou a avançar no âmbito universitário.

3. O movimento de renovação da Geografia nas escolas

Os licenciados egressos sobretudo das universidades públicas ou que acompanhavam os vários eventos da AGB vinham participando dos debates entre os representantes das diferentes tendências da Geografia produzidas nas universidades e que, direta ou indiretamente, influíam no ensino fundamental e médio. Nas décadas de 80 e 90, variada produção sobre o ensino da disciplina foi posta à disposição de seus professores e dos responsáveis pela formação docente no País.

As Secretarias de Educação de vários Estados do País, ao produzirem suas propostas curriculares de Geografia para o primeiro grau, via de regra em convênio com as universidades, organizaram cursos para a capacitação docente, possibilitando o acesso às diferentes metodologias ligadas aos movimentos de renovação do ensino da disciplina. No entanto, apesar desse trabalho, o processo de mudança no ensino em sala de aula estava sendo lento. Segundo pesquisas realizadas junto aos professores, a impossibilidade de mudanças foi atribuída às precárias condições de trabalho oferecidas pelas escolas, ao número elevado de horas que se viam obrigados a cumprir e ao grande número de alunos em sala de aula.

Os salários não condiziam com a necessidade de sobrevivência do professor e de sua contínua atualização para o exercício consciente da docência. Ainda hoje, há aqueles que permanecem à margem das discussões ou porque trabalham em escolas particulares ou à noite, com uma profissão diferente durante o dia, ou porque são especialistas de outras disciplinas, mas lecionam Geografia.

A década de 80 destacou-se pela produção de livros didáticos de melhor qualidade e de inúmeros títulos paradidáticos escritos por professores universitários, pela presença de pós-graduandos com dissertações de mestrado e teses de doutorado sobre a pesquisa no ensino e na formação docente e pelo movimento de reorientação curricular no primeiro grau efetivado pelas Secretarias de Educação estaduais e municipais.

Nessa mesma década, a AGB teve papel fundamental na promoção de encontros com o objetivo principal de refletir sobre o ensino e incentivar a produção de artigos sobre esse tema. A AGB nacional publicou, a partir de 1986, a revista *Terra Livre*, com temáticas previstas para cada volume, sendo o segundo volume, de 1987, inteiramente dedicado ao ensino da Geografia.

O objetivo das diferentes produções e dos debates consistia na tentativa de descobrir meios para minimizar a compartimentalização dos conteúdos escolares e a distância entre o ensino da Geografia e a realidade social, política e econômica do País, ambos discutidos no âmbito da universidade.

O movimento de renovação do ensino da Geografia nas escolas fez parte do chamado movimento de renovação curricular dos anos 80, cujos esforços estavam centrados na melhoria da qualidade do ensino, a qual, necessariamente, passava por uma revisão dos conteúdos e das formas de ensinar e aprender as diferentes disciplinas dos currículos da escola básica.

Na esteira desse processo, sobretudo a partir dos anos 90, a formação dos professores e o exercício profissional da docência foram postos no centro das discussões. Era preciso repensar os cursos de formação docente, em razão não apenas das novas exigências suscitadas pelo movimento de renovação curricular da escola fundamental e média, mas, sobretudo, dos problemas dos cursos de licenciatura, considerados, historicamente, fracos no que dizia respeito à formação satisfatória de seus profissionais. Nesse sentido, faremos breve histórico da elaboração das propostas curriculares para o ensino de Geografia.

4. Propostas curriculares para o ensino de Geografia: breve histórico

Até a década de 80, os Estados da Federação e os municípios elaboravam suas próprias propostas curriculares, as quais, através dos tempos, se apresentaram sob nomes variados — guias, propostas curriculares, programas de ensino — e, de modo geral, ditavam os conteúdos que deveriam estar presentes nas aulas e nos planos de aula dos professores, incluindo os de Geografia. Os autores de livros didáticos pautavam-se pela organização dos conteúdos apresentados pelas Secretarias de Educação dos Estados e dos municípios para elaborar seus textos.

Na década de 80, em São Paulo, a Coordenadoria de Estudos e Normas Pedagógicas (Cenp) constituiu uma equipe de autores, liderados por pesquisadores de universidades públicas, para a realização de propostas curriculares para todo o Estado. No caso da Geografia, foram convidados professores do Departamento de Geografia da Faculdade de Filosofia, Letras e Ciências Humanas da USP, os quais se propunham não apenas elaborar um rol de conteúdos, mas sobretudo efetuar uma revisão metodológica com amadurecimento dos princípios fundadores da disciplina, iniciativa conhecida, na época, como Geografia crítica.

> Sobre propostas curriculares das décadas de 80 e 90, cf. MOREIRA, A. F. B. Propostas curriculares alternativas: limites e avanços. *Educação e Sociedade*, Campinas, ano 21, n. 73, p. 109-138, dez. 2000.

Havia necessidade de explicitar os pressupostos teórico-metodológicos não só no interior da USP ou da Cenp, mas também em outros espaços: nas Secretarias de Educação e nas universidades, nos eventos das entidades culturais e de classe, como a AGB e o Sindicato dos Professores do Ensino Oficial do Estado de São Paulo (Apeoesp), da capital e do interior paulista.

Segundo os autores da proposta, baseados em reuniões feitas com representantes das Delegacias de Ensino da capital e do interior (hoje Diretorias de Ensino), os professores de Geografia da rede estadual demonstraram as seguintes insatisfações: a ineficácia do ensino da disciplina na formação do estudante; o livro didático como única fonte de estudo; orientações didático-pedagógicas vulgarizadas de acordo com os interesses das editoras, com a proposição de conceitos incompatíveis com o momento vivido pela ciência geográfica; desvinculação da Geografia ensinada na universidade daquela ensinada nas escolas de primeiro e segundo graus.

Sobre o método para a efetivação dessa proposta específica, o professor Ariovaldo Umbelino de Oliveira afirmava: *"O método dialético é inquietante e agitador, pondo em xeque como será esta realidade no futuro e refletindo sobre qual será o futuro que queremos. Através desse método não se transmite o conceito ao aluno, mas, a partir da realidade concreta de sua vida, o conceito vai sendo construído."*

Os professores sentiram necessidade de discutir conceitos, métodos e novas abordagens teóricas para temas constantemente inseridos nas programações de Geografia, mas muitas vezes não dominados do ponto de vista teórico. Dentre eles, destacavam-se os conceitos de trabalho e modo de produção e questões relativas à abordagem da natureza e do processo de industrialização.

A discussão da proposta, embora não tenha atingido a todos, promoveu uma ruptura no ensino tradicional da disciplina, apontando caminhos diferentes de um ensino apenas transmitido pelo professor, descolado dos movimentos sociais e da realidade social do País. Os debates estimulados pela proposta conseguiram atingir grande contingente de professores presentes em sala de aula, oriundos de cursos de Geografia e de Estudos Sociais de escolas públicas e particulares de terceiro grau.

A Proposta da Cenp tornou-se um documento de referência de discussão e avaliação em cursos de licenciatura e na disciplina de Prática de Ensino de várias universidades e centros universitários do País, influenciando a construção de propostas curriculares de outros Estados da Federação.

Apesar de a "Geografia crítica" ter surpreendido os professores do Estado de São Paulo, impacto maior deu-se entre aqueles de outras partes do Brasil. No I Encontro Nacional de Ensino de Geografia – Fala Professor, realizado em Brasília em 1987, alguns dos professores idealizadores da proposta explicitaram suas posições teóricas e a necessidade de novas metodologias para a compreensão do espaço geográfico, com base em uma ciência que, dialeticamente, buscasse a integração do arranjo espacial com as relações sociais existentes em cada momento histórico.

As 2 mil pessoas presentes nesse evento instigante e polêmico refletiram sobre as ansiedades e dúvidas dos professores de Geografia de todos os Estados do País, ou seja, sobre o que ensinar, como ensinar e como avaliar os conhecimentos geográficos nos diferentes níveis de ensino com base na chamada Geografia crítica.

Os professores da rede pública, nas discussões embasadas na proposta, deram ênfase a duas questões relacionadas ao ensino da disciplina: sistematização e divulgação de trabalhos existentes em sala de aula fundamentados nos princípios e pressupostos do documento de referência e o ensino da cartografia nas escolas de primeiro e segundo graus. Houve também a sugestão de incluir no currículo de Geografia do terceiro grau uma disciplina voltada para o ensino, e não apenas a cartografia como linguagem técnica.

A avaliação foi igualmente palco de discussões. Como avaliar o desempenho dos alunos com uma proposta aberta em que se pressupunha a construção de conceitos, e não a transmissão pura e simples de um rol de conteúdos? Embora já se falasse em avaliação contínua, a avaliação ainda era, na época, baseada na aferição dos conteúdos aprendidos, constituindo a principal forma de "aprovar ou reprovar" o aluno, de expulsá-lo ou mantê-lo na escola.

Muitas vezes, mesmo professores democratas, ditos transformadores ou críticos, realizavam a avaliação em seu sentido mais tradicional: selecionar os melhores. Se a avaliação deve estar condicionada ao projeto de educação que a escola deseja construir, isso, no entanto, não estava claro para a maioria dos professores da rede. Estava na hora de desmistificar a sala de aula como um local de seleção dos alunos e criar condições para a produção individual e coletiva do conhecimento.

Nesse momento (1987), já eram conhecidas no Brasil as obras de Michael Apple e André Giroux, que analisavam os conceitos de currículo oculto, currículo manifesto e ideologia. Ideologia, principalmente, no sentido de falsa consciência, discutida por Marx e Engels no século XIX. Portanto, na época, os docentes de Geografia poderiam ter acesso a uma bibliografia sobre currículo e avaliação, para tentar desmistificar quanto de ideológico existia no próprio trabalho pedagógico e no conjunto das atividades do cotidiano escolar. Mas esses livros estavam longe de ser discutidos nas escolas do País, fossem elas do primeiro, do segundo ou do terceiro graus. Sabe-se hoje que avaliar a construção de um conceito é muito mais complexo do que quantificar a memorização de certos conteúdos fragmentários e descontextualizados.

Em 1988, o secretário da Educação de São Paulo, Chopin Tavares de Lima, ao entregar o texto definitivo, afirmou que dar corpo e vida às propostas era um desafio a ser enfrentado por toda a equipe escolar, de modo coletivo e solidário, e não se tratava de uma tarefa encerrada. Declarou que, pelo contrário, ela apenas se iniciava e, para suplantar os obstáculos, a Secretaria da Educação de São Paulo criaria um elenco de ações que iriam ao encontro das reivindicações expressas nos relatórios enviados pelas equipes avaliadoras da proposta curricular.

> Em relação ao valor potencial da Geografia para o ensino de 1º e 2º graus, a Proposta da CENP buscava desenvolver no aluno a capacidade de observar, analisar, interpretar e pensar criticamente a realidade, visando a sua transformação. A realidade era concebida como uma totalidade que deveria envolver a sociedade e natureza. À Geografia caberia a compreensão do espaço geográfico produzido pela sociedade, suas desigualdades e contradições, as relações de produção e a apropriação que a sociedade faz da natureza.(SÃO PAULO, Estado. 1988, p. 19).

Outros Estados do País fizeram propostas, muitas das quais tendo como modelo a do Estado de São Paulo, baseando-se, sobretudo, em seus pressupostos teórico-metodológicos e nos conteúdos propostos.

Mudanças significativas ocorreram no universo educacional brasileiro como fruto das discussões para a promulgação da LDBN/96, e, na década de 90, as propostas curriculares dos Estados foram debatidas com a finalidade de gerar nova proposta, agora com o nome de Parâmetros Curriculares Nacionais.

Com a nova LDB, a situação foi bastante alterada a partir das decisões tomadas pelo Ministério da Educação e Cultura (MEC), por via da Secretaria do

Ensino Fundamental, a respeito do currículo das escolas públicas do País. Após a crítica aos currículos propostos pelas Secretarias de Educação dos Estados efetuada por professores do ensino superior contratados pela Fundação Carlos Chagas, houve a constituição de uma equipe de professores para pensar em uma proposta única para as escolas públicas de todos os Estados, eliminando assim a participação destes na elaboração de propostas específicas.

O governo central criou a necessidade de um novo currículo para o ensino de primeiro e segundo graus e deu nova nomenclatura a esses níveis, denominando-os ensino fundamental e médio.

O MEC adotou uma política educacional centralizadora. Os Estados da Federação já não poderiam estabelecer os respectivos currículos, como o tinham feito até então. Com essa política, a Secretaria de Ensino Fundamental do MEC elaborou um documento curricular de referência para todo o Brasil, visando, de acordo com esse órgão, a uma educação de qualidade que assegurasse às crianças e aos jovens brasileiros, mesmo nos locais de infraestrutura restrita e condições socioeconômicas desfavoráveis, o acesso aos conhecimentos socialmente elaborados e reconhecidos como necessários ao exercício da cidadania. Desse modo, garantiria o respeito à diversidade cultural do País mediante a possibilidade de adaptações que integrassem as diferentes dimensões da prática educacional.

A inovação, em termos estruturais, na proposta do MEC foi a introdução dos temas transversais, que se revelam, segundo o documento, importantes na construção da cidadania e na prática da democracia e serão tratados no Capítulo I da 2ª Parte deste livro ("Disciplinaridade, transversalidade e interdisciplinaridade").

Para a escolha dos temas transversais, foram estabelecidos alguns critérios: urgência social, abrangência nacional, possibilidade de inclusão no currículo do ensino fundamental e favorecimento à compreensão da realidade e à participação social. De acordo com esses critérios, os temas selecionados foram Ética, Meio Ambiente, Pluralidade Cultural, Saúde, Trabalho e Consumo, Orientação Sexual. Esses temas devem perpassar todas as disciplinas escolares convencionais e, portanto, também a Geografia.

Os Parâmetros Curriculares Nacionais (PCN) de Geografia para o ensino fundamental propõem um trabalho pedagógico que visa ampliar as capacidades dos alunos de observar, conhecer, explicar, comparar e representar as características do lugar em que vivem e de diferentes paisagens e espaços geográficos. Inicialmente, dão a conhecer, segundo a visão de seus autores, a trajetória da disciplina escolar em pauta, a Geografia como ciência e como disciplina escolar. Nas orientações para o trabalho pedagógico, são apresentados os objetivos, os eixos temáticos, os conteúdos e os critérios de avaliação. Ao final, o documento traz indicações sobre a organização do trabalho escolar, referindo-se aos procedimentos metodológicos.

Os autores do PCN de Geografia asseveraram, nos encontros e congressos da área, terem buscado a pluralidade no que diz respeito ao embasamento teórico-metodológico. Essa afirmação é contestada por muitos geógrafos — principalmente por aqueles que se preocupam com o ensino da disciplina — por causa do ecletismo que ela sinaliza, corroborado pelo fato de que o documento utiliza, em diferentes momentos, asserções de variadas correntes de pensamento geográfico.

Outros críticos ainda sustentam haver nele o predomínio de uma visão sociocultural na compreensão da sociedade, sendo minimizada a perspectiva socioeconômica.

Mas aquilo com que a maior parcela da comunidade científica não concorda mesmo é que as propostas venham sem os professores discutirem a velocidade das transformações mundiais contemporâneas e a escola seja submetida à concorrência, à competição e à produtividade como se fosse uma empresa capitalista dos tempos atuais. Não se pode ignorar a complexidade que envolve as ciências ditas humanas, como a História e a Geografia, decorrente do próprio movimento da sociedade.

Como no caso de qualquer proposta sugerida por órgãos oficiais, é preciso ter o cuidado de não sacralizar um trabalho homogeneizado, aplicado a realidades diversificadas com as necessidades que lhes são peculiares. A nosso ver, propostas dessa natureza precisam ser um instrumento auxiliar do professor, contribuir para a reflexão sobre seu próprio plano de curso, baseada na realidade social da escola.

Tais apreciações são feitas na suposição de que esses órgãos tivessem vontade política para tomar medidas reais para a melhoria da educação, valorizando o trabalho do professor, respeitando o profissional e o cidadão, oferecendo boas condições de trabalho e um currículo aberto e em construção, com a participação efetiva na gestão da escola.

A crítica a qualquer documento é benéfica para que os professores possam ser esclarecidos acerca das diferentes concepções originárias das várias correntes de pensamento e verificar, na articulação entre o proposto e a realidade específica da escola, o que se apresenta mais adequado a seu trabalho em Geografia. O objetivo dos professores compromissados com o ensino é fazer escolhas ou opções que elevem os alunos a patamares superiores do ponto de vista da abstração e da consciência sobre a importância do conhecimento do espaço geográfico para sua vida como ser humano e como cidadão participante deste mundo complexo.

Torna-se necessário tecer aqui algumas críticas aos documentos oficiais, as quais vieram a público por meio de diferentes fontes: jornais, livros e também palestras.

É preciso lembrar a época em que cada proposta foi gestada. A Proposta Curricular do Estado de São Paulo, mais conhecida como "Proposta da Cenp" surgiu no início dos anos 80, quando os militares, já sofrendo muitos revezes, saíam da vida política do País e as esperanças de democracia se expandiam.

As Secretarias Municipais de Educação (SMEs) também produziram seus currículos. No município de São Paulo, na gestão do professor Paulo Freire como secretário de Educação, foi elaborada a Visão de Área de Geografia (1990) e de outras disciplinas do currículo, emergindo como resultado de intenso processo de participação. Os documentos eram escritos, reescritos e avaliados por professores das escolas e por aqueles envolvidos com a administração dos órgãos centrais, no interior de um projeto denominado Reorientação Curricular, na perspectiva da interdisciplinaridade.

A Visão de Área de Geografia do município recebeu críticas, sobretudo por parte do professorado, em razão da opção da Secretaria Municipal pela reorientação curricular, via tema gerador, como método para atingir a interdisciplinaridade e das dificuldades que os professores, de modo geral, encontraram para criar uma metodologia válida para todo o ensino fundamental, tendo como referência o método de alfabetização de Paulo Freire, o qual, na década de 60, representou verdadeira revolução. Dizia o mestre: "Antes de ler a palavra, temos de ler o mundo".

Nos anos 60, Paulo Freire e os professores trabalhavam com pequenos grupos vinculados a determinada atividade: por exemplo, pedreiros, pescadores, agricultores. Na década de 90, a proposta da SME de São Paulo era trabalhar com o mesmo método em todos os ciclos de ensino, levando em conta a diversidade cultural e as contradições de cada realidade. De modo geral, os educadores sentiam falta de linhas de conteúdo orientadoras para seu trabalho, as quais deveriam ser construídas pela própria escola com base em sua realidade específica. Essa proposta sacudiu a escola, e o trabalho participativo de professores, alunos e pais fez emergirem as contradições dos diferentes grupos, as quais antes estavam, de certa forma, "adormecidas". Nesse contexto se encontravam também os professores de Geografia.

Não existia assim uma proposta que oferecesse um elenco de conteúdos de Geografia, mas alguns pressupostos e exemplos que ajudariam as escolas na construção do próprio currículo na concepção mais ampla do termo, ou seja, entendido como o conjunto de ações praticadas na escola. Assim, a Visão de Área não era descolada de outras ações. O que se almejava era que a escola tivesse um projeto pedagógico próprio que servisse de sustentação e avaliação constantes da prática pedagógica, tendo como suporte um educador-pesquisador.

Por último, há os Parâmetros Curriculares Nacionais, propostos, na segunda metade dos anos 90, no âmbito de uma política educacional neoliberal que atinge todo o território nacional. Embora não seja o objetivo deste livro aprofundar o conhecimento das políticas que regem a educação em nosso país, todo professor, para compreender sua posição como profissional e as várias intervenções do Estado na escola e nas disciplinas escolares, precisa entender os momentos políticos de cada etapa da história brasileira e relacioná-la com a trajetória da política educacional.

Os professores, diante das propostas oficiais, assumem posições díspares, mas é possível refletir sobre algumas delas, utilizando a experiência que temos com os professores de Geografia.

A Proposta da Cenp, de 1988, sofreu muitas críticas dos professores do Estado de São Paulo em consequência do afastamento a que se achavam submetidos das discussões e dos debates ocorridos no período militar, os quais até então se restringiam aos ambientes fechados da academia, sem possibilidade de expansão para espaços externos, por causa da política ditatorial vigente. Assim, não entendiam o significado do método dialético e de certos conceitos extraídos da Economia constantes da proposta. Nas reuniões realizadas na Coordenadoria de Estudos e Normas Pedagógicas, os representantes de Delegacias de Ensino da capital e do interior puderam dialogar com a equipe autora, discordar de suas proposições e, de certa forma, interferir na elaboração do documento.

Provocaram, em certo momento, a interrupção das discussões as denúncias promovidas pelos setores conservadores do magistério e, depois, pelo Palácio dos Bandeirantes, com a acusação de que se tratava de uma proposta de cunho comunista, sobretudo as de História e Geografia, cujos assessores, da USP, tinham sido convidados pelos coordenadores da Cenp.

A proposta da Secretaria Municipal de Educação de São Paulo (1989-1992) fomentou grande questionamento ao sugerir que cada escola construísse seu currículo e seu programa com base na realidade escolar e da circunvizinhança, com ênfase na interdisciplinaridade, como caminho para a ruptura com a compartimentalização das disciplinas convencionais, algo distante da cultura escolar da rede pública municipal.

As escolas municipais eram consideradas pelos pais de alunos mais organizadas do que as da rede do Estado. No entanto, a parte pedagógica não era questionada e os professores realizavam seu trabalho de forma individual, sem grandes articulações, sobretudo da 5ª série em diante. A proposta da SME de São Paulo veio tirar as escolas da rotina há muito estabelecida e os professores tiveram de posicionar-se diante dos alunos, pais e colegas e dos Núcleos de Ação Educativa sobre os caminhos a ser seguidos pela escola e pelas disciplinas específicas.

Os coordenadores e diretores estavam às voltas com a Proposta da Cenp quando veio uma outra, única para todo o País: os PCN. O susto dos professores foi maior ainda porque, se na gestação das propostas anteriores, eles tiveram alguma participação por meio de representação, os PCN, diferentemente, chegaram sem aviso, de forma impositiva. Os professores, principais sujeitos do ensino formal, ficaram à margem de sua produção, tendo acesso ao documento somente depois de sua publicação. O MEC alegou que o documento tinha sido enviado aos consultores, mas isso não foi suficiente para mudanças radicais em sua estrutura e conteúdo. O professorado sentiu-se excluído do diálogo e da participação, sem assistir à interlocução necessária entre os órgãos do Estado, a escola do ensino básico e os grupos organizados da sociedade civil.

Núcleo de Ação Educativa – NAE, foi o nome dado em substituição à antiga Delegacia de Ensino, enquanto esta última tratava sobretudo da parte burocrática, o NAE objetivava a ênfase na questão pedagógica.

Para acompanhar a discussão sobre a implantação do PCN de Geografia ler: Geografia e Ideologia nos Currículos do 1º grau de Antonio Carlos Robert de Moraes. In: Elba S. de S. Barreto (org.). *Os currículos do Ensino Fundamental para as escolas brasileiras*. São Paulo: Autores Associados/Fundação Carlos Chagas, 1998. p. 163–192.
Ariovaldo U. Oliveira. In: Ana Fani A. Carlos (org.). *Reforma no Ensino de Geografia e o PCN s*. São Paulo : Contexto, 1999. p. 63–110.

Na década de 90, os PCN, documentos oficiais do MEC/Ensino Fundamental, adotaram, na formulação dos objetivos e da avaliação, a divisão dos conteúdos em conceituais, procedimentais e atitudinais (Coll et al., 1998) para o ensino fundamental e, para o ensino médio, uma abordagem por competências e habilidades (Perrenoud, 1999 e 2000). Elaborados em momentos diferentes, por equipes diferentes, adaptando referenciais diversos, os PCN, muitas vezes, não permitem ao professor na sala de aula a compreensão e a apropriação das mudanças na terminologia e na forma de abordagem dos conteúdos.

No âmbito do ensino de Geografia, os Parâmetros Curriculares Nacionais estabelecem os seguintes objetivos:

- conhecer a organização do espaço geográfico e o funcionamento da natureza em suas múltiplas relações, a fim de compreender o papel das sociedades em sua construção e na produção do território, da paisagem e do lugar;
- identificar e avaliar as ações dos homens em sociedade e suas consequências em diferentes espaços e tempos, para construir referenciais que possibilitem uma participação propositiva e reativa nas questões socioambientais locais;
- compreender que as melhorias das condições de vida, os direitos políticos, os avanços técnicos e tecnológicos e as transformações socioculturais são conquistas decorrentes de conflitos e acordos, as quais ainda não são usufruídas por todos os seres humanos. E, dentro das possibilidades, empenhar-se em democratizá-las;
- conhecer e saber utilizar procedimentos de pesquisa da Geografia para compreender o espaço, a paisagem,

o território e o lugar, seus processos de construção, identificando suas relações, problemas e contradições;
• fazer leituras de imagens, de dados e de documentos de diferentes fontes de informações, a fim de interpretar, analisar e relacionar informações sobre o espaço geográfico e as diferentes paisagens;
• saber utilizar a linguagem cartográfica para obter informações e representar a espacialidade dos fenômenos geográficos;
• valorizar o patrimônio sociocultural e respeitar a sociodiversidade, reconhecendo-a como um direito dos povos e indivíduos e um elemento de fortalecimento da democracia.

> Cf. BRASIL. Ministério de Educação e Cultura. Secretaria de Educação Fundamental. *Parâmetros Curriculares Nacionais:* História e Geografia. 2. ed. Rio de Janeiro: DP&A. 2000. v. 5; BRASIL. Ministério de Educação e Cultura. *Parâmetros Curriculares Nacionais:* terceiro e quarto ciclo do ensino fundamental: introdução. Brasília: MEC/SEF, 1998. p. 61-62.

A preocupação mais sistemática com os objetivos remonta aos anos 60, com a "pedagogia de domínio". A primeira taxonomia dos objetivos educacionais é de Bloom (1970a), uma classificação completa das aprendizagens pretendidas pela escola nos domínios cognitivo e afetivo, a qual diferenciava tipos de conhecimentos e tipos de ações e raciocínios cognitivos, envolvendo conhecimento (fatos, fenômenos, leis, princípios, teorias), compreensão (tradução, translação, interpretação), aplicação, análise (elementos, organização, estrutura), síntese (produções) e julgamento (por critérios internos e externos). No domínio afetivo, efetuava a diferenciação entre aceitação, adoção, participação e elaboração de normas.

As virtudes, os excessos e os limites do trabalho por objetivos sobre o modelo da pedagogia de domínio foram analisados por Hamiline (1979). A preocupação com objetivos, segundo Huberman (1988), permanece ampliada e integrada a abordagens construtivistas citadas por Perrenoud (2000, p. 27). Para este último autor, o ensino persegue objetivos, mas não de maneira mecânica e obsessiva. Sua intervenção faz-se em três estágios: o planejamento didático, para identificar os objetivos trabalhados nas situações em questão, a fim de escolhê-los e dirigi-los com conhecimento de causa; a análise *a posteriori* das situações e das atividades, para delimitar o que se desenvolveu realmente e modificar a sequência das atividades propostas; a avaliação, quando se trata de controlar os conhecimentos adquiridos pelos alunos.

> *Os Parâmetros Curriculares Nacionais do ensino médio, ao introduzir a noção de competência, levanta questões discutidas por Perrenoud:*
> *Vai-se à escola para adquirir conhecimento ou para desenvolver competência?*
> *A pergunta oculta um mal-entendido e um dilema. Um mal-entendido está em acreditar que, ao desenvolver-se competência, desiste-se de transmitir conhecimento. Quase que a totalidade das ações humanas exige um tipo de conhecimento, às vezes superficial, outras aprofundado, oriundo da experiência pessoal, do senso comum, da cultura partilhada em um círculo de especialistas ou da pesquisa tecnológica e científica. Quanto mais complexas, abstratas, mediatizadas por tecnologias, apoiadas em modelos sistêmicos da realidade forem consideradas as ações, mais conhecimentos aprofundados, avançados, organizados e confiáveis elas exigem.*
> *Um dilema porque, para construir competências, estas precisam de tempo, que é parte do tempo necessário para distribuir conhecimento profundo.*
> *No sentido comum da expressão, competências são representações da realidade que construímos e armazenamos ao sabor de nossa experiência e de nossa formação. Quase toda ação mobiliza alguns conhecimentos, algumas vezes, elementares e esparsos, outras vezes, complexos e organizados em redes. Assim é, por exemplo, que conhecimentos bastante profundos são necessários para: analisar um texto e reconstituir as intenções do autor; traduzir de uma língua para outra; argumentar com a finalidade de convencer alguém cético ou*

um oponente; construir uma hipótese e verificá-la; identificar, enunciar e resolver um problema científico; detectar uma falha no raciocínio de um interlocutor; negociar e conduzir um projeto coletivo.

As competências manifestas por estas ações não são conhecimentos; elas utilizam, integram ou mobilizam tais conhecimentos. A competência exige que se ponham em relação diferentes tipos de conhecimentos em uma determinada situação.

A noção de competência continua sendo um desafio nas ciências cognitivas, assim como na didática. Alguns pesquisadores preferem ampliar a noção de conhecimento sem apelar para outros conceitos. Assim as ciências cognitivas distinguem três tipos de conhecimentos: declarativos, os quais descrevem a realidade sob forma de fatos, leis, constantes ou regularidades; os procedimentais, os quais descrevem o procedimento a aplicar para obter-se algum tipo de resultado (por exemplo, os conhecimentos metodológicos); os conhecimentos condicionais, os quais definem as condições de validade dos conhecimentos procedimentais. Considerando que estes dois tipos de categoria podem reduzir-se em conhecimento, mas que, num determinado momento, o especialista provido dos conhecimentos declarativos, procedimentais e condicionais deve julgar a pertinência em relação à situação e mobilizá-los com discernimento (Brasil, 1999, p. 6-9).

Representação e comunicação

– Ler, analisar e interpretar os códigos específicos da Geografia (mapas, gráficos, tabelas, etc.), considerando-os como elementos da representação de fatos e fenômenos espaciais e/ou especializados.

– Reconhecer e aplicar o uso das escalas cartográficas e geográficas como forma de organizar e conhecer a localização, distribuição e frequência dos fenômenos naturais e humanos.

Investigação e compreensão

– Reconhecer fenômenos espaciais a partir da seleção, comparação, interpretação, identificando as singularidades ou generalidades de cada lugar, paisagem ou territórios.

– Selecionar e laborar esquemas de investigação que desenvolvam a observação dos processos de formação e transformação dos territórios, tendo em vista as relações de trabalho, a incorporação de técnicas e tecnologias e o estabelecimento de redes sociais.

– Analisar e comparar, interdisciplinarmente, as relações entre a preservação e degradação da vida no planeta, tendo em vista o conhecimento da sua dinâmica e a mundialização dos fenômenos culturais, econômicos, tecnológicos e políticos que incidem sobre a natureza, nas diferentes escalas: local, regional, nacional e global.

Contextualização sociocultural

– Reconhecer, na aparência das formas visíveis e concretas do espaço geográfico, sua essência, ou seja, os processos históricos, construídos em diferentes tempos, e os processos contemporâneos, conjunto de práticas de diferentes agentes, que resultam em produtos de mudanças na organização e conteúdo do espaço.

– Compreender e aplicar no cotidiano os conceitos básicos da Geografia.

– Identificar, analisar e avaliar o impacto das transformações naturais, sociais, econômicas, culturais e políticas em seu "lugar-mundo", comparando, analisando e sintetizando a densidade das relações e transformações que tornam concretas e vividas a realidade.

Os antigos manuais e livros didáticos de Geografia produzidos entre as décadas de 50 e 70 evidenciam as orientações sintetizadas nos Roteiros de Geografia geral e do Brasil da Diretoria do Ensino Secundário do MEC-Cades (Brasil, 1963), documento que, em sua introdução, apresenta uma concepção de Geografia escolar brasileira para o antigo ginásio e propõe algumas questões relativas aos conteúdos e seus objetivos, reforçando a afirmação anterior de que os currículos e os programas de ensino são datados e devem, em sua análise, ser contextualizados.

No documento supracitado, é possível identificar os objetivos, conteúdos (assuntos), hábitos (de estudo), habilidades específicas e atitudes (interesses e ideais) a ser desenvolvidos e as fontes de leitura básica para o professor (obras geográficas clássicas e para o ensino da disciplina).

Ao longo desse período, a formulação dos objetivos e conteúdos nos currículos e programas das disciplinas escolares mudou seu foco central: do processo de ensino e da atuação do professor para os processos de aprendizagem do aluno, tomado em sua dimensão individual e coletiva, assim como cognitiva, social e cultural.

5. Atividade

1) Compare o currículo de Geografia dos PCN com o proposto pelo município em que você vive, tomando como base de comparação os conteúdos e as metodologias de ensino.

6. Leituras complementares

BLOOM, Benjamim et al. *Taxonomia dos objetivos educacionais:* domínio afetivo. Porto Alegre: Globo, 1970.

BRUNER, Jerome Seymour. A inspiração de Vygotsky. In: _____. *Realidade mental, mundos possíveis.* Porto Alegre: Artes Médicas, 1998. p. 75-83.

PIAGET, Jean. *Gênese das estruturas lógicas elementares.* Rio de Janeiro: Zahar, 1975.

TAILLE, Yves de la. *Limites:* três dimensões educacionais. São Paulo: Ática, 2000.

Capítulo III

A FORMAÇÃO DOCENTE E O ENSINO SUPERIOR

A formação docente e o ensino superior

A formação de professores constitui uma questão central no contexto mais amplo da educação brasileira. Não sem razão, vem sendo objeto das atuais reformas educacionais e contemplada no âmbito dos debates acadêmicos e das entidades científicas e profissionais, impondo um aprofundamento da reflexão acerca da natureza e dos objetivos dos cursos de formação desses profissionais.

Apesar da relevância da profissão, considerada estratégica pelo fato de condicionar decisivamente as oportunidades de desenvolvimento da sociedade e da economia, os cursos de formação docente têm historicamente demonstrado sua falta de êxito, reforçando o estereótipo segundo o qual se trata de cursos fracos. Os professores, via de regra, são vistos como profissionais despreparados, sem capacidade de gerir autonomamente os próprios saberes. Com base em nossa experiência na formação de professores de Geografia em nível superior, apontamos a importância da pesquisa para valorizar a formação e a profissão.

1. O professor e sua formação

No Brasil, o estabelecimento de um sistema de formação do professor secundário remonta à década de

30 do século XX, quando houve forte expansão da escolaridade em todos os níveis. O modelo clássico de formação desse profissional, que perdura até hoje, caracteriza-se por uma organização curricular que prevê dois conjuntos de estudos, congregando, de um lado, as disciplinas técnico-científicas e, de outro, as disciplinas didático-(psico)pedagógicas. Esse formato tradicional ficou conhecido como "modelo 3+1", ou seja, três anos de bacharelado mais um ano de formação pedagógica — que muitos consideram como licenciatura —, acrescida de estágio supervisionado.

Durante muitos anos, a formação docente no País representou uma posição secundária na ordem das prioridades educacionais, caracterizando um processo de desvalorização da profissão marcada pela consolidação da tutela político-estatal sobre o professorado.

A prática profissional dos professores expressa-se, muitas vezes, de forma ordenada e racionalizada pelas instâncias técnicas e administrativas dos sistemas de ensino, situação em que o professor dispõe de pouca autonomia diante das decisões sobre o que ensinar, como ensinar e como avaliar o que se ensina e o que se aprende.

Enquanto a educação básica, no cenário nacional, é oferecida principalmente pelo setor público, a formação docente é realizada majoritariamente pelo setor privado de ensino superior. Grande parte dos professores que ministram aulas no ensino básico são formados em cursos de licenciatura nas instituições privadas. É fato reconhecido a baixa qualidade desses cursos, tendo em vista que, na maioria dessas instituições, a organização curricular seguiu, durante anos, o modelo das "pequenas" licenciaturas.

Por outro lado, na universidade pública, bacharelado e licenciatura têm-se constituído, no decurso da história, como cursos separados, com pouca ou nenhuma relação entre si. Nesse caso, a licenciatura aparece numa situação de inferioridade, ou seja, o curso técnico-científico ganha maior importância, enquanto a licenciatura caracteriza-se como um curso complementar e secundário.

O processo de expansão do ensino superior no Brasil deu-se pela via da privatização, com o predomínio de instituições isoladas, contrariando a Lei da Reforma do Ensino Superior 5.540/68. A referida lei instituía que o ensino superior deveria ser organizado sob a forma de universidade. Essas instituições privadas, constituídas, principalmente, como Faculdades de Filosofia, Ciências e Letras, multiplicaram-se no fim dos anos 60 e início dos anos 70, no bojo do forte impulso expansionista do ensino superior brasileiro, caracterizando-se como *locus* institucional da formação de professores para a escola básica. Tal expansão acentuou-se com o estabelecimento do modelo das licenciaturas curtas polivalentes, em todas as áreas, a partir da aprovação da Lei de Diretrizes e Bases 5.692/71.

Durante mais de 30 anos, parcela significativa dos professores de Geografia, sobretudo no Estado de São Paulo, em que o setor privado de ensino superior se tornou hegemônico, foi formada nas instituições privadas em um curso duplamente curto que estabelecia dois anos para a licenciatura polivalente em Estudos Sociais e mais dois anos para a habilitação em Geografia. Aligeirados, fragmentados, semelhantes cursos acabaram por comprometer a formação desses profissionais.

Tal situação, entretanto, começa a mudar. Tanto em nível nacional quanto internacional, há um movimento

> Sobre os novos paradigmas de formação docente, cf. PIMENTA, S. G.; ANASTASIOU, L. G. C. *Docência no ensino superior.* São Paulo: Cortez, 2002. (Docência em Formação.)

de valorização da formação e da profissão docente, o qual se configura como uma reação a um modelo formacional que concebe o professor como um transmissor de conhecimentos, um aplicador de regras derivadas do conhecimento científico e uma categoria subprofissional no mercado ocupacional. As novas abordagens centram-se na concepção da formação como um processo permanente, marcado pelo desenvolvimento da capacidade reflexiva, crítica e criativa, conferindo ao professor autonomia na profissão e elevando seu estatuto profissional.

Os novos paradigmas de formação docente partem do reconhecimento da especificidade dessa formação e da necessidade da revisão dos saberes constitutivos da docência, na perspectiva da emancipação do profissional.

Cabe afirmar, todavia, que o momento atual é de transição, marcado pela crise do modelo anterior e pela incerteza quanto aos novos paradigmas de formação docente. Para propor as mudanças necessárias e levá-las a efeito, é necessário conhecer a realidade que deve ser objeto de transformação, ou seja, os cursos de licenciatura, além dos meios e sua utilização. Portanto, não se trata apenas de produzir uma teoria sobre a formação de professores, mas de criar as condições e produzir referenciais concretos para, efetivamente, pô-la em prática mediante as mudanças operadas.

A Lei de Diretrizes e Bases da Educação Nacional 9.394/96 apontou inovações no âmbito da formação do profissional docente, criando novo ambiente institucional para esse fim, o instituto superior de educação, além de prever que a formação de professores para todas as etapas da educação básica se realize, prioritariamente, em nível superior. Ao mesmo tempo, foram definidos novos Parâmetros Curriculares Nacionais para o ensino básico e elaboradas as Diretrizes Curriculares Nacionais (DCN) para todos os cursos superiores de graduação.

Do ponto de vista das DCN para os cursos superiores de graduação, percebe-se uma mudança significativa nos referenciais necessários à organização curricular desses cursos. Em lugar de uma listagem de disciplinas obrigatórias concebidas como mínimos curriculares e com as respectivas cargas horárias — lógica que presidiu, durante muitos anos, as políticas de estabelecimento do currículo dos cursos superiores —, o novo modelo orienta para o estabelecimento de linhas gerais capazes de definir um conjunto de competências e habilidades que deverão compor o perfil do profissional a ser formado.

Segundo esse modelo, o elemento estruturante dos cursos passa a ser o projeto pedagógico, que deve ser elaborado pelas instituições formadoras de acordo com as competências e habilidades definidas pelas DCN para todas as áreas do conhecimento. São as competências e habilidades que orientam a seleção e o ordenamento dos conteúdos das diferentes áreas, os quais deverão ser contemplados nos projetos pedagógicos das instituições. Além disso, o projeto pedagógico deve prever atividades acadêmicas complementares, o formato dos estágios e as formas de avaliação.

Sobre estágio, cf. PIMENTA, S. G.; LIMA, M. S. L. *Estágio e docência*. São Paulo: Cortez, 2004. (Docência em Formação.)

Assim, o processo de elaboração das DCN para os cursos de graduação consolidou o direcionamento da formação para três categorias de carreiras: bacharelado acadêmico, bacharelado profissional e licenciatura. Nesse sentido, a licenciatura ganhou terminalidade e integralidade própria em relação ao bacharelado, constituindo, portanto, um projeto específico, com um currículo próprio que não se deve confundir com o bacharelado ou com o modelo antigo que ficou caracterizado como "modelo 3+1".

Segundo as DCN para a formação de professores para a escola básica em cursos de licenciatura em nível superior de graduação plena, são três os princípios norteadores dessa formação: *a competência como concepção nuclear na orientação do curso*, ou seja, que o profissional, além de ter conhecimentos sobre seu trabalho, saiba também mobilizá-los, transformando-os em ação; *a coerência entre formação e exercício profissional*, ou seja, que haja coerência entre a formação oferecida e a prática esperada do futuro professor; a pesquisa como elemento essencial na formação docente.

Considerando o caráter desta obra, voltada à formação inicial e continuada de professores, e o fato de que a pesquisa constitui elemento central das novas abordagens sobre essa formação, faremos a seguir algumas apreciações acerca do papel da pesquisa na formação docente.

2. A pesquisa na formação dos professores de Geografia

Há algum tempo se discute a necessidade de incorporar a pesquisa e os processos de investigação nos cursos de formação docente. Razoável bibliografia tem apoiado a pesquisa como princípio cognitivo e formativo de professores para a escola básica, demonstrando não serem poucos os defensores da relação entre a formação docente e a pesquisa.

Os novos referenciais de formação desse profissional, particularmente as Diretrizes Curriculares Nacionais do Ministério da Educação, indicam que um dos problemas a ser enfrentados nos cursos de licenciatura se refere ao tratamento dispensado à pesquisa. Com efeito, uma visão excessivamente acadêmica sobre essa atividade tem impedido concebê-la como dimensão privilegiada da relação entre teoria e prática, sendo, portanto, necessário redimensionar seu papel na formação de professores. A ideia é ressaltar a importância da pesquisa na construção de uma atitude cotidiana de compreensão dos processos de aprendizagem e desenvolvimento dos alunos e de busca de autonomia na interpretação da realidade.

Sua relevância nos cursos de formação docente e na prática pedagógica vem sendo associada à concepção de professores reflexivos e críticos, estabelecendo uma relação intrínseca entre a prática reflexiva e a prática por ela orientada. Assim, a pesquisa pode ser considerada um processo aglutinador de reflexão e crítica, uma facilitadora da prática crítico-reflexiva, embora não seja necessariamente um desdobramento natural de qualquer prática reflexiva (Lüdke, 2001).

> PIMENTA, Selma Garrido; GHEDIN, Evandro (Orgs.). *Professor reflexivo no Brasil*: gênese e crítica de um conceito. São Paulo: Cortez, 2002.

Apesar da importância dessa questão, persiste ainda a ideia de que o professor da escola básica não necessita pesquisar. Tal posição tem reforçado uma concepção de professor como transmissor ou repassador de informação, mero usuário do produto do conhecimento científico.

Se considerarmos a docência como atividade intelectual e prática, revela-se necessário ao professor ter cada vez maior intimidade com o processo investigativo, uma vez que os conteúdos, com os quais ele trabalha, são construções teóricas fundamentadas na pesquisa científica. Assim, sua prática pedagógica requer de si reflexão, crítica e constante criação e recriação do conhecimento e das metodologias de ensino, o que pressupõe uma atividade de investigação permanente que necessita ser apreendida e valorizada. Nesse sentido, é importante que os professores, em seu processo formativo, sobretudo inicial, pesquisem como são produzidos os conhecimentos por eles ensinados.

Segundo os novos referenciais oficiais (DCN) de formação docente, cabe ao professor da escola básica desenvolver nos alunos uma atitude investigativa, situação em que a pesquisa venha a constituir, ao mesmo tempo, instrumento de ensino e conteúdo da aprendizagem. Ocorre que, para o professor poder cumprir esse objetivo, é imprescindível que ele mesmo tenha aprendido e seja capaz de dominar a habilidade de produzir pesquisa.

A perspectiva de trabalhar de forma investigativa pressupõe uma mudança de atitude perante o conhecimento. Significa ultrapassar a visão da prática pedagógica como simples transmissão de um conhecimento pronto e acabado que os alunos não possuem e implica outra concepção de educação, de acordo com a qual o conhecimento é visto à luz de seu processo de produção e apropriação, como produto social de contextos históricos determinados — revelando-se, portanto, algo provisório, em permanente processo de construção e reconstrução.

Considerando que investigar é pesquisar e que a pesquisa deve envolver o aprender a pensar, a citação a seguir mostra-se bastante oportuna:

> *Sabe-se que são consideráveis as deficiências do professorado em relação ao aprender a pensar, de modo que eles próprios necessitam dominar estratégias de pensar e de pensar sobre o próprio pensar [...] Parece claro que às inovações introduzidas no ensino das crianças e jovens correspondam mudanças na formação inicial e continuada de professores. Todavia, tanto em relação à formação das crianças e jovens quanto à formação de professores, importa não apenas buscar os meios pedagógico-didáticos de melhorar e potencializar a aprendizagem pelas competências*

> *do pensar, mas também de ganhar elementos conceituais para a apropriação crítica da realidade. É preciso associar o movimento do ensino do pensar aos processos da reflexão dialética de cunho crítico, a crítica como forma lógico-epistemológica. Pensar é mais do que explicar, e para isso as escolas e as instituições formadoras de professores precisam formar sujeitos pensantes, capazes de um pensar epistêmico, ou seja, sujeitos que desenvolvam capacidades básicas de pensamento, elementos conceituais, que lhes permitam, mais do que saber coisas, mais do que receber uma informação, colocar-se ante a realidade, apropriar-se do momento histórico para pensar historicamente essa realidade e reagir a ela* (Zemelman, 1994, apud Libâneo, 1998, p. 86-87).

Assim, além de dominar conteúdos, é importante que o professor desenvolva a capacidade de utilizá-los como instrumentos para desvendar e compreender a realidade do mundo, dando sentido e significado à aprendizagem. À medida que os conteúdos deixam de ser fins em si mesmos e passam a ser meios para a interação com a realidade, fornecem ao aluno os instrumentos para que possa construir uma visão articulada, organizada e crítica do mundo.

É comum ouvir que amiúde os alunos chegam ao ensino superior apresentando um nível baixo de conhecimento e com inúmeras dificuldades, entre as quais a falta de domínio da língua para, por exemplo, analisar, interpretar e redigir textos. Nos cursos de licenciatura, configurados historicamente como de menor prestígio, tidos por fracos e constituindo, muitas vezes, a última opção dos interessados no leque de cursos oferecidos, sobretudo em instituições privadas, o despreparo dos alunos é, em geral, o maior desafio que os professores enfrentam.

A falta de domínio de conceitos básicos por parte dos alunos, sobretudo em Geografia, envolvendo conhecimentos tanto da natureza quanto da sociedade, levam os professores, muitas vezes com certo desespero, a tentar abarcar uma gama enorme de conteúdos na tentativa de suprir essa deficiência. Tal prática com frequência se revela frustrante justamente porque não só é impossível dar conta de todo o conteúdo, mas, em muitos casos, ele é abordado de forma desligada da realidade.

Para Demo (1992), mais importante do que as aulas e a transmissão de conteúdos, na busca de cobrir extensões infindáveis da matéria, é abrir espaço para que o aluno trabalhe com temas de pesquisa, a fim de exercitar a capacidade de dar conta de temas com aprofundamento intensivo, os quais lhe permitam desenvolver a capacidade de elaboração própria. A avaliação giraria em torno da produção própria, e não consistiria em provas calcadas nos conteúdos desenvolvidos em aulas.

Ensinar a pesquisar requer criar situações e condições didáticas que estimulem a curiosidade e a criatividade. Muitos alunos dos cursos de licenciatura são oriundos de escolas do ensino básico pautadas na memorização e na reprodução de um conhecimento pouco crítico em classes com turmas numerosas, nas quais a reflexão e a criatividade são muito pouco estimuladas. Nesse sentido, a pesquisa pode e deve constituir oportunidade para o desenvolvimento de capacidade criativa e crítica.

A ida à biblioteca e o manuseio do produto do conhecimento científico podem significar, para os alunos, uma experiência inédita, dado que muitos chegam ao ensino superior sem nunca terem frequentado uma biblioteca ou laboratório. Consultar banco de dados, teses, dissertações e monografias é de fundamental importância para terem acesso ao conhecimento produzido pela investigação acadêmica, apropriarem-se dele e desenvolverem a capacidade de analisá-lo criticamente. Além disso, é essencial os alunos defrontarem-se com as diferentes abordagens da produção científica, reconhecendo que a ciência se realiza por diferentes caminhos do ponto de vista histórico, epistemológico e metodológico.

Nas últimas décadas, têm crescido substancialmente as pesquisas relacionadas ao ensino e à aprendizagem da Geografia com diferentes objetos de estudo. Está claro que os estudos no âmbito dessa ciência se filiam a diferentes correntes filosóficas e teórico-metodológicas, expressando uma diversidade de concepções sobre a própria Geografia e sobre seu ensino. Nesse sentido, é valioso ter acesso ao conhecimento gerado pela investigação acadêmica e à produção oficial de propostas curriculares e parâmetros curriculares nacionais, que conferem diferentes tratamentos à disciplina e a seu ensino.

Desse modo, a pesquisa sobre o ensino de Geografia permite ao aluno o acesso a várias metodologias de ensino e aprendizagem, exercita sua capacidade de fazer opções relativas aos conteúdos e suas didáticas e promove sua capacidade de elaboração própria de novos tratamentos e metodologias no âmbito do ensino da disciplina.

Um dos grandes desafios dos cursos de formação de professores de Geografia diz respeito à necessidade prática de articulação dos conteúdos desse componente curricular com os conteúdos pedagógicos e educacionais, ou seja, aos mecanismos de transposição didática, que envolvem metodologias do ensinar a ensinar. A pesquisa pode, ao mesmo tempo, constituir um instrumento de ensino e um conteúdo de aprendizagem, permitindo o exercício de investigação de novas proposições em termos de metodologia do ensino em Geografia. Nesse sentido, a pesquisa no âmbito dessa ciência pode revelar-se um procedimento que busca desenvolver competências relativas à:

a) análise crítica das metodologias de ensino produzidas e das que estão em uso;
b) identificação de metodologias de ensino de caráter tradicional e inovadoras;
c) identificação e utilização das diferentes linguagens próprias a seu ensino;
d) capacidade de inferir das diferentes propostas e parâmetros curriculares suas filiações filosóficas e teórico-metodológicas;
e) capacidade de realizar opções conscientes diante das diferentes metodologias e propostas curriculares de ensino e aprendizagem.

É essencial a motivação do aluno para a elaboração de projeto próprio de ensino e aprendizagem em Geografia que envolva proposta teórico-prática, demonstrando, portanto, domínio teórico-metodológico, bem como condição de realização prática e empírica. É necessário assinalar a importância de tomar como referência as práticas didático-pedagógicas e a realidade social da escola básica para os projetos de ensino e aprendizagem em Geografia, buscando alternativas para uma ação eficaz.

Em muitos cursos de formação de professores já se instituiu o Trabalho de Conclusão de Curso (TCC) ou o Trabalho de Graduação Individual (TGI), que se traduzem na elaboração de uma monografia cujo conteúdo diz respeito à pesquisa de determinado assunto. Trata-se de oportunidade para aprofundar o conhecimento sobre os processos investigativos, desenvolvendo a habilidade de elaborar e executar projetos de pesquisa, análise bibliográfica e instrumentos de pesquisa, além da competência do "aprender a fazer", a fim de aprimorar a capacidade de analisar e interpretar dada realidade ou situação.

Se o produto final, ou seja, a monografia, é importante, convém ressaltar que mais importante ainda é o processo, ou seja, aprender a realizar uma investigação mediante o exercício da faculdade de lidar com temas de estudo, desenvolvendo a capacidade de elaboração própria por meio da produção de textos e documentos, do levantamento e tratamento de dados e informações.

O trabalho do professor na escola básica envolve atividades que vão desde a preparação de um programa de curso e o planejamento de aulas até a participação na produção e na execução de projeto pedagógico institucional, além de projetos didático-pedagógicos que impliquem uma atividade investigativa. Esta, via de regra, envolve a elaboração de diagnósticos, caracterização de situação-problema, levantamento bibliográfico, etc.

Nesse sentido, é oportuno que os alunos, futuros professores, aprendam a elaborar projetos, uma vez que se trata do primeiro passo para a realização de uma pesquisa. Não se faz pesquisa sem antes planejar as ações que deverão norteá-la. Na elaboração de um projeto, atividade sobre a qual existe extensa bibliografia disponível para ser consultada, destacam-se alguns aspectos fundamentais.

Primeiramente, devem-se formular algumas questões que, ao ser respondidas, dão corpo ao projeto de pesquisa. Assim, algumas perguntas são básicas:

a) *O que fazer?* Estabelecer o tema ou situação-problema a ser investigado, enunciando a(s) hipótese(s).

(Hipótese é uma suposição que se faz na tentativa de explicar o que se desconhece.)
b) *Por que fazer?* Esclarecer os motivos que justificam a pesquisa, levando em conta sua relevância.
c) *Para que fazer?* Definir o que se pretende alcançar com a execução da pesquisa, ou seja, seus objetivos gerais e específicos.
d) *Como fazer?* Definir os procedimentos metodológicos necessários para alcançar as técnicas e as metodologias a ser utilizadas.
e) *Onde fazer?* Especificar o campo de observação e as variáveis que interessam à pesquisa: local, população, amostra, etc.
f) *Com quê?* Descrever os instrumentos de pesquisa que vão ser utilizados e como serão aplicados.
g) *Quando?* Definir um cronograma com a duração das atividades, indicando o tempo necessário para a realização das etapas da pesquisa.

Existem diferenças entre um projeto de pesquisa científica, projetos didático-pedagógicos e o projeto pedagógico institucional, o qual diz respeito, entre outros aspectos, à organização do trabalho pedagógico na escola. De qualquer forma, todo projeto tem o mesmo significado, a saber: projetar, lançar para diante, supondo o futuro, estabelecendo os fins e os meios para sua realização.

Para que os alunos exercitem a capacidade de elaborar e executar projetos, é indispensável que o professor domine as etapas desse processo, assumindo nele uma atitude de facilitador e orientador e mostrando-se apto a avaliar o desempenho de seus alunos.

Quanto à avaliação, é necessário assinalar que diferentes metodologias de ensino implicam diferentes abordagens avaliatórias, ou seja, a avaliação deve estar em consonância com os procedimentos metodológicos. Assim, ao avaliar o aluno pelo trabalho com processos investigativos, é importante valorizar a criatividade, a habilidade em formular problemas e lidar com temas de estudos e, sobretudo, a capacidade de análise e elaboração pessoal de textos e documentos, além do levantamento e tratamento de dados e informações.

3. Atividades

1) Escolha um dos livros das leituras complementares que reflitam sobre a pesquisa e o ensino e sintetize as ideias básicas.
2) Faça a leitura de duas monografias de conclusão de curso (TCC ou TGI) para uma análise crítica do problema, investigando a metodologia e a fundamentação teórica propostas. Discuta em sala de aula as diferenças e as semelhanças entre os trabalhos.

4. Leituras complementares

ANDRÉ, Marli. *O papel da pesquisa na formação e na prática dos professores.* Campinas: Papirus, 2001. (Prática Pedagógica.)

CAVALCANTI, Lana de Souza. *Geografia, escola e construção de conhecimentos.* 6. ed. Campinas: Papirus, 1998.

DEMO, Pedro. *Formação de formadores básicos.* Em Aberto, Brasília, ano 12, n. 54, p. 23-42, abr./jun. 1992.

_____. *Pesquisa: princípio científico e educativo.* São Paulo: Cortez, 1990.

LIBÂNEO, José Carlos. *Adeus professor, adeus professora?*: novas exigências educacionais e profissão docente. São Paulo: Cortez, 1998.

LÜDKE, Menga (Coord.). *O professor e a pesquisa.* Campinas: Papirus, 2001. (Prática Pedagógica.)

PIMENTA, Selma Garrido; LIMA, Maria do Socorro Lucena. *Estágio e docência.* São Paulo: Cortez, 2004. (Docência em Formação.)

PONTUSCHKA, Nídia Nacib (Org.). *Ousadia no diálogo:* interdisciplinaridade na escola pública. São Paulo: Loyola, 1993.

RUDIO, Franz Victor. *Introdução ao projeto de pesquisa científica.* Petrópolis: Vozes, 1986.

SEVERINO, Antônio Joaquim. *Metodologia do trabalho científico.* 22. ed. São Paulo: Cortez, 2002.

SUERTEGARAY, Dirce Maria Antunes. Pesquisa e educação de professores. In: PONTUSCHKA, N. N.; OLIVEIRA, A. U. (Orgs.). *Geografia em perspectiva: ensino e pesquisa.* São Paulo: Contexto, 2002.

2ª Parte

O ensino-aprendizagem da Geografia e as práticas disciplinares, interdisciplinares e transversais

O ensino-aprendizagem da Geografia e as práticas disciplinares, interdisciplinares e transversais

Nos currículos escolares e nas práticas pedagógicas, prepondera, há décadas, um tratamento disciplinar, segundo o qual o rol de conteúdos específicos de uma área do conhecimento não tem relação com as demais disciplinas escolares, cada qual funcionando em forma de compartimento. Essa apreciação também é válida para a disciplina escolar de Geografia.

A intenção da 2ª Parte deste livro é refletir sobre as concepções e práticas baseadas nos princípios de disciplinaridade, transversalidade e interdisciplinaridade. Temos a preocupação de pensar em como a aprendizagem e o ensino da Geografia se situam perante outras possibilidades, superando a disciplinaridade pela interação com as demais disciplinas. Assumimos a compreensão de que, ao conhecer um objeto de estudo geográfico, ele será mais aprofundado quando se aproveitam também os conhecimentos provenientes de outras disciplinas.

Essa é uma questão atualmente enfrentada pelos educadores brasileiros que desejam – ou são solicitados a – trabalhar com currículos baseados nos princípios mencionados, paralelamente ou em interação com um tratamento disciplinar dispensado aos conteúdos escolares.

A disciplinaridade ou um currículo disciplinar podem restringir-se apenas ao caráter cognitivo dos fatos e conceitos. No entanto, se a perspectiva da escola básica é a educação integral, a Geografia deve colaborar com essa meta e pensar em outras dimensões do conteúdo, para estreitar as relações entre as disciplinas e promover a ampliação desse conceito. Ao ampliar o conceito de conteúdo, devem ser considerados também os conteúdos procedimentais e atitudinais, que precisam estar presentes nas intenções do professor de Geografia quando da elaboração da programação da disciplina escolar.

Na Geografia, os conteúdos procedimentais relacionam-se ao modo pelo qual os alunos assimilam certas práticas que passam a fazer parte de sua própria vida. Aqui lembramos alguns exemplos: fazer leituras de imagens, habituar-se a ler várias modalidades de textos e integrá-los aos conhecimentos possuídos; ser capaz de utilizá-los em situações externas à escola, portanto, em situações de vida; observar um fato isolado e poder contextualizá-lo no tempo e no espaço. Na observação, não ficar satisfeito somente com os fatos visíveis, mas ir à busca de explicações mais próximas da "verdade"; saber pesquisar e trabalhar com argumentações que aumentem a compreensão de determinadas questões complexas.

As questões complexas, intrinsecamente relacionadas com o mundo contemporâneo, com a mundialização da economia, com a globalização das comunicações, com a formação de redes de circulação de mercadorias, de pessoas e ideias, exigem procedimentos metodológicos que permitam ao aluno compreender melhor o mundo em que está inserido.

A observação informal e também a observação sistemática de fatos ou fenômenos do cotidiano, a capacidade de registrá-los, usando diferentes recursos e linguagens, bem como de ouvir as pessoas sobre determinados objetos para conhecer as representações, ou seja, a concepção que o sujeito tem sobre algo em dado momento, são procedimentos que alargam e aprofundam a reflexão, porque ensejam a passagem de uma representação metafórica a uma representação cada vez mais conceitualizada, na qual as relações resultantes permitem a produção de novos conhecimentos.

Dentre os aspectos antes propostos apenas como objetivos, mas considerados, nos dias atuais, conteúdos atitudinais, destacam-se o respeito às diferenças de sexo, de etnia, de faixas etárias, com responsabilidade sobre as crianças e os idosos, a valorização do patrimônio sociocultural, da diversidade ambiental, dos direitos e deveres do cidadão...

Uma disciplina parcelar não consegue lidar com todos esses tipos de conteúdos, e disso decorre a necessidade de pensar em outros métodos e princípios que conjuguem esforços integrados para conseguir formar o homem inteiro, propiciando uma educação integral.

Segundo nossa percepção, a transversalidade e a interdisciplinaridade são propostas que vão ao encontro da formação do educando na perspectiva exposta. Os documentos oficiais, como as Diretrizes Curriculares e os Parâmetros Curriculares Nacionais, destacam o significado da transversalidade e da interdisciplinaridade nos diversos momentos da formação. Esses debates estão enfaticamente presentes, na atualidade, nos meios educacionais, culturais e científicos.

Esse debate chegou ao Brasil, com maior intensidade, após o Congresso de Nice (França), em 1969, quando, com a participação de pesquisadores brasileiros, as questões interdisciplinares estiveram em foco. No entanto, os avanços verificados na prática pedagógica da rede de ensino pública e particular no que diz respeito a essa temática têm sido lentos. Muitas escolas e professores encontram dificuldades em inserir na ação pedagógica atividades que deem um passo além da disciplinaridade. Muitos fatores internos e externos ao ambiente escolar explicam tal atraso. Neste trabalho, não nos deteremos na busca de explicações para isso.

Capítulo 1

DISCIPLINARIDADE, TRANSVERSALIDADE E INTERDISCIPLINARIDADE

Disciplinaridade, transversalidade e interdisciplinaridade

Para abordar a disciplinaridade, adotamos a distinção que Japiassu (1976) institui entre ciência e disciplina. Segundo o autor, a disciplinaridade é progressiva exploração científica especializada em certa área ou domínio homogêneo de estudo que estabelece e define fronteiras constituintes, cabendo a estas determinar seus objetos, conceitos e teorias. O termo "disciplina" é comumente empregado para designar o ensino de uma ciência, ao passo que o termo "ciência" se refere principalmente à atividade de pesquisa. A disciplinaridade será aqui abordada na perspectiva de uma disciplina escolar.

A disciplina escolar Geografia mantém vínculos com a respectiva ciência por meio dos conceitos, métodos e teorias geográficas. Os conteúdos disciplinares são organizados a fim de atender a concepções hegemônicas da própria ciência e correspondem a um tempo e espaço específicos, articulados às concepções pedagógicas de organização do currículo e do ensino.

Hoje, com a globalização, muitos currículos oficiais, principalmente dos denominados países emergentes do mundo ocidental, apresentam concepções curriculares com traços e perspectivas comuns. No caso específico da

> *"O saber, para ser ensinado, adquirido e avaliado, sofre transformações: segmentação, cortes, progressão, simplificação, tradução em lições, aulas e exercícios, organização a partir de materiais pré-construídos (manuais, brochuras, fichas). Além disso, deve inscrever-se num contrato didático viável, que fixa o estatuto do saber, da ignorância, do erro, do esforço, da atenção, da originalidade, das perguntas e respostas. A transposição didática dos saberes e a epistemologia que sustenta o contrato didático baseiam-se em muitos outros aspectos, para além do domínio acadêmico dos saberes"*
> (Perrenoud, 1997, p. 24).

Geografia, observam-se propostas curriculares diferenciadas: desde currículos que não incluem essa disciplina no ensino básico até aqueles de países em que ela está presente em todos os níveis da educação básica, passando por propostas curriculares que a incluem apenas em algumas séries.

O professor pode encontrar em livros didáticos o desenvolvimento de um rol de conteúdos e adotá-los para o desenvolvimento das aulas; pode tomar como base propostas governamentais que expressam conteúdos considerados fruto de políticas educacionais e planejar suas aulas de acordo com o currículo oficial. Pode também promover um resumo ou até mesmo uma síntese das disciplinas do mundo acadêmico e trabalhar com os alunos. Como dar significado à aprendizagem ou ressignificar um conhecimento que o aluno ou o professor já possuem?

Para a aprendizagem significativa, pode-se pensar como os diferentes saberes interagem para produzir outro saber, representado pelo escolar, que não se confunde com o acadêmico, mas não prescinde deste na construção do saber a ser ensinado.

As pesquisas atuais sobre a transposição didática têm alertado sobre as diferenças entre os vários saberes: o saber acadêmico e o saber escolar e as mediações do saber do professor e do saber construído pelos alunos no ambiente escolar.

> *Sobre transposição didática, cf. Sacristán, 1998, p. 93.*

Perrenoud (1999), ao analisar o conceito de transposição didática, propõe a existência de momentos diferentes nos quais ocorrem as transformações entre os saberes. Devemos examinar esses tipos de saberes mencionados que se produzem no ambiente escolar e nas práticas cotidianas da sociedade.

Para Apple (1973), o saber escolar apresenta seis aspectos básicos, como parte integrante do currículo da escola:

1) O conjunto arquitetônico das escolas, que regula um sistema de vida, de relações com o meio exterior. A organização espacial de uma escola e mesmo de uma sala de aula, via de regra, revela a forma de entender o poder, a relação humana e os comportamentos cotidianos dos sujeitos.
2) Os aspectos materiais e tecnológicos. O acesso a aparelhos audiovisuais e a computadores abre possibilidades estimuladoras de aprendizagem, e seu significado educativo deriva da natureza da atividade, ao serem utilizados de forma criativa por mestres e alunos.
3) Os sistemas simbólicos e de informação, o currículo explícito ou escrito da escola.
4) As habilidades do professor, considerando-o o sujeito próprio do currículo, fonte de estimulação particular. Daí resulta o entendimento de que sua formação cultural e pedagógica seja o primeiro elemento determinante da qualidade de ensino. O professor é tanto o executor de diretrizes definidas desde fora quanto o criador das condições imediatas da experiência educativa.
5) Os estudantes. A influência entre iguais foi considerada um dos âmbitos educativos mais importantes da educação escolarizada e extraescolar, pois se trata de algo básico no desenvolvimento social, moral e intelectual, como fonte de estímulo e de todos os tipos de atitudes.
6) Componentes organizativos e de poder. Na escola como instituição, pautas de organização do tempo, do espaço, do pessoal, as rotinas e as formas de ordenar as relações entre os diferentes atores sociais

numa estrutura hierarquizada constituem fontes de aprendizado muito importantes.

As considerações feitas por Apple levam-nos a entender que não são apenas um elenco de temas geográficos e um bom professor que determinam o ensino de Geografia ou de outras disciplinas, mas o conhecimento inteiro do ambiente escolar.

Definir o que é conteúdo de ensino e como chegar à sua seleção constitui um dos aspectos mais conflituosos da história do pensamento educativo e da prática de ensino e envolve os mais diversos enfoques, perspectivas e opções. Os conteúdos, como construções histórico-sociais, sofreram mudanças no decorrer da história da Educação no Brasil e no mundo. O termo conteúdo é carregado de uma significação intelectualista e culturalista própria da tradição dominante das instituições nas quais foi forjado e utilizado (Sacristán, 1998, p. 149-150).

Segundo Libâneo (1994), a relevância e o lugar de destaque dos conteúdos de ensino na vida escolar são reiterados nos vários momentos da Didática. A escola tem por principal tarefa em nossa sociedade a democratização dos conhecimentos, o que garante uma cultura de base para todas as crianças e jovens. Os conteúdos de ensino compõem-se de alguns elementos: conhecimentos sistematizados, habilidades, hábitos, atitudes e convicções.

Os conteúdos sempre estiveram associados aos conhecimentos de tipo conceitual (fatos, noções, conceitos e princípios), diferenciados das capacidades, habilidades e atitudes. Algumas obras atuais ampliam a denominação de conteúdo para os procedimentos, valores, convicções e atitudes, embasando-se na proposição de Basil Bernstein (1971-1975), que aplica o termo conteúdo a "tudo aquilo que se ocupa no tempo escolar". Embora esses aspectos estejam presentes em todos os processos educativos, reconhece-se que, no ensino, a ênfase maior ainda é nos aspectos cognitivos do ensino e aprendizagem, ou seja, nos fatos e conceitos.

Os conteúdos a ser selecionados relacionam-se aos saberes a ser ensinados e precisam considerar as características da escola e as condições objetivas e subjetivas do corpo discente e docente.

Na organização dos conteúdos conceituais, dois aspectos precisam ser destacados: referências que servem de eixos organizadores dos conteúdos em temas e unidades didáticas e as respectivas sequências nos programas.

O professor, nos primeiros ciclos do ensino fundamental e nas classes unidocentes, tem maior liberdade de organizar e ordenar os conteúdos, relacionando as aprendizagens de várias áreas ou dentro de cada uma. Por outro lado, para o professor especialista de uma disciplina, as interações são mais complicadas e tão somente o planejamento conjunto pode minimizar as fronteiras entre as disciplinas e o consequente parcelamento da aprendizagem do aluno.

A integração dos saberes pode ocorrer na mente dos indivíduos mesmo em um ensino baseado essencialmente no cognitivo, mas será facilitada externamente se a apresentação dos conteúdos visar ao estabelecimento das inter-relações, ou seja, a integração deve ser expressa pelo professor e percebida pelo aluno.

1. Organização dos conteúdos por agrupamentos

Em sua organização, os conteúdos podem ser agrupados por unidades didáticas, centros de interesse, projetos, resoluções de problemas e eixos temáticos, os quais fazem parte das experiências de muitos professores.

A escolha das unidades didáticas é estabelecida por um planejamento curricular da escola, o qual serve de suporte para sua distribuição. As unidades didáticas utilizadas hoje na escola e no ensino guardam traços de sua introdução no Brasil por Irene Mello Carvalho (1956), em seu livro *O ensino por unidades didáticas*.

A distribuição dos conteúdos por unidades didáticas permanece bastante utilizada na elaboração dos programas e planejamentos de ensino e em sua aplicação na sala de aula. Nesse tipo de organização, há a tendência de considerar os saberes prévios dos alunos e inserir esses conhecimentos na realidade próxima e concreta da escola e do entorno, com a intenção de problematizar os conteúdos.

A organização por centros de interesse parte dos conhecimentos de interesse dos alunos, com a pretensão de integrar esses conhecimentos com as informações oferecidas pelas diferentes disciplinas nas séries iniciais do ensino fundamental (antigo grupo escolar). Tal organização foi aplicada principalmente nas décadas de 40 e 50 do século XX. A leitura, a escrita, o cálculo, o desenho são estudados conjuntamente em cada centro de interesse. Esse tipo de organização funciona como ampla unidade integrada, abrangendo as diferentes disciplinas de um currículo globalizado.

O método de projetos, bastante utilizado na bibliografia americana nas décadas de 20 e 30, configura-se uma proposta de atividade em atenção às motivações e interesses dos alunos. Originariamente, o projeto dizia respeito a algo específico, caracterizando-se como uma atividade com objetivo definido, considerada valiosa pelos alunos e realizada em meio ao quadro natural ou numa situação real. Havia certa autonomia dos alunos, cujo trabalho resultava na execução material de algo com valor imediato. Por exemplo, a construção da maquete de um bairro ou de uma fazenda, a organização da caixa escolar ou a decoração da sala de aula. Posteriormente, esse método expandiu-se para o ensino da agricultura, das artes industriais e da economia doméstica por influência de W. H. Kilpatrick.

John Dewey, ao inserir o método de projetos num ato integral do próprio pensamento, produziu novo método denominado resolução de problemas.

Os procedimentos de organização dos conteúdos propostos por Kilpatrick para os projetos e os propostos por Dewey para as resoluções de problemas apresentam pontos de contato. Observe o quadro:

Projeto (Kilpatrick)	Resolução de problemas (Dewey)
1) Seleção do projeto.	1) Apresentação e definição do problema.
2) Planejamento e coleta de informações.	2) Coleta de dados, classificação e crítica.
3) Execução.	3) Formulação de hipóteses.
4) Julgamento do projeto.	4) Seleção de uma hipótese e sua verificação.

Na década de 80, antes dos PCN, várias propostas curriculares de Estados brasileiros adotaram os eixos temáticos na constituição dos currículos de Geografia, e paralelamente foram debatidas questões epistemológicas e metodológicas que, em momento posterior, fundamentaram a organização dos conteúdos propostos.

Temas abrangentes foram definidos com o objetivo precípuo de organizar os conteúdos de forma disciplinar e oferecer aos educadores linhas norteadoras para desenvolverem com maior autonomia os conhecimentos geográficos a ser ensinados.

Esses eixos, portanto, não se configuraram como um rol de conteúdos com mais de uma dezena de tópicos a ser contemplados em sala de aula. A título de exemplo, apresentamos dois eixos presentes em certa proposta:

a) Anos iniciais do ensino básico – Tema I: O lugar de vivência do aluno e a escola como espaço de relações.
b) 5º ano – Tema IV: O processo de industrialização e a produção do espaço brasileiro.

Os temas, como se percebe, mostram-se bastante amplos e permitem ao professor a busca de recursos didáticos como textos, mapas, desenhos e imagens para construir sua aula e, assim, desempenhar o papel de produtor de conhecimento sobre a disciplina de Geografia.

2. Seleção de conteúdos e sua estruturação lógica: categorias, conceitos e mapas conceituais

A apropriação e o domínio dos conceitos científicos na escola foram temas de discussão na educação brasileira a partir das reflexões de Brunner (1971) sobre a estrutura disciplinar. A ideia era que, por meio da ênfase na estrutura da matéria de ensino, fosse Matemática, fosse História, se procurasse dar ao aluno, o mais rapidamente possível, a compreensão das ideias fundamentais da disciplina. Tal abordagem encontrou guarida nos fundamentos da Lei 5.692/71. Quais seriam, na Geografia, os conceitos básicos que permitiriam identificar a estrutura da disciplina escolar? Essa foi a questão apresentada aos professores da disciplina a partir do fim dos anos 60. Na tentativa de identificá-los, Pierre George, nos anos 60, propôs duas noções que se mostraram aptas a abarcar os fenômenos estudados pela Geografia: o conceito de sítio (o lugar e suas características físico-naturais, humanas, econômicas, políticas) e o de situação (relação do lugar e de sua região nas escalas regional, nacional e internacional). Ambos refletem um momento do pensamento geográfico dominante na época.

Os conceitos de região homogênea, região polarizada, hierarquia urbana e área metropolitana entraram no vocabulário geográfico escolar, facultando a identificação de duas estruturas básicas do espaço geográfico mediante a classificação por homogeneidade e a relação entre lugares por polarização.

A partir da segunda metade dos anos 70, os geógrafos brasileiros realizaram reflexões e análises sobre os conceitos básicos de espaço (absoluto, relativo, relacional), território, região, lugar e paisagem, ao mesmo tempo em que desenvolveram, no ensino superior, um método para análise espacial (forma, função, estrutura, processo) que também atingiu parte dos professores do ensino fundamental e médio.

Os conceitos básicos têm sua origem datada, sua gênese e genealogia associadas a determinadas fases do pensamento geográfico e a contextos históricos específicos, e à luz dessa realidade é que devem ser compreendidos e analisados. Na Geografia clássica, a região, a paisagem e o gênero de vida foram essenciais na análise dos espaços, assim como os conceitos de espaço, território, região e lugar são atualmente valorizados. A paisagem, mais próxima do senso comum e supostamente mais aparente, é valorizada e transformada, em tempos e espaços diferentes, pelas diversas correntes do pensamento geográfico.

O processo de produção dos conceitos básicos da ciência difere da formação de conceitos pela criança e adolescente. É o que se constata ao examinar os conceitos que foram objeto de pesquisas de epistemólogos e psicólogos (Piaget, Vygotsky e Luria) em sua análise de questões relativas à construção e ao desenvolvimento lógico, espacial, temporal, social e moral da criança, do adolescente e do adulto, cujos resultados são considerados pelos educadores em suas práticas de sala de aula.

Coll et al. (1998) identifica e subdivide tipos e estratégias de aprendizagem e situa entre eles o processo de *classificação por categorização* (formação de conceitos) e de *hierarquização das redes de conceitos e dos mapas conceituais*, instrumentos que permitem analisar as articulações e hierarquizações dos conceitos mais simples para os mais complexos.

Uma Classificação das Estratégias de Aprendizagem

Tipo de Aprendizagem	Estratégia de Aprendizagem	Qualidade ou Habilidade	Técnica ou Habilidade
Por Associação	Repasse	Repasse simples	Repetir
		Apoio ao Repasse	Sublinhar / Destacar / Copiar
	Elaboração	Simples Significado (Externo)	Palavra-chave / Imagem / Rimas e Códigos
		Complexa (Interno)	Formas analógicas / Ler textos
Por Estruturação	Organização	Classificar	Formar categorias
		Hierarquizar	Formar redes de conceitos / Identificar estruturas / Fazer mapas conceituais

Adaptado de Coll et al., 1998, p. 82

A formação de conceitos do ponto de vista lógico, por estruturação e organização, efetua-se por processos de constituição de classes (objetos que possuem os mesmos atributos; por exemplo, que apresentam a mesma forma, como triângulos, quadrados ou círculos) — mediante os atributos identificadores e sua aplicação aos objetos — e por hierarquização, que permite formar as redes de conceitos.

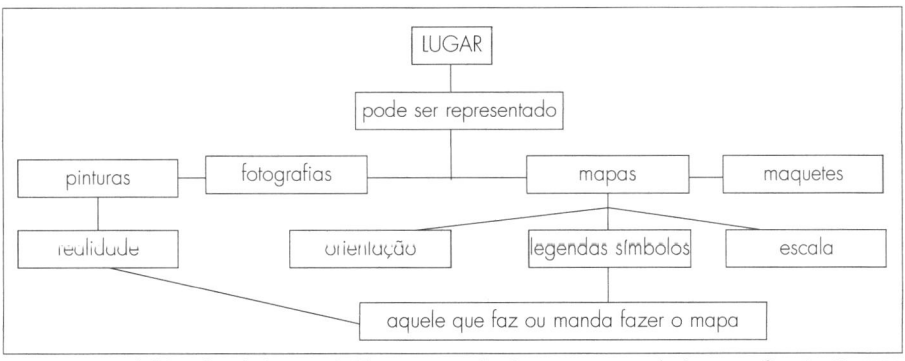

```
                    LUGAR
                      |
              pode ser representado
                      |
  ┌─────────┬─────────┼─────────┬─────────┐
pinturas  fotografias         mapas     maquetes
   |                            |
realidade         orientação  legendas símbolos  escala
                      |
        aquele que faz ou manda fazer o mapa
```

Mapa conceitual elaborado pelo licenciando Thiago Romeu dos Santos para uma aula de cartografia – 5ª série, 2002

A criança, em suas ações cotidianas, na relação com o mundo, inicia um processo de categorização e assim separa ou agrupa por semelhanças e diferenças (cor, tamanho, ruído; ter patas, pelo, pena; viver na água, na floresta, na cidade). A inclusão dos entes nas classes mais abrangentes é uma das grandes dificuldades dos alunos do ensino fundamental. A criança necessita identificar e diferenciar os atributos menos abrangentes dos mais abrangentes. No caso do espaço, por exemplo, é atributo do bairro ser de menor extensão do que a cidade.

A passagem dos conceitos "cotidianos" aos conceitos científicos é um aprendizado que se efetiva com o desenvolvimento do raciocínio no âmbito exterior e interior da escola. A hierarquização dos conceitos mais gerais, mais inclusivos, dos conceitos intermediários e dos mais específicos, pouco inclusivos, enseja a elaboração dos mapas conceituais. Tanto para o professor quanto para o licenciando, o mapa conceitual é um instrumento de reflexão sobre a complexidade de um conceito e suas relações com outros conceitos envolvidos em uma aula, tema ou unidade.

Mapa conceitual elaborado pela licenciada da UFF Rachel Torres para o ensino médio, 2002

Os mapas conceituais são também instrumentos de avaliação sobre a compreensão dos alunos de um conceito e de suas ligações com outros conceitos. O mapa conceitual elaborado pelo aluno permite detectar a ausência de diferenciação entre o conceito mais geral e o específico e na abrangência do conceito enfocado.

Apresentamos abaixo dois mapas conceituais: um mapa-referência realizado pela professora Ângela Luiz sobre a concepção do conceito de paisagem e outro de uma aluna de 11 anos de idade, elaborado após o desenvolvimento de várias atividades sobre o tema.

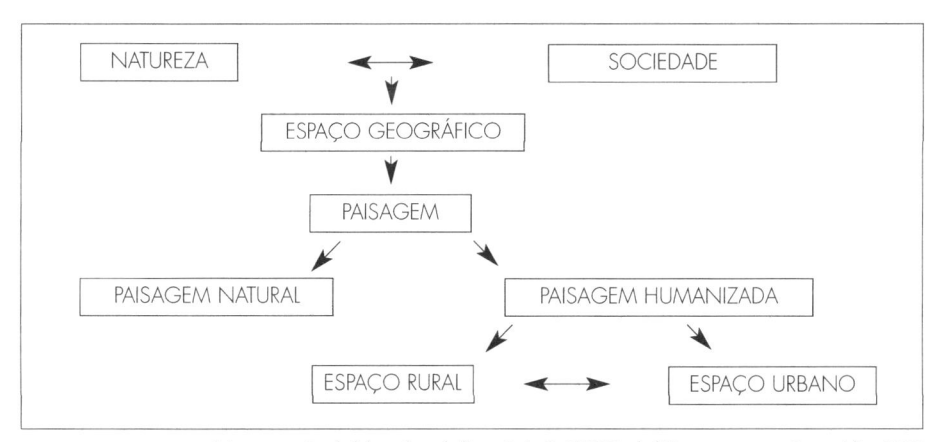

Mapa conceitual elaborado pela licenciada da UFF Rachel Torres para o ensino médio, 2002

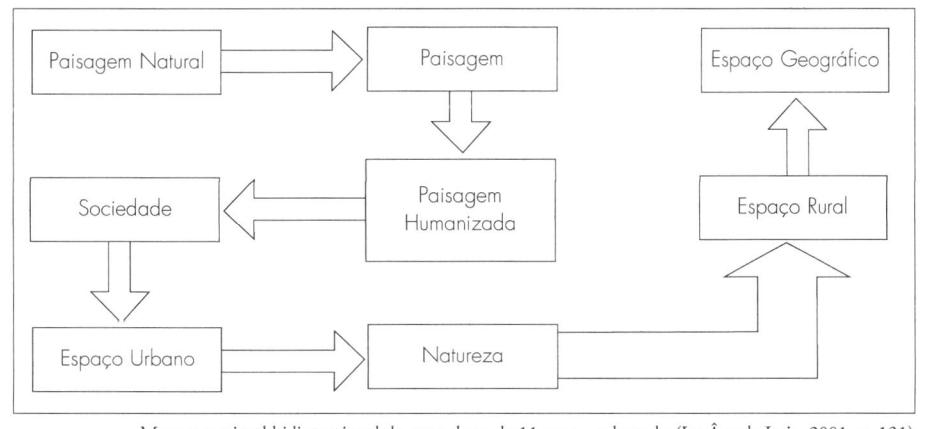

Mapa conceitual bidimensional de uma aluna de 11 anos – adaptado (In: Ângela Luiz, 2001. p. 131)

O mapa conceitual da aluna ainda não apresenta uma hierarquização do conceito de paisagem, do mais geral para o mais específico, e não demonstra estabelecer as inter-relações esperadas pela professora. No entanto, esse mapa permite avaliar o momento em que a estudante se encontra em relação ao desenvolvimento do conceito de paisagem geográfica. Com base nele podem ser programadas outras atividades para o enriquecimento desse conceito.

As sequências ligadas aos processos de indagações refletem uma lógica da metodologia interna de cada área ou disciplina. Milton Santos (1986) apresenta uma sequência metodológica que obedece às etapas de uma análise geográfica, ao considerar as formas, funções, estruturas e processos espaciais e espacializados.

3. Transversalidade e os temas transversais

Nos discursos e documentos dos órgãos oficiais de Educação no Brasil, a partir da década de 90, a interdisciplinaridade e também a transversalidade estão em foco. Uma das inovações feitas nos Parâmetros Curriculares Nacionais foi a inclusão de temas transversais que deveriam perpassar por todas as disciplinas do currículo mediante diferentes práticas pedagógicas. No ensino fundamental, a transversalidade foi uma forma encontrada pelo MEC para promover a aproximação entre as várias disciplinas escolares.

Para entender o papel da transversalidade e dos temas transversais na reforma de nosso país, é preciso, antes de tudo, conhecer um pouco do sucedido na reforma curricular da Espanha, já que o governo brasileiro, na época, a adotou como modelo.

A transversalidade surgiu de uma proposta de renovação pedagógica e de formação do professorado da Espanha para que o fazer pedagógico fosse realizado de outra maneira e até mesmo criasse uma nova escola.

Os temas transversais introduzidos na Espanha foram selecionados com base nas problemáticas sociais e ambientais, que abriam caminho para o tratamento de valores e de conteúdos em si mesmos valorativos. Segundo um grupo de educadores espanhóis, educar na transversalidade implica mudar a perspectiva do currículo escolar, indo além da complementação das áreas disciplinares e chegando mesmo a remover as bases da instituição escolar remanescentes do século XIX. Tal prática estimula a reflexão sobre a potencialidade educativa dos temas transversais ao abordar conteúdos referentes à saúde, ao consumo, ao meio ambiente, à sexualidade e à convivência, os quais, sendo familiares aos professores, nunca foram conteúdos curriculares integrantes das disciplinas ou das áreas clássicas do saber e da cultura.

Os temas transversais são também interpretados por vários autores como pontes entre o conhecimento do senso comum e o conhecimento acadêmico, estabelecendo articulação entre ambos. Esses temas procuram desvendar a complexidade dessa relação. Pode igualmente, de acordo com o MEC, transformar-se em um aliado na aproximação aos temas significativos do mundo atual, mais próximos da realidade vivida e percebida pelos alunos.

Rafael Yus (1998), educador envolvido na renovação pedagógica e na formação do professorado, vê na transversalidade uma maneira mais aberta de superação do ensino tradicional existente na escola de seu país. No livro *Temas transversais*, esse autor propõe mudanças necessárias para construir uma nova escola e, com base nas críticas ao sistema educacional, vislumbra possibilidades de mudanças positivas no processo de introdução do novo currículo.

O principal problema, tanto na Espanha como no Brasil, que adotou os princípios da reforma curricular espanhola, é como incluir os temas transversais nas várias disciplinas escolares e no projeto político-pedagógico das escolas.

Na Espanha, houve, durante o processo de construção da reforma (década de 90 do século XX), muitas pesquisas sobre as experiências já existentes e reuniões com professores espanhóis sobre as possibilidades de inclusão da transversalidade nos currículos escolares. Desse modo, criou-se um acúmulo de discussão e conhecimento sobre essa problemática. Documentos oficiais foram estudados e professores foram ouvidos a fim de dar a conhecer suas práticas, ainda que eventuais.

Embora com uma população bem menor que a do Brasil, a Espanha também possui uma diversidade cultural e étnica resultante de uma história de invasões e de migrações, com minorias étnicas que falam dialetos como o catalão, na região da Catalunha, o galego, na Galícia, no noroeste do país, o basco e, ao sul, o andaluz, com profunda influência da cultura árabe. Nosso país apresenta realidades bastante diversificadas de norte a sul e de leste a oeste, decorrentes da ocupação do território e das diferenças culturais dos povos autóctones (índios) e dos povos oriundos de migrações forçadas (africanos) ou não (migrantes europeus e asiáticos).

Na reforma curricular do Ministério de Educação espanhol, misturam-se inovações como a transversalidade com velhas rotinas tradicionais de ensino. Essa dicotomia, aparentemente, não tem solução imediata. Uma das contradições é como aplicar a transversalidade numa sequência que, nas propostas oficiais, obedece à lógica disciplinar.

Os órgãos oficiais não conseguiram integrar os temas transversais na sequência de conteúdos proposta e transferiram tal tarefa para os professores, quando da elaboração de seus projetos escolares.

Outra questão enfrentada, relativa aos projetos curriculares em que a transversalidade está presente, é a definição dos critérios de avaliação de cada área, pois os critérios se referem sobretudo a conteúdos conceituais, levando muito pouco em conta os conteúdos de natureza moral ou atitudinal. Desse modo, percebe-se que o eixo principal no currículo oficial é constituído pelos conteúdos das áreas disciplinares.

No contexto da transversalidade, um dos problemas em pauta refere-se à seleção das relações a integrar a estrutura curricular. Yus (1998) apresenta três opções:

1) estrutura prévia fundamentada em conteúdos disciplinares, enriquecida com conteúdos transversais;
2) estrutura prévia organizada por conteúdos transversais, enriquecida com temas disciplinares;
3) os conteúdos não aparecem estruturados previamente, nem os transversais nem os disciplinares. Tanto uns como outros estão integrados globalmente.

Há críticas a todas as opções e, sobretudo, à terceira, porque desaparecem as disciplinas. A primeira opção é a mais utilizada na Espanha, embora as demais possam ser ali encontradas circunstancialmente.

A reforma curricular espanhola, ao propor a inclusão dos temas transversais para estabelecer uma conexão da escola com a vida, constatou a necessidade de inserir algumas medidas de caráter geral, tais como: 1) dar ênfase aos processos e não centrar a prática educativa nos resultados; 2) revalorizar o princípio da aprendizagem ativa, tal como propunham Freinet, Piaget e outros educadores ou psicólogos que contribuíram para a reflexão sobre o ato de ensinar e aprender; 3) dar destaque à aprendizagem significativa, considerando que o aluno possui uma estrutura mental prévia que interage com as informações recebidas. Assim, nova informação articulada à sua estrutura mental cria novos sentidos ao conhecimento prévio que ele detém; 4) propor práticas de cooperação, pois as experiências cooperativas estimulam relações e atitudes muito mais positivas, fortalecem as relações interpessoais no sentido horizontal e repercutem no rendimento e na produtividade dos participantes.

No processo educativo baseado em um currículo com temas transversais, há necessidade de que o professor e a escola construam o projeto político-pedagógico com ênfase na ação e os alunos tenham a oportunidade de mobilizar novas formas de pensar e agir e aprendam a tomar decisões.

4. Temas transversais no Brasil

No caso brasileiro, até a primeira metade da década de 90, cada Estado propunha seu próprio currículo e atendia minimamente às especificidades deste. Essa fase do currículo no Brasil caracterizou-se por mudanças no conteúdo, procurando atender à nova dinâmica da sociedade brasileira após a queda da ditadura, e criou a necessidade de novo currículo para Geografia e História, com a extinção dos Estudos Sociais.

Em meados da década de 90, no governo de Fernando Henrique Cardoso, o MEC desenvolveu outro movimento no sentido de criar um currículo para todo o território nacional e propor algumas inovações inspiradas na reforma educacional da Espanha, sendo uma delas a introdução dos temas transversais.

Houve um estudo prévio, efetuado pela Fundação Carlos Chagas, sobre os documentos curriculares dos Estados que, de certa forma, ofereceu subsídios para a realização de um projeto nacional de currículo. Deve-se atentar para o fato de que as entidades de representação dos docentes só tiveram acesso aos novos documentos do MEC na finalização do processo.

Muitas questões surgem ao pensarmos em como os temas transversais foram introduzidos no Brasil, em como foram propostos nos Parâmetros Curriculares Nacionais e introduzidos nas escolas.

O modelo de currículo nacional estabelecido pelo Ministério de Educação e Cultura da Espanha foi adotado na reforma curricular do ensino brasileiro em 1996, embora sua inserção aqui tenha sido muito diferente da dinâmica de produção lá verificada, sobretudo no que concerne à participação dos educadores no processo de construção e implementação do modelo.

No Brasil, os temas transversais foram apresentados à comunidade docente por meio dos PCN. Para a escolha dos temas transversais introduzidos no currículo do País, foram estabelecidos alguns critérios, tais como: urgência social, abrangência nacional, possibilidade de inclusão no currículo de ensino fundamental e favorecimento à compreensão da realidade escolar e à participação social. Obedecendo a esses critérios, foram selecionados os temas: Ética, Meio Ambiente, Pluralidade

Cultural, Saúde, Trabalho e Consumo, Orientação Sexual e Temas Locais. No entender do documento, outros temas poderiam ser incluídos para compor um conjunto articulado e aberto, na busca de um tratamento didático que contemplasse sua complexidade e dinâmica. Segundo as orientações, esses temas devem perpassar por todas as disciplinas escolares do ensino fundamental e, também, pela Geografia.

Apesar das resistências existentes ao currículo nacional único, especialmente em razão do modo pelo qual foi instituído, sem passar pela análise anterior dos órgãos representativos do professorado, hoje, na elaboração dos programas e projetos no âmbito escolar, esse currículo não pode ser esquecido como documento oficial, apresentando implicações no trabalho pedagógico da escola e de cada disciplina em particular. Nesse sentido, há que pensar de que forma a Geografia pode, minimamente, como disciplina escolar, atender ao currículo oficial sem descaracterizar seus métodos e conteúdos.

> No caso das entidades culturais, pode-se lembrar, para a Geografia, a Associação dos Geógrafos Brasileiros (AGB) e a Associação Nacional da Pós-Graduação em Geografia (Anpege).

A Geografia, por estudar o espaço geográfico, composto de dimensões múltiplas, e considerar as relações existentes entre a sociedade e a natureza, traz conhecimentos que podem contribuir para os temas transversais, tais como Pluralidade Cultural, Meio Ambiente, Saúde e Temas Locais, mas certamente tem o que contribuir para outros temas, conforme o planejamento das escolas na cooperação mútua.

PLURALIDADE CULTURAL: Vivemos em um País em que a diversidade étnica está muito presente como resultado do processo histórico de constituição da sociedade brasileira desde épocas anteriores, aliado à entrada de migrantes europeus, asiáticos e latino-americanos até os tempos contemporâneos. No entanto, a presença de diferentes grupos étnicos e de imigrantes vindos dos vários continentes com culturas bastante diversificadas ocasionou contatos nem sempre tranquilos, muitas vezes até conflituosos, com convivência marcada pelo preconceito e pela discriminação. A Geografia, mesmo antes da introdução dos PCN, teve como preocupação o estudo dos migrantes e das migrações, assim como o trabalho de negros, índios e brancos. Portanto, já existia um conhecimento acumulado no campo geográfico para oferecer significativa contribuição à compreensão dessa temática.

MEIO AMBIENTE: A atual concepção de meio ambiente contempla as relações sociais, físicas, biológicas e culturais instauradas na produção das condições ambientais em que os seres vivos e os homens vivem e interagem. Ao longo da história, a humanidade, ao transformar o ambiente, também se transformou, criou cultura, tecnologias, estabeleceu relações econômicas e maneiras diferentes de comunicar-se com a natureza.

A Geografia sempre demonstrou preocupação teórica com as condições ambientais, mesmo antes dos movimentos ambientalistas surgidos, principalmente, nas décadas de 60 e 70, porque, ao analisar o processo de dominação dos grupos e países hegemônicos em diversos momentos históricos, em tempos e espaços diferentes, teve como objeto de estudo os sistemas agrícolas e sua relação com a degradação dos solos, como no caso das monoculturas de produtos tropicais. A retirada da vegetação e a aceleração dos processos erosivos, gerando, em alguns lugares, a aceleração da desertificação e outros tantos problemas, sempre constituíram fonte de preocupação para a Geomorfologia;

mesmo nas vertentes tradicionais da Geografia, essas preocupações estavam presentes. Hoje, com as vertentes críticas da ciência geográfica, em que a dimensão geopolítica está em pauta, a preservação da vida no planeta e as demais questões ambientais precisam ser tratadas pelo conjunto das disciplinas escolares.

A Geografia possui teorias, métodos e técnicas que podem auxiliar na compreensão de questões ambientais e no aumento da consciência ambiental das crianças, jovens e professores. O conhecimento dos problemas e a consciência ambiental podem contribuir na busca de soluções possíveis, para que a sociedade enfrente os complexos desafios que mexem com múltiplos interesses, tanto locais como internacionais.

SAÚDE: A presença da Geografia nessa área, ao estudar e denunciar as condições de pobreza e de exclusão em que vive grande parcela da população brasileira em termos de educação, saúde, saneamento básico e moradia, num país cuja desigualdade social se traduz numa situação em que a renda se concentra nas mãos de uns poucos privilegiados, é evidenciada pelos dados estatísticos do IBGE, órgão do governo federal. Esses dados reunidos pelos geógrafos brasileiros e os trabalhos de campo por eles realizados explicam a permanência de doenças como a tuberculose, a leptospirose e a hanseníase, isso para citar apenas algumas das resultantes da pobreza, da precariedade da educação e da saúde pública. A análise da vida nas grandes metrópoles auxilia na compreensão dos problemas de saúde ligados ao ambiente urbano. A Geografia, que tem por objeto de estudo as paisagens, os lugares, o território e os problemas criados pela concentração de renda em certo grupo social e em certos lugares em prejuízo de outros, pode dar sua contribuição em projetos transversais e disciplinares relacionados à saúde.

TRABALHO E CONSUMO: A ciência geográfica sempre se interessou pelas atividades exercidas pelas sociedades humanas no sentido de garantir a sobrevivência dos povos: desde o extrativismo e a agricultura até a indústria moderna, mecanizada, e a chamada terceira Revolução Industrial, com todas as características que fazem parte dessas atividades; desde os trabalhos dos índios e posseiros, realizados à custa da energia humana ou animal, os quais ainda persistem em muitas áreas do globo e até nas grandes metrópoles, passando pela agricultura familiar, pelo trabalho do boia-fria na colheita de grãos e no cultivo da soja e da cana-de-açúcar, até a produção de mercadorias com a utilização de tecnologias de ponta e de informatização das mais sofisticadas que o mundo contemporâneo conhece, em indústrias altamente automatizadas que necessitam de um mínimo de mão de obra.

É preocupação da Geografia o entendimento da formação da sociedade de consumo e do desaparecimento proporcional dos pequenos comerciantes, que garantiram, por séculos, a sobrevivência própria e das respectivas famílias. À sociedade de consumo atribui-se, em grande parte, a diminuição dos recursos naturais, com destaque para os energéticos não renováveis, sem os quais as sociedades humanas atuais não sobrevivem. O trabalho e o trabalhador estão há muito na pauta de programações da disciplina escolar Geografia, que poderá oferecer esse conhecimento preexistente às escolas dispostas a realizar uma programação, tendo o Trabalho e o Consumo como centro do currículo ou mesmo como um tema, que se integre ao conjunto das disciplinas escolares.

TEMAS LOCAIS: Os PCN de Geografia propõem o *lugar* como um dos conceitos fundamentais do currículo. Esse conceito tem variações mesmo entre as correntes geográficas que integram a crítica e a dialética nas respectivas produções teóricas: o lugar confundindo-se com o município, o bairro, o Estado e até mesmo o País; o lugar como vivência do aluno, onde ele desenvolve relações pessoais e familiares no âmbito de uma dimensão subjetiva; o lugar como o universo cultural do aluno; o lugar como funcionalização do todo; o lugar como totalidade que supera as relações familiares e mantém a relação intrínseca com outros lugares; o lugar como o local de reprodução da vida; o lugar surgido da relação com a totalidade dos lugares, como consequência da divisão regional do trabalho; o lugar como ponto nodal de uma rede de relações que fluem do local para o global e deste para o local.

No entanto, apesar das diferenças, há certo consenso sobre a noção de que a prática pedagógica na disciplina escolar Geografia deve começar pelo lugar de vivência do aluno, explorando todo o potencial de seu conhecimento prévio e, com base nele, introduzir os conceitos científicos dominados pelo professor. É no conhecimento local que estão as fontes que servirão de parâmetros para o aluno atingir o conhecimento espacial de outras realidades. *"Sob a denominação de Temas Locais, os PCNs pretendem contemplar os temas de interesse específico de uma determinada realidade a serem definidos no âmbito do estado, da cidade e/ou da escola"* (Brasil, 1997, p. 35).

No Brasil e até mesmo nos Estados em que existem várias universidades públicas, ainda não há um mapeamento das pesquisas sobre a participação efetiva dos temas transversais nos currículos escolares. Os estágios supervisionados de alunos dos cursos de Metodologia do Ensino de Geografia, embora observem a existência de alguns projetos de ensino, não os caracterizam como transversais. Isso também é constatado nos vários cursos de formação continuada de professores, coordenados por universidades. Assim, pode-se afirmar que ainda são raras as escolas e os professores da disciplina que apresentam um currículo interativo, considerando a transversalidade na programação de suas aulas e na dos colegas de outras áreas do conhecimento.

Os professores formados em departamentos, cada um no compartimento de sua ciência, têm dificuldade de pensar em aulas ou práticas pedagógicas que possibilitem a inter-relação de um tema com as demais disciplinas escolares.

5. Atividades

1) Compare a organização das unidades de um livro didático de Geografia de determinada série da década de 70 com a de outro livro atual e verifique as diferenças nas respectivas estruturações. Tente levantar algumas hipóteses sobre as razões dessas diferenças.
2) Escolha um tema ou unidade de ensino ou mesmo um conceito e organize um mapa conceitual de acordo com a abordagem do autor e de um livro didático atual.
3) Avalie a compreensão de um conceito ou tema de natureza geográfica por meio de mapas conceituais produzidos por alunos de determinada série do ensino fundamental.

4) Recupere as discussões sobre a organização dos eixos temáticos na Geografia, após 1980, em documentos oficiais, sejam estaduais, sejam municipais, e compare dois deles segundo algumas categorias selecionadas.
5) Analise a organização das unidades dos livros didáticos de Geografia de 5ª a 8ª série da década de 70 e compare com um livro de Geografia para as mesmas séries na atualidade.
6) Escolha um tema ou um conceito geográfico e organize um mapa conceitual.
7) Analise o desenvolvimento espacial dos alunos com base nas representações gráficas dos lugares conhecidos por eles.
8) Suscite discussões que envolvam diferenças, oposições e contradições no espaço geográfico e analise as explicações dadas pelos alunos.

6. Leituras complementares

BRUNNER, Jerome Seymour. A inspiração de Vygotsky. In: _____. *Realidade mental, mundos possíveis.* Porto Alegre: Artes Médicas, 1998. p. 75-83.

CARVALHO, Irene M. *O ensino por unidades didáticas: seu ensaio no Colégio.* Nova Friburgo. Rio de Janeiro: MEC: Inep, 1956.

CHERVEL, André. *La culture scolaire:* une approache historique. Paris: Belin, 1998.

COLL, Cesar; VALLS, Enric. Aprendizagem e ensino dos procedimentos. In: COLL, Cesar et al. *Os conteúdos da reforma:* ensino e aprendizagem de conceitos, procedimentos e atitudes. Porto Alegre: Artmed, 1998. cap. 2, p. 75-118.

COLL, Cesar et al. *Os conteúdos da reforma:* ensino e aprendizagem de conceitos, procedimentos e atitudes. Tradução de Beatriz Affonso Neves. Porto Alegre: Artmed, 1998.

JAPIASSU, Hilton. *Interdisciplinaridade e patologia do saber.* Rio de Janeiro: Imago, 1976.

LURIA, Alexander Romanovitch. *Desenvolvimento cognitivo:* seus fundamentos culturais e sociais. São Paulo: Ícone, 1990.

MACEDO, Lino. *Ensaios construtivistas.* São Paulo: Casa do Psicólogo, 1994.

MACHADO, Nilson J. Conhecimento como redes: metáfora como paradigma e como processo. In: _____. *Didática e epistemologia:* concepção de conhecimento, inteligência e prática docente. São Paulo: Cortez, 1996. p. 117-176.

MOREIRA, Marco Antonio. *Mapas conceituais:* instrumentos didáticos de avaliação e de análise de currículos. São Paulo: Moraes, 1987.

PAGANELLI, Tomoko Iyda. Reflexões sobre categorias, conceitos e conteúdos geográficos: seleção e organização. In: PONTUSCHKA, Nídia Nacib; OLIVEIRA, Ariovaldo Umbelino de (Orgs.). *Geografia em perspectiva:* ensino e pesquisa. São Paulo: Contexto, 2002. p. 149-156.

PIAGET, Jean. *Representação do espaço na criança.* Tradução de Bernardina Machado de Albuquerque. Porto Alegre: Artes Médicas, 1993.

SANTOS, Milton. *Metamorfose do espaço habitado.* São Paulo: Hucitec, 1988.

_____. *Espaço e método.* São Paulo: Nobel, 1986.

SILVA, Armando Correia. As categorias como fundamentos do conhecimento geográfico. In: SANTOS, Milton; SOUZA, Maria Adélia de (Coords). *Espaço interdisciplinar.* São Paulo: Nobel, 1986. p. 25-37.

TAILLE, Yves de la. *Limites:* três dimensões educacionais. São Paulo: Ática, 2000.

VYGOTSKY, Lev Semenovich. *Pensamento e linguagem.* Tradução de Jeferson Luiz Camargo. São Paulo: Martins Fontes, 1984. p. 71-102.

Capítulo **II**

A INTERDISCIPLINARIDADE E O ENSINO DE GEOGRAFIA

A interdisciplinaridade e o ensino de Geografia

O objetivo deste capítulo é repensar o papel da interdisciplinaridade no mundo de hoje e como a Geografia pode, na qualidade de ciência e disciplina escolar integrada a uma atitude interdisciplinar, oferecer sua contribuição às escolas determinadas a aceitar o desafio de propor um currículo que vise conhecer e analisar certos objetos de estudo, levando em conta as múltiplas dimensões do conhecimento humano.

A interdisciplinaridade como princípio e atitude interdisciplinar constitui foco de discussão para pesquisadores e educadores dos vários níveis de ensino, que, ao reconhecerem a complexidade do mundo pós-industrial e o processo de globalização vivenciado pelos povos do mundo inteiro, estão cientes de que os saberes parcelares não dão conta de resolver problemas que demandam conhecimentos específicos, relacionados a um objetivo comum e central.

Outro aspecto importante é saber que a interdisciplinaridade se revela necessária no mundo atual, mas não constitui panaceia para todos os problemas da humanidade no planeta Terra. Portanto, há necessidade de uma reflexão profunda e de uma interlocução permanente entre as pessoas e grupos envolvidos em um projeto que pretende ser interdisciplinar.

> *"Para existir interdisciplinaridade, parece óbvio que deve haver, além de disciplinas que estabeleçam vínculos epistemológicos entre si, a criação de uma abordagem comum em torno de um mesmo objeto de conhecimento. Dessa forma, no aspecto epistemológico, o ponto central parece ser o oposto. É fundamental o professor ter profundo conhecimento sobre sua disciplina, sobre os conceitos, conteúdos e métodos próprios do seu campo de conhecimento, para poder dialogar com os colegas de outras disciplinas"*
> (Bittencourt, 2004, p. 256).

Este texto propõe-se trabalhar com questões interdisciplinares e reafirmar a importância da disciplinaridade, pois acreditamos que somente quem domina o conhecimento parcelar de determinada ciência, a qual abraçou como profissional, seja para lidar com o ensino, seja para lidar com a pesquisa ou a ação social, pode embrenhar-se num trabalho que tenha por meta conhecer um objeto de estudo em profundidade e resolver problemas teóricos e práticos da escola ou de outros organismos da sociedade.

A preocupação maior é saber como a Geografia contribui para a formação do professor e dos alunos do ensino básico, considerando a especificidade da ciência e da disciplina escolar, sem realizar uma "sopa" teórico-prática, sem identidade. É preciso saber, por exemplo, como pode trabalhar com um arquiteto ou um historiador, conhecer as propostas desses profissionais, sem confundir-se com eles nem pretender dar aulas de Arquitetura ou de História.

No âmbito de cada ciência e também da Geografia, apesar de toda a discussão existente sobre a interdisciplinaridade, ainda se realiza um trabalho compartimentado e isolado com pouca interlocução entre os responsáveis pelos vários ramos do conhecimento. Como avançar na direção de trabalhos mais aproximados, já que há conhecimentos parcelares profundos e plurais, por exemplo, na Geografia urbana, na Geografia agrária, na Geomorfologia, na Climatologia? Isso para não citar os vários outros ramos existentes há muito e os novos ramos que surgem à medida que a sociedade, em sua dinâmica e movimento, também se transforma.

A interdisciplinaridade pode criar novos saberes e favorecer uma aproximação maior com a realidade social mediante leituras diversificadas do espaço geográfico e de temas de grande interesse e necessidade para o Brasil e para o mundo.

O professor de uma disciplina específica com uma atitude interdisciplinar abre a possibilidade de ser um professor-pesquisador porque deve selecionar os conteúdos, métodos e técnicas trabalhados em sua disciplina e disponibilizá-los para contribuir com um objeto de estudo em interação com os professores das demais disciplinas. Isso não pode ser realizado sem uma pesquisa permanente.

A Geografia, no desenvolvimento de seus conceitos e na maneira de produzir, ensinar e relacionar-se ou não com seus próprios ramos e com outras ciências ou disciplinas escolares, é um movimento histórico que se encontra em constante transformação. O professor necessita manter o diálogo permanente com o passado, o presente e o futuro para conhecer melhor sua própria ciência e saber como constituir projetos disciplinares e interdisciplinares na escola.

Do ponto de vista teórico, existem contribuições sobre a temática que podem embasar práticas escolares ou servir à reflexão dos ensinos fundamental, médio e superior, constituindo parâmetros para novas criações, ainda que pontuais.

No ensino superior, já existem projetos financiados por órgãos ligados aos governos estaduais e ao federal que financiam projetos temáticos e envolvem pesquisadores de diferentes saberes específicos, mas são poucos os alunos das universidades que têm acesso à participação nessas pesquisas. O mesmo se pode dizer sobre o ensino básico, pois já existem trabalhos de Secretarias Municipais de Educação e de escolas públicas que fazem ou fizeram a experiência da realização de projetos interdisciplinares, os quais precisam ser conhecidos e avaliados para que se avance em ideias sobre outros projetos dessa natureza. É em tal perspectiva que incluímos neste texto alguns desses trabalhos.

1. Para uma reflexão teórica sobre a temática

Pesquisadores, educadores, profissionais e especialistas de vários campos de conhecimento e ação investem na reflexão e na crítica sobre a concepção de interdisciplinaridade por diferentes prismas, com base em sua especificidade científica, abarcando tanto propostas de ação interdisciplinar como ações pedagógicas propaladas pelos autores como interdisciplinares.

Entre os muitos críticos, podemos citar Jantsch e Bianchetti (1995), que vêm derrubando certos pressupostos e ressignificando outros a fim de oferecer uma reflexão mais aprofundada sobre eles, caracterizados pela rejeição à ideia de interdisciplinaridade como método de investigação e técnica didática.

Aqui apresentamos ao leitor algumas das críticas desses autores, que merecem ser pensadas por todos aqueles que têm a preocupação com pesquisas ou projetos interdisciplinares. Esses autores partem da crítica à filosofia do sujeito, em que a grande maioria dos trabalhos analisados está fundamentada. Relacionamos a seguir alguns dos pressupostos criticados pelos autores citados:

- a fragmentação do saber leva o homem a não ter domínio sobre o próprio conhecimento, a já não ser o ordenador do mundo, especialmente do mundo do saber;
- a especialização do conhecimento passa a ser considerada como uma patologia do saber ou como um câncer que compromete a produção do conhecimento;
- a soma de sujeitos pensantes que, com base em seu esforço e vontade, decidem superar a compartimentalização do conhecimento, e a interdisciplinaridade como possibilidade que só se realiza no trabalho de equipe e na formação de um sujeito coletivo;
- o pressuposto da pandisciplinaridade, pelo qual o sujeito coletivo é capaz de viver a interdisciplinaridade em qualquer espaço de atuação, seja no ensino, seja na pesquisa, seja na extensão à comunidade;
- o trabalho em parceria como garantia para a produção do conhecimento, independentemente do contexto histórico em que se deu a produção da existência.

Em relação aos pressupostos acima, os autores dizem o seguinte: o primeiro pressuposto concebe o perigo da fragmentação e o segundo eterniza o perigo, uma vez que ela é um mal em si. O terceiro busca a salvação ou a redenção num sujeito coletivo, mera soma de indivíduos alinhados para um mesmo trabalho, constituindo a tão propalada "equipe" que possibilita qualquer "projeto em parceria". Trata-se de um pressuposto taylorista-fordista mascarado (Jantsch e Bianchetti, 1995, p. 17).

A crítica à chamada filosofia do sujeito caracteriza-se por priorizar a ação do sujeito sobre o objeto, tornando o sujeito absoluto na construção do conhecimento e do pensamento. Uma das consequências dessa compreensão do processo de produção do conhecimento é avaliar de forma moralizada e dicotômica o processo (bem versus mal).

Essas críticas advertem os educadores sobre a conveniência de realizar uma reflexão aprofundada antes de adentrar em questões relativas à interdisciplinaridade. Mas as críticas não podem permitir a paralisação daqueles que se embrenharam em práticas e projetos considerados interdisciplinares, pois há a necessidade de proceder a avaliações cuidadosas de tais experiências, e não simplesmente anulá-las.

Lorieri, professor de Filosofia para crianças, tece considerações pertinentes sobre a interdisciplinaridade que merecem ser examinadas. Para ele, as crianças e os jovens nem sempre fazem articulações quando os conteúdos escolares são tratados de forma estanque. Havendo esse risco, a escola deveria propiciar certa interligação entre os conteúdos para a compreensão de determinada realidade que não é fragmentada, mas prenhe de relações, e os projetos interdisciplinares auxiliariam na compreensão dessa realidade complexa e contraditória. No entendimento desse autor, não se pode deixar ao acaso aquilo que entendemos ser necessário. A atitude interdisciplinar precisa ser estimulada na escola, para auxiliar no entendimento do mundo e da realidade contraditória vivida pela sociedade. É importante também que a produção da vida seja compreendida como resultado de múltiplas relações e determinações (Lorieri, 2002).

As escolas e os professores que trabalham com o conhecimento e com sua transformação em sala de aula têm um compromisso com a formação do "homem inteiro", e, para isso, formas alternativas e criativas de ação pedagógica necessitam ser buscadas. Dentre elas, destacam-se as práticas interdisciplinares.

Um projeto interdisciplinar não pode ser um objeto pronto como se fora um "pacote" com determinações aprioristicas, sem contar com a participação de pesquisadores e/ou professores em um trabalho conjunto em todas as etapas desde sua idealização.

A importância, para o grupo, da pesquisa ou do projeto de ensino e sua relevância social precisam estar em pauta na discussão de todos os participantes. A definição do tema, os objetivos e os caminhos a ser percorridos, os conceitos-chave e os métodos das diversas ciências precisam ser conhecidos sem eliminar as diferenças, porque cada conceito foi construído segundo as especificidades de cada ciência ou disciplina escolar. Com essa abordagem, objetivos e métodos vão emergir do grupo nas discussões prévias: aparece o diferente, o semelhante, o divergente, a confiança e o compromisso.

2. A interdisciplinaridade na escola: possibilidades

Pensar e agir interdisciplinarmente não é fácil, pois passar de um trabalho individual e solitário, no interior de uma disciplina escolar, para um trabalho coletivo faz emergirem as diferenças e as contradições do espaço social que é a escola. O pensar interdisciplinar vai à busca da totalidade na tentativa de articular os fragmentos, minimizando o isolamento nas especializações

Sá, na apresentação do livro *Serviço social e interdisciplinaridade* (1989), assim se expressou: "*A dimensão da contradição e da totalidade, tão necessária ao processo educativo, se esvazia no momento em que a fragmentação do saber vai, por consequência, permitindo uma aproximação estruturalista da realidade, numa análise unilateral. A somatória de referências ao contexto social não é automaticamente representativa deste contexto e não estabelece, por si só, relações entre os conteúdos. A repercussão destas distorções torna-se evidente no ensino, na pesquisa, na extensão e, por conseguinte, na ação profissional*".(Bittencourt, 2004, p. 256).

ou dando novo rumo a elas e promovendo a compreensão dos pensamentos e das ações desiguais, a não fragmentação do trabalho escolar e o reconhecimento de que alunos e professores são idealizadores e executores de seu projeto de ensino.

O conjunto de tais princípios requer a ruptura com uma metodologia de ensino arraigada em nossas escolas e assumida pelos professores como "normal": adotar ou indicar um livro didático, passar por todos os capítulos, realizar questionários ou provas e conceder os créditos necessários para que o aluno passe de ano ou obtenha um diploma no fim do curso. Práticas pedagógicas com essas características já não podem ser aceitas, particularmente no que diz respeito aos conhecimentos geográficos, porque não dão conta da complexidade e das exigências do mundo contemporâneo.

A seguir, são apresentados alguns caminhos possíveis para uma prática interdisciplinar nas escolas.

3. Diálogo entre os conhecimentos parcelares

Existem significativos embriões de trabalhos desenvolvidos nas escolas que podem constituir ou favorecer práticas interdisciplinares no ensino fundamental, médio e superior. As reuniões periódicas de planejamento, em que cada professor explicita os objetivos e os conteúdos escolares a ser desenvolvidos em sua área do conhecimento, quando bem coordenadas pela direção, pela coordenação ou por parcela do corpo docente, podem conduzir o movimento pedagógico da escola ao estabelecimento de um diálogo inteligente entre os conhecimentos parcelares dos diferentes professores. Esse movimento pode progredir em direção a trabalhos conjuntos mais integrados, minimizando a excessiva compartimentalização dos conteúdos. Os horários reservados e remunerados para o planejamento e replanejamento periódicos existentes tanto em escolas estaduais como municipais são momentos de reflexão, de diálogo e de fortalecimento das relações interpessoais que podem facilitar a realização de projetos ou ações interdisciplinares.

Os professores reúnem-se também para a realização de atividades conjuntas, conquanto esporádicas, nas comemorações de datas cívicas e na organização de semanas culturais e de campanhas de limpeza. No entanto, tais atividades, que há muito vêm sendo realizadas, não têm sido suficientes para desencadear mudanças no currículo da escola e promover um diálogo maior entre as áreas do conhecimento. São momentos de integração entre os diferentes sujeitos sociais da instituição escolar que se esgotam ao fim das atividades.

Há exemplos de semanas culturais cujos elementos e informações — assim como os contatos pessoais por elas suscitados com profissionais de universidades ou de museus — se tornam motivo para a introdução de certos conhecimentos nas aulas. Dois ou três educadores, articulados entre si e por iniciativa própria, resolvem aproveitar os conteúdos das palestras, das peças teatrais ou dos filmes, enfim, dos eventos ocorridos durante a semana, em seus planos de curso. Essa ação já constitui um embrião disciplinar, passível de gerar projetos mais consistentes e com maior participação dos sujeitos sociais da escola.

Sem considerar as exceções, o que existe mesmo são atividades em que o operacional domina. Não é o caso de afirmar que são inócuas para a escola, pois exercem um papel de integração entre os diferentes grupos, mas deve-se reconhecer que raramente chegam à sala de aula a fim de integrarem-se aos conteúdos das disciplinas, até porque não foram pensadas com esse objetivo.

Um avanço no pensar interdisciplinar ocorre quando professores de áreas afins definem um tema de interesse comum e passam a trabalhar em conjunto, com o olhar experimentado de cada especialista, mediante a utilização de métodos e técnicas de cada disciplina para a maior compreensão dos fatos, fenômenos e situações do mundo atual.

Se, de um lado, essas práticas interdisciplinares eventuais têm significado por serem realizadas com o esforço pessoal de professores em busca de meios para desenvolver melhor seu trabalho, de outro, ainda se está longe de um pensar e agir interdisciplinares que conduzam o trabalho pedagógico para um novo projeto de escola, em que pensar a realidade seja interiorizado pelos participantes e as mudanças emanem de um processo de debates e do reconhecimento do valor e da contribuição de cada uma das disciplinas para a produção de conhecimento sobre um objeto de análise, que pode ser a cidade de moradia dos alunos ou o próprio país.

4. O tema gerador como articulador de projeto interdisciplinar

Algumas escolas e Secretarias de Educação do País, fundamentando-se em Paulo Freire, propuseram que o tema gerador fosse o articulador de projetos interdisciplinares; ou seja, que se extraísse o tema gerador ou os temas geradores do conhecimento da realidade local, realizando pesquisas com os moradores e instituições relacionados à escola e a seu entorno. Portanto, as escolas envolvidas no projeto não teriam *a priori* um elenco de temas a ser desenvolvido. Essa ideia inicialmente tirou o "chão" de muitos professores.

Trabalhar com o tema gerador significava uma experiência desafiante para os professores e assessores que ainda não tinham utilizado esse método na construção dos programas das escolas. Desse modo, o processo de construção dos projetos desenvolveu-se com a participação da assessoria, dos professores e coordenadores, e a criação deles foi-se dando passo a passo. Nesse caminhar, os registros eram necessários para que não houvesse rupturas na reflexão.

À medida do possível, o trabalho era documentado em vídeo ou em textos. Esses documentos eram publicados preliminarmente, passando pela avaliação da escola, dos órgãos oficiais e das diferentes assessorias.

O trabalho interdisciplinar requer inicialmente o estatuto, ou seja, a visão de área de cada disciplina. Algumas Secretarias chegaram a publicar a *Visão da Área* que os professores envolvidos no projeto tinham naquele momento, o que, na verdade, se pode traduzir por visão da disciplina específica. Foi decidido que não bastavam discussões orais, mas havia necessidade de um documento escrito de cada disciplina que obedecesse a uma estrutura comum.

Essa experiência ensina-nos a conveniência de, ao optar por mudanças metodológicas inovadoras, a exemplo do tema gerador, a reflexão oral ser transcrita

> Transcrevemos aqui, como exemplo, a estruturação e as seções da Visão de área de Geografia, 1992: Apresentação (palavras da administração para todas as visões de área); 1. A Geografia no Brasil e o seu ensino nos 1º e 2º graus; 2. Concepção da Geografia; 3. Concepção do ensino da Geografia (tratando mais da metodologia); Bibliografia consultada e indicada.

e documentada, com o acompanhamento dos trabalhos realizados nas escolas em seu fazer pedagógico. A circularidade de informações e de reflexões sistematizadas entre escolas e órgãos torna-se obrigatória e os problemas surgidos no processo precisam ser conhecidos de todos para a continuidade do trabalho interdisciplinar.

O processo de produção coletiva desses textos pode ser o suporte para a capacitação em serviço para os coordenadores e professores de diferentes disciplinas. A discussão promovida no interior das escolas permite aos professores, além de avaliar o material construído, tomar contato com teorias que embasam o projeto e com as bibliografias fundamentais para uma educação democrática, possibilitando-lhes realizar avaliações das atitudes assumidas diante dos alunos e do conhecimento.

> *"Tanto a interdisciplinaridade quanto a educação em direitos humanos só se efetuam e se concretizam através de prática dialógica. (...) Diálogo que rompe a fragmentação porque não mais monólogos de surdos ou fala de desiguais, mas diálogo entre pessoas, entre saberes (informação e instituídos); mais do que diálogo, dialogicidade, da qual emergem sujeitos. (...) Professores e alunos, sujeitos da construção e reconstrução coletiva do conhecimento, sujeitos de sua própria história"*
> (Fester, 1993, p. 134).

O tema gerador, proposto como um dos caminhos na construção do currículo, deve ser escolhido com base no conhecimento das relações dos homens com o mundo, com a vida. Deve representar uma época, tentando captar a totalidade, e não apenas aspectos isolados e fragmentários da realidade da escola e de seu entorno. É um objeto de estudo que permite a compreensão do fazer e do pensar, a relação entre teoria e prática.

O surgimento do tema gerador tem como pressuposto teórico fundamental a realização de uma pesquisa sobre as condições espaciais, sociais, físicas e biológicas. A Geografia, ao trabalhar com o tema gerador e com as questões geradoras, tem condições de contribuir para que os alunos superem o senso comum mediante uma metodologia dialógica e chegar a um conhecimento mais elaborado e científico.

Um programa baseado no tema gerador requer o atendimento de duas dimensões: uma utópica, no sentido de vir a construir, por meio da prática pedagógica, uma nova escola e consolidar valores, comportamentos e conhecimentos integrados, que juntos formariam um vir a ser, fornecendo elementos para a formação de um novo homem, desejoso da construção de uma nova sociedade, e, em outro nível de intervenção, uma dimensão mais concreta, com práticas pedagógicas imediatas e possíveis de ser desenvolvidas, promovendo mudanças que interferem na realidade local dos estudantes e dos moradores do bairro.

A organização curricular, o trabalho coletivo e sua valorização, a mudança de atitude do educador em sua relação com o conhecimento sistematizador e o fato de a realidade local envolvê-lo no *fazer e pensar o currículo* estabelecem uma relação dialética entre os conhecimentos do senso comum e o conhecimento sistematizado.

A busca de um trabalho interdisciplinar para que professores e alunos, em interação, se apropriem do conhecimento, pode passar pelas seguintes etapas:

1) *Levantamento preliminar da realidade*, com uma pesquisa inicial na qual as informações e dados são coletados no interior da escola e em seu entorno. Neste momento, há o resgate do cotidiano por meio da captação das situações observadas e vividas, da memória oral e do material escrito ou gráfico produzido;
2) *Socialização das situações diagnosticadas* com base no estudo preliminar e no estabelecimento das possíveis relações e nexos, chegando a problematizações;
3) *O estudo problematizador dos dados e informações* permite o delineamento das possíveis situações significativas. É importante ressaltar, entretanto, que tais dados e fatos mantêm relações, perceptíveis ou

não, entre si. Essa etapa possibilita a identificação da visão de mundo — concepções filosóficas e ideológicas e atitudes, sobretudo a política — dos educadores-pesquisadores envolvidos neste momento do processo.

As situações significativas são problematizadas pelos educadores e os relacionamentos — cada vez mais abrangentes e, portanto, fundamentais — daquela realidade vivencial emergem por meio da formulação de hipóteses a ser selecionadas, até que dessa discussão possa emergir o tema gerador. Nesse momento, surgem interpretações, por vezes discordantes e conflitantes, que o grupo precisa administrar; à medida que o diálogo (a troca e o respeito às múltiplas posições) permite a explicitação dos conflitos, o processo de apropriação do conhecimento daquela realidade específica vai-se desenvolvendo. Começa então o trabalho específico de cada disciplina. Que saberes e métodos peculiares à Geografia, quando mobilizados, darão conta de um conhecimento aprofundado do tema gerador surgido?

Os principais temas geradores que vêm à tona nas escolas após o estudo da realidade local e da reflexão sobre suas relações são condizentes com as realidades espaciais e sociais do lugar, tais como moradia, trabalho, transporte, saneamento básico e convivência.

No interior da metodologia interdisciplinar e dialógica, os alunos aperfeiçoam as técnicas de captação da realidade e as entrevistas com os moradores representam papel central no levantamento de problemas não facilmente perceptíveis, obtendo depoimentos ricos para serem estudados em sala de aula. A Geografia possui instrumentos teóricos e metodológicos para analisar o espaço segundo as questões suscitadas.

Os professores lidam com as informações de maneira bem diferenciada, pois, em uma proposta aberta, sem algo padronizado, realmente isso é esperado.

Com um projeto de interdisciplinaridade, notam-se mudanças no conceito de aula, pois ela não precisa ocorrer apenas no interior de quatro paredes nem tampouco ser realizada com conteúdos expressos pelo professor; pode ser desenvolvida em outros espaços físicos, com informações dadas por moradores ou pessoas de outras profissões. O espaço físico da sala de aula estende-se ao pátio, à favela, ao córrego, à loja, à casa em construção.

As atividades efetivadas na escola na perspectiva do projeto, combinadas com mudanças estruturais e legais, permitem a ruptura com a escola do silêncio, com a escola da verdade, com a escola do preestabelecido.

Segue-se um relato a título de exemplo de ação interdisciplinar desenvolvida em uma escola pública quando, após pesquisa preliminar no bairro, o grupo de educadores definiu o tema gerador para as classes de 4ª a 6ª séries.

5. "Correndo atrás da bola": uma prática de interdisciplinaridade na rua

O trabalho relatado a seguir foi realizado por uma professora de escola pública da 4ª série do ensino fundamental localizada em bairro da periferia de uma área metropolitana, o qual apresenta grandes problemas socioeconômicos.

A contextualização do trabalho. Os educadores de 4ª a 6ª séries aderiram ao projeto da interdisciplinaridade.

A opção foi feita espontaneamente pela direção e pelo corpo docente da escola, condição fundamental para o êxito de um projeto. Inicialmente, foi efetuada uma pesquisa que envolvia professores, alunos e a equipe técnica da escola, com atribuição de tarefas aos diferentes grupos. Os dados coletados foram tabulados e transformados em gráficos demonstrativos da pesquisa inicial. Da análise dessa pesquisa emergiu o tema gerador: "A ocupação irregular do espaço do bairro".

Construção de rede temática. Ao problematizar a temática, surgiu, para as diferentes áreas do conhecimento, a seguinte questão geradora: de que forma a ocupação irregular do solo reflete na vida da escola e da comunidade?

Em Geografia, foi levantada a questão: "As condições geográficas podem gerar problemas na ocupação dos solos?" O tema gerador escolhido demonstra uma preocupação com temas sociais e naturais que precisam ser compreendidos à luz de conhecimentos espaciais, portanto, geográficos.

As enchentes, a escola e o brinquedo. O inusitado aconteceu. Houve grande tempestade, com chuvas fortes, concentradas na região, atingindo de forma catastrófica a microbacia hidrográfica do córrego que passava próximo da escola. No dia seguinte a essa tempestade, todos comentavam suas consequências e havia uma pergunta que perturbava a todos: "Por que a escola enche quando chove? Por que a água sobe pelo ralo?"

Em sala de aula, a professora, em conversa informal, levantou com os alunos as possíveis hipóteses:

1) as pessoas jogavam lixo no córrego e isso impedia que as águas escoassem quando a chuva aumentava;

2) havia partes do córrego canalizadas e outras não, o que prejudicava o escoamento em dias de chuva; 3) a escola ficava numa baixada bem próxima ao córrego, o que facilitava a enchente.

As hipóteses geraram discussões entre os alunos da classe: por que em outros pontos da rua não havia enchente? Para auxiliar a reflexão, a professora perguntou: "Se soltarmos uma bola na rua, para que lado ela vai?"

Uma das alunas, moradora na mesma rua, afirmou categoricamente que ela correria para o lado direito da calçada, mesmo se fosse solta do lado esquerdo da rua, e a seguir iria para baixo.

Os alunos não aceitaram a afirmação da menina e a professora interveio, fazendo uma proposta de brinquedo.

O brinquedo e a comprovação de hipótese. Ela, para refletir sobre as hipóteses levantadas pelos alunos, inteligentemente propôs que os alunos fossem para a rua e soltassem as bolas de pontos demarcados em posições diferentes. As bolas sempre paravam no mesmo ponto, junto ao córrego.

As crianças observaram também que o lugar onde as bolas se acumularam coincidia com o ponto focal das enchentes, pois a lama ainda marcava os níveis mais altos da inundação nos muros das construções contíguas.

No retorno para a classe, houve a discussão sobre o trajeto das bolas, que demonstraram correr para o ponto mais baixo do local, chamado, em Geografia, de nível de base local.

Depois dessa discussão, os alunos registraram, em desenhos, o que foi utilizado como parte do processo de avaliação.

Valor pedagógico da brincadeira. A professora, diante de uma situação concreta vivida pelos alunos e por suas famílias, problematizou e levantou hipóteses. Na discussão com a classe, pretendeu chegar à comprovação das hipóteses, mas surgiu algo novo trazido por uma aluna: a bola sempre parava no mesmo lugar. A intervenção da aluna foi vista pela professora como algo que poderia comprovar pelo menos uma das hipóteses em virtude da importância dada pelos alunos ao lúdico e aos jogos.

A mestra continuou a brincadeira, levando as crianças para fora dos muros da escola, e, por meio do jogo com as bolas, conseguiu realizar uma parte da pesquisa sobre a ocupação caótica do espaço da área e detectar problemas relativos à ocupação próxima de cursos d'água, que perdem seu leito maior — no caso, por causa da localização não adequada da escola em relação à proximidade do córrego.

Com esse jogo, fez-se a relação entre conteúdos do espaço urbano e a complicada situação do córrego que atravessava o bairro, circunstância essa aparentemente singular, embora, na realidade, se verifique em todas as cidades nas quais a expansão urbana se tenha realizado de forma caótica, principalmente nos bairros das periferias das grandes áreas metropolitanas.

O importante é levantar o conhecimento primeiro do aluno (senso comum) para obter seu "perfil epistemológico", ou seja, saber como e onde ele adquiriu esse conhecimento. O professor tem a oportunidade de vislumbrar caminhos para trabalhar com o conhecimento prenhe de conceitos espontâneos e alçá-lo a patamares mais elevados, ou seja, a conceitos cada vez mais abstratos, caminhando na direção dos conhecimentos científicos.

Antes de pensar na interdisciplinaridade entre diferentes áreas específicas do conhecimento, faz-se necessário refletir sobre esse princípio no interior de uma mesma disciplina.

No caso da Geografia, essa ciência ainda é tratada na universidade de forma fragmentada, pois a própria estruturação de um mesmo departamento demonstra essa realidade. Além da dicotomia entre geógrafos físicos e geógrafos humanos, há no interior dessas "duas geografias" aqueles que se aprofundam no conhecimento da climatologia, da geomorfologia, da geografia urbana, da geografia agrária, etc.

Essa fragmentação é importante porque se faz o recorte para aprofundar o conhecimento em determinada área, mas não pode ser tomada como parâmetro para o ensino fundamental e médio. A escola de ensino básico fica sendo o lugar para o professor realizar o relacionamento entre as várias áreas do conhecimento que fazem parte do espaço geográfico. No entanto, se o professor não tiver sólida formação disciplinar, voltada para a educação geográfica, poderá reproduzir a fragmentação existente na universidade, pois o conhecimento não se dá por justaposição, mas, sim, por uma rede intrincada de relações.

Disso surge uma questão maior: como pensar a interdisciplinaridade no ensino entre campos diferentes do conhecimento quando ainda não foi resolvida nem mesmo a integração no próprio interior da disciplina?

6. Interdisciplinaridade e espaço: fronteira entre campos diferentes do conhecimento

Para alguns geógrafos franceses da corrente tradicional da Geografia, o conceito de espaço social, na década de 50 do século XX, foi o articulador de pesquisas interdisciplinares entre geógrafos e especialistas de outros campos do conhecimento. Max Sorre via o espaço social como um mosaico de áreas, cada qual homogênea em termos das percepções que os moradores tinham do espaço em que habitavam. No interior de cada área era identificada uma rede de pontos e linhas que se irradiavam a partir de alguns *points privilegiés* (teatros, escolas, igrejas e outros focos do movimento social).

Chombart de Louwe, em Sociologia, aplicou as ideias de Sorre nos estudos urbanos empíricos, reconhecendo no espaço social componentes objetivos e subjetivos. Um bairro de um setor urbano poderia ser estudado de modo *objetivo* (o cenário espacial com suas fronteiras físicas e rede de comunicações) e *subjetivo*, de acordo com a percepção que os moradores tinham da localidade. A noção de espaço social serviu, assim, como um conceito seminal, produzindo grande número de orientações para pesquisas, cada uma das quais analisada mais incisivamente por especialistas de várias disciplinas (Buttimer, 1986).

Max Sorre afirmou que o geógrafo e o sociólogo poderiam cooperar no estudo de questões complexas como as migrações e a mobilização social. Segundo seu pensamento, somente com a pesquisa conjunta e interdisciplinar poderia ser desvendada a maneira pela qual a mobilidade espacial se relacionava com a mobilidade social e com as forças responsáveis pela estabilidade de certos povoamentos ou incentivadoras da migração de populações rurais e urbanas.

Alguns dos exemplos citados por Sorre de temas para um trabalho interdisciplinar (entre geógrafos, sociólogos e ecologistas) referiam-se à resistência à mudança verificada em certos grupos sociais, como a inércia dos vinhateiros no Bas-Languedoc, das comunidades mineiras da Lorena, na França, e dos operários têxteis de Lancashire, na Buttimer, 1986, p. 76).

Assim, voltando à análise histórica do princípio, percebemos que, desde a década de 50, a interdisciplinaridade já se encontrava em pauta. Na década de 80, foi publicado o livro Espaço interdisciplinar, coordenado por Milton Santos e Maria Adélia A. de Souza, congregando vários ensaios, traduções de pensadores franceses e textos de autores brasileiros que procuravam mostrar as visões do espaço de especialistas e enfatizavam que nenhuma ciência detém o monopólio de seu estudo. Alguns dos ensaios demonstraram a necessidade do trabalho inter-relacionado de especialistas nas abordagens espaciais.

Segundo esses artigos, o espaço só é inteligível por uma abordagem interdisciplinar, e não multidisciplinar. Tal afirmação implica, no mínimo, que cada disciplina interessada no espaço defina, de um lado, seu ponto de vista específico e, de outro, sua concepção do papel que deveriam desempenhar as demais disciplinas integrantes do estudo da compreensão e explicação do espaço (Bassard, 1986).

No plano do ensino, alguns trabalhos ditos interdisciplinares merecem reflexão por representarem um avanço, embora sejam reconhecidos problemas e dificuldades para sua real efetivação.

> *No Projeto de Reorientação Curricular, pela via da Interdisciplinaridade em Ciências foi tentada uma solução no sentido de integrar conteúdos escolares fragmentários, utilizando Conceitos Unificadores, que seriam conceitos supradisciplinares que facilitariam a apreensão e análise de um fenômeno independente da área de conhecimento da qual é objeto de estudo. Desse modo, foram selecionados pela área de Ciências os*

> *seguintes conceitos unificadores: (...) Processos de Transformação da matéria bruta e manufaturada, bem como da matéria viva, no espaço e no tempo, apoiando-nos principalmente nas áreas de Física, Química, Tecnologia e Biologia; (...) Ciclos e Regularidades, da matéria em transformação no espaço e no tempo, nos níveis natural e artificial; a referência aqui é uma introdução a noções de conservação; (...) Energia, o agente das transformações, algo que permite a diferença das coisas no espaço entre o antes e o depois* (Delizoicov, 1991, p. 203-204).

Para a Geografia, não seria possível considerar os conceitos acima como unificadores. Embora sejam utilizados nas Ciências Humanas, não são considerados os fundamentais, pois mais importantes são os conceitos de Sociedade, Relações Sociais, Natureza, Território, Cultura, Lugar, Paisagem e Região, permeados sempre por sua contextualização no tempo e no espaço.

No interior de uma política de autonomia escolar, é desejável que cada escola configure seu próprio projeto pedagógico, especificamente, na interdisciplinaridade com a utilização da dialogicidade e com a interação entre as disciplinas por meio dos temas geradores, que pressupõem estreita vinculação entre o conhecimento cientificamente acumulado e a realidade vivida, experimentada pelos alunos, por seus pais e pelo conjunto social em que se acham inseridos.

Essa relação estreita entre a escola e o conjunto social do qual ela faz parte permite uma integração entre as condições concretas de existência dos alunos e a teoria ensinada pelas diferentes disciplinas, incluindo aquelas cujo objeto de preocupação fundamental é o tempo e o espaço, a sociedade e a natureza. O estudo da realidade local, em seus problemas mais significativos, quando inseridos em uma realidade mais ampla, é um dos caminhos para uma pesquisa científica ou um trabalho pedagógico.

Se a escola estiver suficientemente sensibilizada para compreender os graves problemas e carências enfrentados pela sociedade brasileira e assumir atitudes ético-políticas e científico-críticas, trabalhando pedagogicamente de forma consciente a fim de não considerar os problemas da realidade local como destino ou como algo natural, pode chegar à transformação por meio da ação individual e coletiva dos diferentes grupos nela existentes e da contribuição analítica das diferentes ciências e disciplinas.

A Geografia pode embasar-se na experiência dos alunos no interior de seu grupo social e desenvolver uma prática pedagógica que, partindo da realidade local e levando a visão obtida para o interior da escola, estude os problemas e possibilidades dessa realidade à luz das várias disciplinas escolares, para entender a relação entre seus elementos e proporcionar o conhecimento sobre ela em perspectivas mais amplas e profundas. O conhecimento disciplinar da Geografia, pondo-se à disposição de um projeto de ensino ou de um objetivo maior, articulado interdisciplinarmente, chega a um entendimento enriquecido daquela realidade complexa e contraditória.

É importante alertar os professores sobre a relação entre a Geografia e a interdisciplinaridade. A Geografia, por lidar com fenômenos físicos, biológicos e sociais, deve precaver-se contra o desejo de situar-se no centro das atenções, conquanto seja disciplina com grandes possibilidades de enriquecer-se dentro de uma proposta interdisciplinar de ensino. A divisão das tarefas na atividade pedagógico-interdisciplinar não pode desrespeitar, mesmo que de modo inconsciente, os conteúdos de nenhuma disciplina, pois não se pode, em um projeto de ensino dessa natureza, ignorar a importância do conhecimento específico de cada uma, ainda que seja necessário aos professores conhecer as fronteiras existentes entre elas.

Diante de uma realidade a ser estudada, há necessidade de conscientizar-se de que ela é complexa e contraditória. Será essa conscientização que permitirá selecionar, em meio à teoria produzida pelas diferentes disciplinas, os conteúdos escolares que, do ponto de vista científico, darão conta do conhecimento de aspectos fundamentais da realidade.

Na perspectiva da Geografia, que problemas emergentes podem explicar a construção daquele espaço local, inserido em um contexto geográfico e histórico nacional e internacional? O professor dessa disciplina detém teorias e métodos que permitem fazer essa análise e buscar respostas porque é capaz de realizar a leitura de qualquer espaço por meio do olhar experimentado e das fontes bibliográficas com as quais tem contato; por meio da interpretação da memória oral das pessoas entrevistadas; por meio do acervo fotográfico que registra momentos e paisagens do passado comparadas às da atualidade; por meio das cartas geográficas de diferentes tipos, que ajudem os alunos a pensar um espaço urbano ou rural e construir referenciais para a análise de suas relações com outras realidades espaciais.

Os instrumentos teórico-metodológicos da Geografia são diferentes dos instrumentos, por exemplo, da Física e da Biologia, no entanto todos eles precisam ser apropriados pelos alunos, à luz de seu direito de cidadãos.

A língua portuguesa, além de sua identidade específica, tem o papel essencial de mediar as demais disciplinas do currículo; é por seu intermédio que o aluno vai relacionar-se com as pessoas dentro e fora da escola: vai entrevistar pessoas, vai conhecer a visão de mundo delas e, no contato com os outros, vai descobrindo, vai-se formando e auxiliando-os em sua formação.

Dificilmente um projeto de ensino interdisciplinar terá êxito se houver uma visão abstrata de Homem que mascare as condições sociais e reais de homens concretos. Charlot expressou-se da seguinte forma a esse respeito: *"Devemos atribuir fins à educação e esses fins devem ser sociais. Além disso, numa sociedade onde reina a luta de classes, esses fins sociais terão necessariamente uma significação de classe"* (1979, p. 229).

Um projeto interdisciplinar não pode ser forçado, porque então teria efeitos contrários aos fins educacionais perseguidos. Se os professores estiverem sensíveis a uma pedagogia social, dirigida a fins sociais explícitos, diferentemente dos objetivos educacionais constituídos pela educação burguesa do século XIX, terão condições de desenvolver satisfatoriamente o trabalho.

Sendo a Geografia uma ciência humana, é importante conhecer as críticas à pedagogia de origem burguesa feitas por Charlot: *"Com efeito, política e pedagogia estão em relação dialética na medida em que não se pode separar nem a imagem do homem daquela sociedade, nem a imagem da sociedade, nem uma concepção de homem que faça abstração da sociedade, nem uma concepção da sociedade que faça abstração do homem. (...) O homem é inteiramente social e a sociedade é inteiramente humana"* (1979, p. 237).

Embora um projeto de ensino interdisciplinar não seja garantia de realização de uma pedagogia voltada

> *"Pensar sobre a vida que vai se fazendo na escola pode ser, de alguma forma, tentar apreendê-la nos diferentes momentos, movimentos e ritmos de pessoas, convergências e confrontos, suaves e abruptos, nos tempos diminutos ou nos grandes tempos de um processo de longa duração. (...) A escola e a rua vivem seus compassos como pares que se unem e se separam na mesma dança. A escola não pode ignorar os fatos que a circundam porque imiscuem-se por entre as fainas escolares"* (Lutfi et al., 2002, p. 144).

para o social, essa perspectiva oferece elementos concretos para uma análise das condições objetivas de existência de seres humanos específicos que vivem em lugares singulares e tempos distintos, possibilitando ao aluno entender sua posição social naquela realidade e encontrar soluções viáveis, sejam individuais ou coletivas, imediatas ou mediatas, para transformar sua realidade social, fazendo sua história e sua Geografia.

Para concluir, é importante ressaltar que, nas escolas que se propuseram realizar projetos interdisciplinares, houve problemas e também avanços.

Uma das condições básicas para extrair o tema gerador é o contato estreito com a realidade local, de maneira que o tema ou os temas escolhidos contenham parcela dos problemas vividos pelos moradores da localidade e as escolas, articulando esses temas ao conhecimento sistematizado, possam aumentar a compreensão dos professores e da instituição escolar sobre os problemas e as características daquela população específica.

A escola que assume um projeto baseado no princípio da interdisciplinaridade compromete-se com as consequências do trabalho, tendo a consciência de que uma ação pedagógica interdisciplinar exige um compromisso real com os alunos e com os moradores da área em que o estabelecimento de ensino se situa.

Se a universidade participa de um projeto com caráter interdisciplinar, novos referenciais são construídos com atitudes teórico-metodológicas diferenciadas.

Na prática, constatam-se resultados diversos entre as escolas que realizam o projeto, cujo êxito depende diretamente da trajetória histórica da escola, do espaço em que ela está inserida, das atitudes ético-político-pedagógicas do corpo docente e, portanto, da maneira que assumem a autonomia da escola.

7. Atividades

1) Discuta em classe a seguinte questão: diferenças existentes entre um currículo baseado no tema gerador e as ideias fundamentais levantadas por Frigotto (1995, p. 25-49).
2) Consulte os PCN de Geografia para o ensino fundamental e médio e sintetize as observações que esses documentos fazem sobre a interdisciplinaridade e as propostas para sua utilização no ensino e aprendizagem.

8. Leituras complementares

BITTENCOURT, Circe Maria Fernandes. *Ensino de História:* fundamentos e métodos. São Paulo: Cortez, 2004.

BUTTIMER, Anne. O espaço social numa perspectiva interdisciplinar. In: SANTOS, M.; SOUZA, M. A. (Coords.). *O espaço interdisciplinar.* São Paulo: Nobel, 1986. p. 65-81.

CHARLOT, Bernard. *A mistificação pedagógica.* Rio de Janeiro: Zahar, 1979.

DELIZOICOV, Demétrio. *Conhecimento, tensões e transições.* 1991. 214 f. Tese (Doutorado) – Faculdade de Educação, Universidade de São Paulo, São Paulo.

FRIGOTTO, Gaudêncio. A interdisciplinaridade como necessidade e como problema nas Ciências Sociais. In: JANTSCH, Ari Paulo; BIANCHETTI, Lúcio (Orgs.). *Interdisciplinaridade:* para além da filosofia do sujeito. Rio de Janeiro: Vozes, 1995.

LUTFI, Eulina Pacheco et al. Rua e escola: compassos. In: PONTUSCHKA, Nídia Nacib (Org.). *Ousadia no diálogo:* interdisciplinaridade na escola pública. 4. ed. São Paulo: Loyola, 2002.

PONTUSCHKA, Nídia Nacib; OLIVEIRA, Ariovaldo Umbelino de (Orgs.). *Geografia em perspectiva:* ensino e pesquisa. São Paulo: Contexto, 2002. p. 159-231.

Capítulo **III**

Estudo do meio: momentos significativos de apreensão do real

Estudo do meio: momentos significativos de apreensão do real

> *Você me deu oportunidade de falar de minha fé, de minha mãe, de minha gente e de minha raça. Nunca ninguém me perguntou nada. E eu nunca pude contar nada para ninguém. A minha própria vida ficou mais clara. Venha sempre que puder. Venha comer feijão com couve.*

Depoimento de dona Sebastiana, mulher negra, moradora na cidade de São Paulo, para Teresinha Bernardo. In: *Memória em branco e negro:* olhares sobre São Paulo. São Paulo: Educ: Fapesp, 1998.

O estudo do meio é uma metodologia de ensino interdisciplinar que pretende desvendar a complexidade de um espaço determinado extremamente dinâmico e em constante transformação, cuja totalidade dificilmente uma disciplina escolar isolada pode dar conta de compreender.

O estudo do meio, além de ser interdisciplinar, permite que aluno e professor se embrenhem num processo de pesquisa. Mais importante do que dar conta de um rol de conteúdos extremamente longo, sem relação com a vivência do aluno e com aquilo que ele já detém como conhecimento primeiro, é saber como esses conteúdos são produzidos.

Cf. BITTENCOURT, Circe Maria Fernandes. Metodologia do estudo do meio. In: *Ensino de História:* fundamentos e métodos. São Paulo: Cortez, 2004. p. 273-290.

O processo de descoberta diante de um meio qualquer, seja urbano, seja rural, pode aguçar a reflexão do aluno para produzir conhecimentos que não estão nos livros didáticos.

Ver uma paisagem qualquer que seja do lugar em que o aluno mora ou outra, fora de seu espaço de vivência, pode suscitar interrogações que, com o suporte do professor, ajudarão a revelar e mostrar o que existe por trás do que se vê ou do que se ouve.

No ensino básico, a presença de professores de vários componentes curriculares pode facilitar a efetivação de um estudo do meio, porque cada um deles possui uma formação específica necessária à compreensão do meio, objeto de estudo.

Uma das etapas importantes do estudo do meio é o trabalho de campo — a saída da escola já permite outro modo de olhar. O aluno pode, se bem orientado, utilizar todos os seus sentidos para conhecer melhor certo meio, usar todos os recursos de observação e registros e cotejar as falas de pessoas de diferentes idades e profissões.

Um projeto de ensino fundamentado nessa metodologia realiza um movimento de apreensão do espaço social, físico e biológico que se dá em múltiplas ações combinadas e complexas. Para apreender a complexidade do real, faz-se necessária a existência simultânea de muitos olhares, da reflexão conjunta e de ações em direção ao objetivo proposto pelo grupo de trabalho.

As áreas específicas do conhecimento que fazem parte do currículo das escolas de ensino fundamental e médio — Língua Portuguesa, História, Geografia, Matemática, Ciências e Artes — combinarão, em um estudo do meio, suas propostas de intervenção pedagógica em cada momento, apontando as contribuições disciplinares a ser dadas para o conhecimento do objeto de estudo.

A seguir, definimos os momentos e as respectivas ações de um projeto de estudo do meio.

1) *O encontro dos sujeitos sociais:* dissonâncias e concordâncias. Este é o momento de mobilização da escola, quando há uma proposta dos sujeitos sociais de efetuar uma pesquisa, tendo em vista a aproximação das respectivas áreas do conhecimento e a melhoria da formação do aluno.

Neste primeiro momento, parte-se da reflexão sobre a prática pedagógica existente na escola e da crítica à compartimentalização do conhecimento para pensar em possíveis ações interdisciplinares.

Inicialmente, pode-se assumir que a interdisciplinaridade em ação será qualquer prática pedagógica entre duas ou mais áreas do conhecimento que contribua para um fazer pedagógico menos mecânico e muito mais ponderado pelos professores. Ainda que a realidade de cada unidade escolar apresente suas peculiaridades, com um corpo docente heterogêneo e com visões de vida e de educação bastante diferentes, neste momento pode existir um pequeno grupo que deseje atuar de forma integrada e enfrente o desafio de um trabalho coletivo, despindo-se de suas armaduras especializadas, de suas atitudes, omissões e preconceitos, sem, contudo, abrir mão dos conhecimentos e metodologias específicas que assimilaram durante sua trajetória profissional.

O estudo do meio, como método que pressupõe o diálogo, a formação de um trabalho coletivo e o professor como pesquisador de sua prática, de seu espaço, de sua história, da vida de sua gente, de seus alunos, tem como meta criar o próprio currículo da escola, estabelecendo vínculos com a vida de seu aluno e com a sua própria, como cidadão e como profissional.

O começo da prática interdisciplinar provém das informações dos próprios professores, com a emersão das representações sociais do grupo, dos objetivos disciplinares e do conhecimento dos conteúdos trabalhados, para só então definir o objeto principal da pesquisa e daí partir para o planejamento de ações interdisciplinares.

Os possíveis locais a ser pesquisados são arrolados, discutidos e visitados para conhecer qual deles melhor atende aos objetivos de cada disciplina.

Dessa discussão sai o nome do local e, nesse momento, a Geografia tem muito a informar aos colegas sobre as possibilidades e os limites para a realização do estudo do lugar escolhido.

2) *Visita preliminar e a opção pelo percurso.* Escolher e optar não são práticas fortuitas, mas definidoras da vida. Escolher os meios a estudar é optar pelo currículo que se quer desenvolver. A escolha coletiva implica a organização coletiva. Esta se efetivará com a preparação prévia, com a definição dos instrumentos e das tarefas a ser desenvolvidas. As plantas e os mapas auxiliam no reconhecimento dos lugares, na localização dos equipamentos urbanos ou rurais. Alguns fatores necessitam ser pensados: o tempo decorrente de uma saída da escola até o lugar da pesquisa de campo; o tipo de transporte necessário; qual dos bairros visitados contém elementos expressivos que contemplem melhor os objetivos de todas as disciplinas envolvidas; qual deles permitiria realizar um trabalho de campo

em quatro ou cinco horas; que bibliografia é necessária para conhecer as reflexões a respeito do objeto de pesquisa escolhido pelo grupo; qual dos autores foi o mais citado pelo conjunto dos educadores.

Por fim, após a escolha do lugar a ser visitado e a definição do eixo orientador, pode-se partir para o planejamento com alunos e professores, atendendo aos itens acima especificados.

3) *O planejamento*. Qualquer saída com professores ou alunos precisa ser meticulosamente planejada. É preciso lembrar que isso não garante que todas as atividades previstas sejam efetivadas, pois em um trabalho de campo também ocorrem imprevistos, os quais às vezes são enriquecedores e outras vezes oferecem restrições.

Em sala de aula, são discutidas as razões pelas quais se escolheu o roteiro e dá-se início ao planejamento do trabalho de campo, começando pelos objetivos do estudo do meio:

a) consolidação de um método de ensino interdisciplinar denominado estudo do meio, no qual interagem a pesquisa e o ensino;
b) verificação de testemunhos de tempos e espaços diferentes: transformações e permanências;
c) levantamento dos sujeitos sociais a ser contatados para as entrevistas;
d) observações a ser feitas nos diferentes lugares arrolados para a produção de fontes e documentos: anotações escritas, desenhos, fotografias e filmes;
e) compartilhamento dos diferentes olhares presentes no trabalho de campo mediante as visões diferenciadas dos sujeitos sociais envolvidos no projeto;

f) coleta de dados e informações específicas do lugar, de seus frequentadores e das relações que mantêm com outros espaços;
g) emersão de conteúdos curriculares disciplinares e interdisciplinares a ser contemplados na programação;
h) produção de instrumentos de avaliação em um trabalho participativo;
i) criação de recursos didáticos baseados nos registros;
j) divulgação dos processos e do resultado.

Esses objetivos ou outros são levantados em sala de aula e devem estar contidos no caderno de campo.

4) *Elaboração do caderno de campo: fonte de pesquisa.* Na elaboração do caderno de pesquisa de campo, é importante haver o levantamento dos instrumentos necessários, das práticas de coleta de informações, dos diferentes registros — entrevistas, desenhos, lugares — a ser fotografados, da distribuição das responsabilidades e das tarefas de cada pessoa ou grupo.

O ideal, na construção desse caderno, é que todas as partes sejam planejadas com professores e alunos, porque esse procedimento garante o compromisso do grupo. No entanto, nem sempre isso é possível, e assim os coordenadores do curso elaboram o caderno, incluindo todas as atividades a ser realizadas e as orientações necessárias para garantir que a pesquisa de campo tenha qualidade.

Às vezes, não é possível realizar com os alunos o conjunto das atividades, mas os participantes do curso precisam tomar conhecimento das orientações e do conteúdo do caderno e ser orientados nas partes relativas à coleta de dados e informações: o processo de observação, a necessidade dos registros escritos, o significado da entrevista e sua enorme importância para a reflexão sobre as representações sociais dos moradores, comerciantes, profissionais liberais, administradores..., o significado da realização do desenho, como forma de criação e registro sistematizado, a importância da leitura dos textos sobre a metodologia da pesquisa.

A título de exemplo, pode constar do caderno de pesquisa de campo o seguinte:

CAPA: o motivo da capa, de preferência, deve representar algo relativo ao objeto de pesquisa. A seguir, deixar uma página em branco para que individualmente a pessoa faça seu desenho, identificando sua pessoa e o próprio caderno;

ROTEIRO DA PESQUISA DE CAMPO: mapas e plantas do local a ser pesquisado, sendo temático parte do material cartográfico;

TEXTOS: os textos apresentam conteúdos variados: orientações para observação, textos de educadores e outros autores. A inclusão dos textos deve ter o papel de possibilitar o aumento de consciência sobre o local, seja urbano, seja rural, bem assim sobre seu problema e suas relações, e serve como base teórica para o posterior tratamento do material coletado no campo;

ENTREVISTAS: há um conjunto de questões elaboradas por alunos e professores para a realização das entrevistas, funcionando mais como um roteiro direcionado à obtenção de informações, com perguntas bastante abrangentes sobre a cidade e sobre a relação do entrevistado com o local, dando-lhe oportunidade de falar à vontade sobre isso.

5) *A pesquisa de campo reveladora da vida.* Durante o trabalho de campo, educadores e educandos precisam superar o cotidiano que impede o sentir e o criar e constitui empecilho para chegar ao conhecimento. Esse é o momento do diálogo: com o espaço, com a história, com as pessoas, com os colegas e seus saberes e com tantos outros elementos enriquecedores de nossa prática e de nossa teoria.

É necessário sair a campo sem prejulgamentos ou preconceitos: liberar o olhar, o cheirar, o ouvir, o tatear, o degustar. Enfim, liberar o sentir mecanizado pela vida em sociedade para proceder à leitura afetiva, que se realiza em dois movimentos contrários: negar a alienação, o esquema, a rotina, o sistema, o preconceito e afirmar o afeto da comunidade e da personalidade.

Os momentos da produção de desenhos são importantes porque obrigam a pessoa a olhar várias vezes em direção ao objeto que deseja reproduzir e, assim, a aguçar a observação. Cada pessoa tem uma maneira diferente de olhar e de perceber aspectos específicos dos lugares.

Momentos de grande prazer para o grupo no campo são os das entrevistas, que fazem a vida dos vários sujeitos sociais revelar-se e o conhecimento da cidade ir-se construindo. As pessoas falam do lugar e sentem prazer nesse falar, em ser ouvidas e em saber que estão falando para alguém que bebe suas palavras e para quem estas têm sentido.

Os lugares, nas entrevistas, aparecem mostrando a vida em movimento, e a conversa entre entrevistador e entrevistado toma um rumo inusitado: em determinado momento, tem-se a impressão de que os sujeitos há muito se conhecem e torna-se difícil a separação.

As entrevistas sobre como a pessoa vê o lugar revelam a maneira pela qual ela percebe o mundo e se insere nele. As falas podem ser carregadas de poesia, de ironia ou de amargura, e tudo isso vai mostrando a cidade com seus ritmos, suas marcas no tempo e no espaço, suas belezas e suas tristezas, enfim, a vida.

1. Observações e entrevistas: alicerces da coleta de dados em um estudo do meio

Textos de época, depoimentos orais, lendas, rituais, formas de saber e fazer, arquivos, museus, festas, objetos, construções, ruínas, traçado das ruas permitem a reconstituição da memória que integra parte do patrimônio cultural de um povo.

Em um estudo do meio, a coleta de informações, de dados sobre o lugar, objeto de investigação, dá-se também por meio de observações e entrevistas, que, em um trabalho de reflexão e de correlações, desvelam e revelam o lugar, as relações sociais estabelecidas entre os sujeitos sociais que ali moram, amam, odeiam, travam lutas ideológicas e econômicas e desenvolvem cultura. Em primeiro lugar, vamos considerar a importância das observações na pesquisa de campo.

Munford (1971), estudioso das cidades, afirma que os principais documentos sobre as cidades são secundários diante da própria cidade como documento. Muito do passado pode ser recuperado sem documentos escritos desde que se saiba ler, por meio dos objetos, monumentos, prédios, traçado das ruas, igrejas, o que é a cidade observada. Mesmo elementos da paisagem original podem ser desvendados por meio das pedras, dos riachos, dos nomes das ruas, praças e córregos. Um geógrafo percebe características físicas da cidade assim que nela penetra pela primeira vez: as casas bem conservadas e as ruínas são vestígios de um presente/passado acrescidos do movimento das pessoas nas ruas e praças, no entra e sai dos edifícios, no trânsito das ruas, nos movimentos e expressões dos pedestres. Toda essa dinâmica constitui documentos da história e da geografia da própria cidade.

A primeira observação da cidade ou de uma área rural qualquer poderia ser feita de um ponto alto a fim de contemplar o conjunto do lugar, seus telhados, o casario, as ruas, e depois senti-lo de perto em um passeio descompromissado, sem qualquer preocupação sistemática nem rotas predeterminadas. Deixar que a cidade ou a aldeia penetre em todos os sentidos por meio do olhar, dos cheiros, das sensações agradáveis ou não, dos sons, da pele. Deixar-se envolver pelo lugar, e todas as oportunidades sejam aproveitadas para que se sinta parte dele, mesmo que seja para tomar um sorvete, um café, um suco de frutas local, sentir o cheiro das árvores, das flores, da fachada das igrejas, estabelecer conversas informais e até mesmo empreender algum trabalho qualquer, quando a oportunidade oferecer-se. Só depois dessa imersão e envolvimento é que se pode tentar uma observação sistemática. Pode-se seguir um roteiro de observação e partir do centro para o campo aberto ou da periferia para o centro do lugar. Então a máquina fotográfica e o caderno de anotações são aproveitados como extensão da memória, ao lado da consulta a guias e histórias locais e da leitura dos nomes dos diferentes logradouros durante as caminhadas.

As observações podem iniciar-se com determinado propósito e sofrer mudanças após esse primeiro dia de contato com o lugar e de reflexão sobre ele.

Durante uma pesquisa de campo, nas várias situações e momentos vividos no lugar, o olhar e as demais sensações do observador são permanentes e precisam ser registrados de diversas maneiras.

1) *Entrevistas reveladoras de histórias e concepções de mundo.* As entrevistas associadas às observações vão permitindo número cada vez maior de nexos que contribuem para o conhecimento da realidade de determinado espaço. Elas ampliam o adentramento na vida da cidade ou da vila por meio da fala dos moradores e dos trabalhadores do local.

Contar significa retomar fatos, acontecimentos, relembrar detalhes, comportamentos, e também oferecer a oportunidade de pensarmos quem somos e como somos. Nas entrevistas, a memória é retomada, nossas lembranças, imagens, representações de mundo são compartilhadas com o outro e, por vezes, pontos obscuros de nossa trajetória de vida são aclarados. Ao falarmos de nossa vida, estamos muitas vezes contando parte da história do Brasil.

A memória de um povo não está somente fechada em um museu; também está à volta dos indivíduos que o compõem, onde há sinais que explicam o jeito de ser e a cultura desse povo.

Quando grupos de alunos, coordenados por professores, realizam uma pesquisa de campo no local em que vivem ou em lugares mais distantes, passam a reconhecer e valorizar o patrimônio cultural de seu lugar e de seu país.

O Brasil apresenta expressiva diversidade cultural, e, mediante os relatos, recebendo dados e informações dos entrevistados, o pesquisador ou o estudante podem compreendê-la e respeitá-la.

Durante a entrevista, o pesquisador precisa prestar atenção na fala do entrevistado, mas também no contexto em que o colóquio se realiza, no meio físico e social em que a pessoa se encontra, na interação existente entre os sujeitos dessa ação.

Para ter alguma garantia de sucesso na realização de uma entrevista, há necessidade de que laços de amizade entre entrevistado e entrevistador se efetuem.

O entrevistador precisa observar também os esquecimentos, as omissões, a emoção de seu interlocutor quando este fala de certos acontecimentos de sua vida. Das informações factuais obtidas no relato, o importante é haver a emersão da visão de mundo que o entrevistado revela tanto na fala como nas entrelinhas, pois o depoimento oral sugere mais do que afirma, opera entre curvas e desvios, o que exige uma interpretação rigorosa e consistente.

Ecléa Bosi, ao falar sobre a entrevista, afirma:

> *narrador e ouvinte irão participar de uma aventura comum e provarão, no final, um sentimento de gratidão pelo que ocorreu: o ouvinte, pelo que aprendeu, o narrador, pelo justo orgulho de ter um passado tão digno de rememorar quanto o das pessoas ditas importantes. Ambos sairão transformados pela convivência, dotada de uma qualidade única de atenção. Ambos sofrem o peso de estereótipos, de uma consciência possível de classe e precisam saber lidar com esses fatores no curso da entrevista* (2003, p. 61).

A reconstituição da cultura popular não é de maneira alguma fácil e tranquila, porque se trata de história pertencente às classes dominadas e feita de silêncios, hesitações e até tensões, a qual o entrevistador precisa entender, resgatando a riqueza de suas significações.

2) *Transcrição e categorização.* A transcrição é o primeiro registro e a primeira versão do discurso do entrevistado, a qual precisa ser bastante fiel ao conteúdo de sua fala, de acordo com o esforço do pesquisador de lidar com diferentes linguagens e traduzir para a escrita o depoimento oral. A segunda versão corresponde a uma limpeza dos vícios da linguagem coloquial e do texto grafado, segundo as normas ortográficas e de sintaxe, mas com o cuidado de não mexer nos termos utilizados pelo entrevistado, conservando até mesmo as metáforas características da fala da cultura popular. O texto final deve ser apresentado ao entrevistado para que este confirme a versão de seu discurso e o aprove. Se mudanças forem necessárias, o pesquisador deve contemplar as propostas.

Essa versão, após a aprovação do depoente, constitui a principal referência para o pesquisador realizar sua interpretação, correlacionando-a com outras entrevistas já submetidas à elaboração semelhante, à luz do referencial teórico que serve de apoio para sua pesquisa.

O texto de referência precisa ser lido e relido, e anotações à margem podem ser feitas para sínteses parciais de trechos das entrevistas que podem logo transformar-se em categorias de análise. Isso deve ser feito em todas as entrevistas. As categorias de análise não são previamente selecionadas, mas emanam da própria fala do depoente e emergem segundo a compreensão do olhar experimentado do pesquisador. Com um mesmo conjunto de informações, diversos pesquisadores chegarão a categorizações diferentes, explicitando significados semelhantes, diferenciados ou até mesmo divergentes, dependendo do pensamento teórico que os embasa, da experiência pessoal que possuem e de seus valores.

3) *Retorno à sala de aula.* O estudo do meio não se encerra com o trabalho de campo. A partir deste inicia-se um processo de sistematização extremamente cuidadoso de todo o material obtido e registrado nos desenhos, nas fotografias, nos poemas, nas anotações, no falar dos moradores.

Os múltiplos saberes, agora enriquecidos pelas várias experiências e saberes conquistados no campo, encontram-se na sala de aula.

Como sistematizar tudo isso? A sistematização vai variar conforme o público envolvido, as condições objetivas e os materiais oferecidos pela escola.

No retorno à sala de aula, inicialmente, as pessoas são orientadas para que tentem despojar-se do cognitivo e expressem os sentimentos mais significativos que afloraram. O motivo disso é que a educação não se realiza apenas pelo trabalho com o intelecto; o afetivo, o sentimento são importantes na integração com o cérebro. Esse momento, quando as sensações emergem, é propício para, mais uma vez, fortalecer a integração do grupo. Desse modo, no primeiro contato entre os participantes, faz-se uma análise das sensações afetivas, perguntando ao grupo o que foi mais importante para cada pessoa, como gente que pensa, sente, ama, odeia e tem preferências e outras sensações tão próprias do ser humano.

O momento seguinte é o da cognição, ou seja, da análise do material coletado na pesquisa de campo, de pensar coletivamente o que revelam os registros. Começam a aparecer os nexos, os significados, as contradições, as histórias da cidade, os movimentos populares. Que eixos temáticos afloram? Como tudo isso se insere no currículo das crianças ou jovens do ensino fundamental ou médio?

É preciso lembrar que esses dois momentos, o afetivo e o da cognição, muitas vezes se entrelaçam.

Todo o material é coletivizado na classe com a reprodução da essência da fala dos entrevistados e com a exposição dos desenhos, fotografias e gravações. Os nexos vão sendo feitos e a realidade espacial vai-se revelando aos olhos daqueles que a desejam conhecer.

O processo de criação é constante em todos os momentos de um projeto de estudo do meio, uma vez que são elaborados textos, poemas, acrósticos, desenhos. Mas este é o momento precípuo da criação maior, porque já houve a sistematização de tudo o que foi produzido. Agora é hora de dar visibilidade e satisfação aos que participaram das várias etapas do trabalho. O que criar? Um jornal? Um ensaio fotográfico? Um painel? Uma discussão com os pais ou com outras classes, mostrando o que foi produzido? Um site? Um vídeo? Um teatro? São decisões a ser tomadas pelo grupo de alunos, professores e coordenadores.

Cada educador, conhecedor da realidade de sua escola — diferente de todas as outras, ainda que se trate de escolas públicas ou privadas de uma mesma cidade —, vai pensar em como inserir os conteúdos absorvidos e os materiais produzidos na orientação a ser dada à instituição escolar em que exerce sua docência.

2. Estudo do meio em TGI e TCC: um exemplo

Este trabalho foi adaptado, com cortes, do TGI intitulado *O estudo do conceito de bacia hidrográfica por alunos de 5ª série do ensino fundamental*, de Ketley Higsberg de Barros Silva, tendo como orientadora a Profª Drª Cleide Rodrigues.

A inclusão do estudo do meio em pesquisas realizadas por alunos tanto em trabalhos de conclusão de curso para a obtenção do título de bacharel, denominados TGIs (trabalhos de graduação individual) ou TCCs (trabalhos de conclusão de curso), quanto em pesquisas de mestrado e doutorado começa a ter destaque porque promove a interação entre pesquisa e ensino.

Com a finalidade de dar a conhecer um exemplo de TGI de 2004 que associou pesquisa, ensino e formação em serviço, por envolver o professor de Geografia de uma escola pública e seus alunos, incluímos, neste texto, parte desse trabalho, o qual contribuirá para a reflexão sobre o caminho percorrido por uma jovem que enfrentou o desafio de atuar em conjunto com um professor de 5ª série para a elaboração do TGI.

Estudo do conceito de bacia hidrográfica por alunos de 5ª série do ensino fundamental

Ketley Mary Higsberg de Barros Silva

O presente estudo pretende avaliar o entendimento de alunos da 5ª série do ensino fundamental do conceito de bacia hidrográfica como um sistema aberto e tridimensional, em que existe a interação de vários elementos físicos, tais como hidrografia, relevo, clima, solos, além de organismos vivos.

Garantindo o trabalho com os conteúdos (relevo, rios, chuvas, ciclo hidrológico e bases climáticas) e com algumas técnicas de alfabetização cartográfica realizado pelo professor de uma sala selecionada, a pesquisa desenvolveu-se no sentido de criar e aplicar estratégias didáticas para estudar uma bacia hidrográfica.

O conceito de bacia hidrográfica vem sendo tratado nos manuais de geomorfologia e hidrologia de forma estática, ao invés de dinâmica, numa abordagem em que a área considerada é somente a superficial, pondo de lado a compreensão de que os processos ocorrem também subsuperficialmente e, portanto, incluem a noção de volume.

Além disso, a bacia hidrográfica é agregadora de elementos importantes na compreensão da produção do espaço, demonstrando a interação entre elementos biofísicos e a interferência da ação humana. Por esse motivo, foi selecionada como conceito fundamental a ser tratado nesta pesquisa.

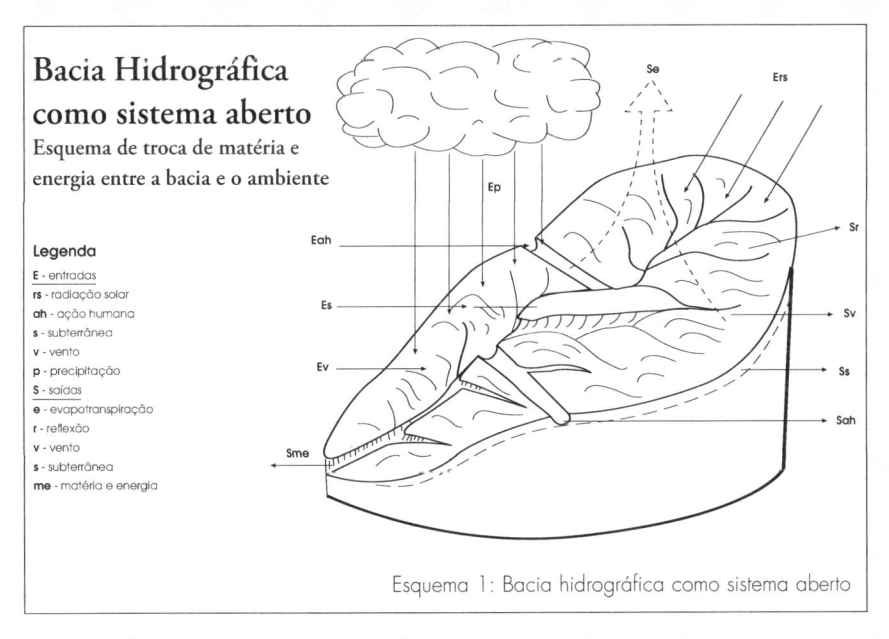

Bacia Hidrográfica como sistema aberto
Esquema de troca de matéria e energia entre a bacia e o ambiente

Legenda
E - entradas
rs - radiação solar
ah - ação humana
s - subterrânea
v - vento
p - precipitação
S - saídas
e - evapotranspiração
r - reflexão
v - vento
s - subterrânea
me - matéria e energia

Esquema 1: Bacia hidrográfica como sistema aberto

Acredita-se, neste trabalho, que, partindo de um estudo cartográfico numa escala grande e chegando à análise de campo, passando por todos os conceitos necessários para entender uma carta topográfica (curva de nível, escala, legenda) e os vários processos físico-químicos dinâmicos que ocorrem numa bacia, é possível estudar os conteúdos tradicionais de Geografia da 5ª série do ensino fundamental de forma integrada.

O conceito de bacia hidrográfica sobre o qual este estudo se apoia é apresentado por Zavoianu (1985), Doornkamp e King (1971) e Gregory e Walling (1987).

Assim, salientou-se o fato de que a bacia hidrográfica não deve ser vista somente como o rio principal e seus afluentes, mas, sim, como todo o volume onde se verificam as trocas de matéria e energia e a dinâmica suscitada principalmente pela água, incluindo tanto as formas da superfície como o lençol freático. A evaporação, os agentes de intemperismo que atuam sobre as formas de relevo e a ação humana devem ser estudados quando se trata de bacia hidrográfica examinada sob o aspecto de delimitação de um "volume" num espaço com uma história humana nele impressa.

A presente pesquisa teve como local de estudo a bacia hidrográfica do córrego Gamelinha, na zona leste da cidade de São Paulo, por situar-se em região sujeita a enchentes na qual se verificou, a partir da mobilização social, uma modificação do espaço — a canalização do córrego —, tendo em vista a melhoria da qualidade de vida da população. Foi desenvolvida junto a uma classe de 5ª série do ensino fundamental da EMEF Humberto de Campos, no Jardim Samara, com a colaboração do professor de Geografia. Pretendeu-se mostrar pela pesquisa ser possível ao professor usar recursos próximos de seus alunos, como seu próprio bairro, e, com atividades práticas inseridas no estudo de meio, construir ou reconstruir conceitos geográficos muito abstratos.

Objetivos gerais: relacionar os conteúdos de Geografia vistos, de forma abstrata, em sala de aula com o concreto, o real, mediante a cartografia e o estudo do meio, usando a bacia hidrográfica como unidade de análise agregadora do meio biofísico e social. Incentivar alunos e professores a efetuar observação sistemática dos locais que fazem parte de seu meio.

Objetivos específicos: analisar a bacia do córrego Gamelinha quanto aos aspectos biofísicos e humanos. Demonstrar as possibilidades de lidar com a Geografia de forma dinâmica, menos fragmentada, e considerar as experiências e repertórios dos alunos em relação ao tema tratado. Identificar as potencialidades de estudo da área sem grandes deslocamentos ou recursos financeiros, levando em conta as condições objetivas e materiais da escola.

Cabe ressaltar que, para atingir esses objetivos, foram necessários não só estudos sobre a área a ser trabalhada com os alunos, mas também a retomada de conhecimentos de hidrografia, geomorfologia, climatologia, geografia urbana e metodologia do ensino de Geografia, além de bibliografia específica sobre a zona leste da cidade de São Paulo.

Deve-se acrescentar que, para o desenvolvimento da pesquisa, foi necessária uma revisão do conceito de bacia hidrográfica, na maioria das vezes analisado de forma areolar nos manuais que tratam dessa temática e em obras sobre geomorfologia, que repassam a mesma ideia aos livros didáticos fundamentados em suas bases teóricas.

Procedimentos metodológicos

Os objetivos iniciais da pesquisa eram muito mais abrangentes, porém, no transcorrer do trabalho, percebemos a necessidade de restringi-los e focar mais diretamente a pesquisa no estudo de uma bacia hidrográfica e numa sugestão de estudo do meio para alunos da 5ª série do ensino fundamental.

A escolha da bacia hidrográfica como conteúdo articulador de elementos físicos e humanos realizou-se como um desafio, propondo a integração entre as condições físicas e humanas da área, vista de forma dicotômica em muitas aulas e livros de Geografia escolar que também trazem equívocos quanto ao conceito de bacia hidrográfica.

O estudo de meio foi escolhido como metodologia norteadora, pois nele o estudante constrói seu conhecimento por meio da relação concreto–abstrato. Todos os seus sentidos são incluídos no processo para a compreensão da realidade em foco.

Por fim, a linguagem cartográfica que permeou a pesquisa e o trabalho com os alunos contribuiu para a espacialização do fenômeno estudado — no caso, a bacia hidrográfica.

A escolha do local decorreu da curiosidade epistemológica, que, segundo Freire (1996), se diferencia da curiosidade ingênua por ser metodicamente rigorosa e vir acompanhada de uma crítica sobre o aprendizado. "Pesquiso para conhecer o que ainda não conheço e comunicar ou anunciar a novidade" (p. 32).

A proximidade do córrego Gamelinha à EMEF Humberto de Campos, numa localidade que já sofreu, em épocas chuvosas, com enchentes — fenômeno urbano relacionado à ocupação das várzeas —, trouxe a necessidade de aprender como deve ser o estudo de uma bacia hidrográfica na 5ª série. Dessa forma, traçamos alguns passos que deveriam ser seguidos.

Inicialmente, procuramos definir a escala a ser trabalhada durante a pesquisa e selecionamos uma carta de 1:25.000, porque a bacia hidrográfica é relativamente pequena e assim há a exigência de trabalhar com uma escala grande.

Contatamos a referida escola e o professor de Geografia, propondo o estudo da bacia hidrográfica do córrego Gamelinha e de conceitos e conteúdos a ser desenvolvidos com os alunos antes do trabalho de campo.

Paralelamente a isso, realizamos a pesquisa bibliográfica e cartográfica da área para fundamentar teoricamente o estudo do meio e o trabalho de campo, além da análise cartográfica da bacia hidrográfica em questão.

Para aprofundar os estudos sobre a transformação do espaço a partir da canalização do córrego Gamelinha, foram feitas pesquisas, na Secretaria de Obras Públicas do município de São Paulo, sobre o Programa de Canalização de Córregos e Implantação de Vias de Fundo de Vale (Provac), analisando dados técnicos e arquivo fotográfico das obras de canalização e de construção das vias marginais ao córrego.

Foi realizado um pré-estudo da área pelos professores para reconhecimento do local e dos pontos que seriam discutidos com os alunos durante o trabalho de campo do estudo do meio. Uma carta com a explicação dos objetivos da saída foi enviada aos pais, para solicitar a autorização para a saída com os alunos.

Em sala de aula, foram revisados os conceitos de curva de nível, escala e legenda por meio de exercícios cartográficos, assim como os de bacia hidrográfica, rio, afluente, divisor de água superficial e lençol freático, nascente e foz por meio de transparências em retroprojetor com figuras representativas desses conceitos.

Na época da realização deste trabalho, havia racionamento de água decorrente da escassez de chuvas e foi feita uma discussão sobre o uso racional da água, relacionando o grande adensamento urbano da área às estações do ano e ao ciclo da água.

Conceitos introdutórios de meteorologia também foram estudados.

Após o trabalho com os alunos em sala de aula e com os conteúdos que seriam observados posteriormente, foi realizado o trabalho de campo com as paradas e conceitos previamente definidos. Foram analisados tanto os aspectos biofísicos, vistos de forma abstrata em sala de aula, quanto os aspectos humanos que interferiam na dinâmica da bacia hidrográfica. Em seguida, foi realizada uma avaliação oral para finalização do trabalho.

Para aprofundar a parte histórica da pesquisa, as entrevistas feitas com os moradores foram analisadas, assim como o acervo das fotografias produzidas pelos alunos.

O conceito de bacia hidrográfica

O conceito de bacia hidrográfica utilizado nesta pesquisa é o de "sistema aberto", em que não somente a superfície faz parte, mas também o subterrâneo, trazendo a ideia de volume, e não apenas de área, como é comumente apresentado.

"A evolução de qualquer paisagem terrestre, e, por consequência, de qualquer bacia de drenagem, é o resultado de interações entre os fluxos de matéria e energia que entram e se movem dentro de seus limites e a resistência da superfície topográfica (...) Uma bacia de drenagem pode ser descrita como um sistema aberto que troca permanentemente matéria e energia com o ambiente circundante" (Zavoianu, 1985).

Os terrenos de uma bacia são delimitados por dois tipos de divisores de água: um divisor topográfico e um divisor freático (subterrâneo), definido, principalmente, pela estrutura geológica. É importante ressaltar que o conceito de bacia hidrográfica deve compreender noções sobre dinâmica, considerando, entre outros fatores, os diversos elementos, seja do ponto de vista de seu funcionamento "natural", seja do ponto de vista do uso do solo que os grupos humanos realizam.

Da mesma forma, não somente os agentes erosivos podem modificar a bacia, mas também ações humanas podem alterar o processo de infiltração das águas pluviais com a impermeabilização do solo urbano, cuja consequência mais sentida pela população é a enchente, pois as águas escoam superficialmente para o canal fluvial e provocam o aumento brusco do volume de água, sem que a vazão do canal suporte esse volume. A retirada das matas ciliares e a ocupação das margens, além da poluição com esgotos e lixo, colaboram para o assoreamento de rios e córregos das cidades, interferindo não somente na qualidade da água, mas no equilíbrio ecológico, uma vez que afetam a fauna e a flora locais.

> Junto com o aumento da superfície da cidade diminuíram as áreas verdes e cresceu a área ocupada por ruas e prédios, e com eles aumentou a superfície impermeabilizada. Os antigos caminhos da chuva, sobre o solo ou dentro dele, foram apagados ou modificados e quase toda a água caída escorre com grande velocidade em direção às partes baixas do relevo. Encontra ali vales entulhados de lixo e sedimentos, rios retificados e estrangulados por pontes, canais naturais substituídos por paredes e fundo cimentados, isto é, sem condições de acolher dentro do leito toda água que recebem para conduzi-la a jusante sem riscos para as margens. É em grande parte por isso que uma simples chuva de verão pode originar enchentes catastróficas, causadoras de perdas incalculáveis e, muitas vezes, irreparáveis à população (Coltrinari, 1993).

Trabalho de campo do estudo do meio

As excursões têm lugar de destaque nos procedimentos didáticos da Geografia porque exigem o contato direto do aluno com o objeto de estudo. Na excursão, os jovens aprendem a observar fenômenos espaciais e o significado dos fatos. Além disso, criam o espírito de solidariedade entre si e com o professor.

Pontuschka (1996) discute a importância do estudo do meio como articulador de diferentes disciplinas do currículo escolar sem deixar que percam sua especificidade. A metodologia do estudo do meio é uma forma de estudar as modificações do espaço no tempo, analisando suas marcas na própria paisagem. Tais marcas retratam as relações sociais e as vivências em tempos diferentes, ligando o passado ao presente. O contato com os diversos documentos já produzidos (ou a ser produzidos pelos alunos), o desenvolvimento da observação direta, o treino do registro de informações, a organização e a seleção de depoimentos variados, o tratamento crítico da informação, a problematização e a interpretação resultante oferecem caminhos sobejamente ricos para o estabelecimento de relações mais estreitas entre a teoria e a prática e entre o conteúdo e o método.

Para a execução de um trabalho de campo, são necessários alguns procedimentos que vão facilitar o alcance de resultados esperados:

- o reconhecimento do espaço a ser estudado por meio de pesquisa em fontes bibliográficas e cartográficas e uma primeira visita ao local, identificando os aspectos da paisagem que serão priorizados e auxiliarão no planejamento do roteiro a ser seguido;
- especificação dos objetivos do estudo para obter melhor percepção, priorizando os aspectos preestabelecidos;
- a execução do trabalho de campo do estudo do meio com os alunos e posterior avaliação dele.

Após algumas aulas teóricas sobre os aspectos biofísicos da área com o auxílio da cartografia, de vídeos, transparências e exercícios, os alunos fizeram um trabalho de campo no córrego Gamelinha desde sua nascente até as proximidades da escola.

Foto 1: A saída da escola para o trabalho de campo do estudo do meio

Durante o trajeto, os alunos observaram as formas predominantes do relevo, pois estavam indo a montante do rio e, portanto, ganhando altitude, até chegar às nascentes do córrego. Na primeira parada, observaram os topos das colinas, que constituíam os divisores de águas superficiais ou topográficos da bacia.

Foto 2: A primeira parada (6/11/2003)

Quando perguntados sobre os caminhos superficiais e subterrâneos da água, os alunos relembraram a aula sobre solos derivados de uma rocha matriz e chegaram à conclusão de que a água se infiltraria até encontrar uma rocha impermeável e, de acordo com a forma dessa rocha — que geralmente acompanha a forma do relevo —, seguiria seu caminho subterrâneo para dentro ou para fora da bacia. Nesse momento, foi apresentado o conceito de divisores freáticos ou subterrâneos.

Foto 3: Divisores topográficos próximos às nascentes, área densamente construída

Os alunos observaram o excesso da área impermeabilizada na área e estenderam suas percepções, chamando a atenção para os resultados desse processo nas grandes cidades — o intenso escoamento superficial, um dos motivos das enchentes.

Prosseguindo o estudo, chegamos às nascentes do córrego, no quintal de uma casa. Alguns alunos, espantados, questionaram: "É aqui?", pois estavam num lugar bastante diferente da imagem que haviam formado de uma nascente: um fio de água brotando de uma rocha no meio de densa vegetação.

Foto 4: Paisagem da área das nascentes (6/11/2003)

O terreno onde se encontra a nascente pertencia ao senhor Casemiro dos Anjos Sardinha, que foi entrevistado pelos alunos. Esse senhor testemunhou várias mudanças ocorridas no lugar, pois era morador do bairro desde a década de 50, chegando a lembrar-se de quando a Avenida Maria Luiza Americano era de terra e as pessoas andavam de carroça. A ocupação mais densa, com casas térreas, deu-se a partir da década de 70.

Na atualidade, há ocupações irregulares nas margens do córrego Gamelinha a jusante, um condomínio fechado de prédios, construído no fim dos anos 90, e um condomínio fechado de sobrados, construído em 2003.

Foto 5: Observação da qualidade da água na nascente do córrego Gamelinha

Junto à nascente, a água mostrava-se represada em um pequeno tanque com algumas carpas. Os estudantes, ao observarem a turbidez das águas e sentirem o odor e a presença das carpas, constataram a qualidade da água por meio desses bioindicadores de ausência de poluição. O fato mais surpreendente para os alunos foi a localização da nascente no quintal de uma casa do bairro.

Foto 6: Córrego passando por favela a, aproximadamente, 100 metros da nascente

A última parada foi a menos de um quilômetro da nascente, depois de passarmos por uma favela. Ao descerem do ônibus, os alunos já comentavam o mau cheiro emanado do curso d'água transformado em um esgoto a céu aberto e a quantidade de lixo no leito do córrego. Impressionados, alguns alunos perguntavam se era o mesmo córrego da nascente observada havia pouco.

Nesse momento, o professor aproveitou a oportunidade para discutir sobre as diferentes formas de ocupação dos solos nas grandes cidades; sobre as diferentes condições socioeconômicas das famílias, decorrentes da injusta distribuição de renda e de políticas públicas insuficientes e deficitárias; sobre os cursos d'água transformados em esgotos a céu aberto.

Fotos 7 e 8: Terceira parada: a poluição do córrego a montante e a jusante

No cruzamento entre a Avenida Itaquera e a Avenida Professor Edgar Santos, mais conhecida como Gamelinha, foi observado o início do trecho canalizado do córrego homônimo, afluente do rio Aricanduva. O ônibus serviu como espaço de aula e lá os professores lembraram alguns fatos sobre as enchentes verificadas naquele lugar e a luta da população, representada pela Associação Amigos de Bairro, para conseguir a canalização do córrego, efetuada entre 1988 e 1990.

Alguns trechos das margens do córrego foram apropriados pela população local como áreas de lazer, nas quais se faziam caminhadas e exercícios físicos, se empinavam pipas, etc.

Ao chegar à escola, foi feita uma discussão sobre os temas vistos durante o trabalho de campo do estudo do meio. Entre eles, o conceito de bacia hidrográfica e seus divisores topográficos e subterrâneos, a diferença das condições do córrego na nascente e depois de receber esgoto e lixo, as condições de exclusão social, em razão da qual muitas pessoas são obrigadas a construir e viver em favelas, a capacidade da mobilização social de ajudar a mudar situações desfavoráveis. Finalizamos com a importância da água e de seu uso racional, já que estávamos no fim da estiagem de inverno e a população da capital sofria com a ameaça de racionamento.

Tais aspectos foram previamente selecionados para um direcionamento do estudo do meio e para melhor fixação dos conceitos e conteúdos, pois, dessa forma, a atenção do aluno volta-se aos aspectos solicitados, facilitando e enriquecendo o processo de ensino e aprendizagem.

Com a participação dos alunos no processo de avaliação, foi possível observar e compreender a ligação do que foi discutido em sala de aula com o que foi visto e vivenciado no estudo do meio. A observação dos fatores sociais junto aos fatores físicos explica fenômenos como o das enchentes, já que, no verão tropical, a cheia dos rios é natural, porém a ocupação desordenada da várzea e a impermeabilização do solo urbano colaboram para o fenômeno.

Foto 9: Na escola, o professor retoma os conteúdos explorados durante o trabalho de campo do estudo do meio com a participação dos alunos

Foto 10: Após a avaliação, a turma reuniu-se para registrar o momento

O conceito de bacia hidrográfica, compreendido não somente como uma área superficial, mas também subterrânea, com divisores topográficos e freáticos, foi introduzido de forma vivenciada e não apenas teórica, o que facilitou a compreensão.

É claro que não foram todos os alunos que assimilaram o conteúdo de forma semelhante, já que cada um tem seu ritmo de aprendizagem, mas o importante é que um conjunto de técnicas, métodos e linguagens diferentes permite maior entendimento dos objetivos almejados.

3. Atividades

Leia o esquema formulado por Lutfi (1984, p. 32) para permitir melhor análise da entrevista. Pode-se colher grande quantidade de informações, mas o que importa é extrair delas a concepção de mundo do entrevistado.

1. Distinguir o falar posicionando:
a) opiniões pessoais;
b) defesas de pontos de vista;
c) exemplificações;
d) explicações.

2. Distinguir uma concepção mais estática ou mais dinâmica do mundo:
a) temporalidade (relações presente, passado, futuro), percepção e explicação das mudanças;
b) percepção dos aspectos contraditórios dos fatos;
c) relação entre esses aspectos contraditórios;
d) fatalismo ou historicidade (atuação na vida, no grupo social, importância atribuída à experiência, crença no destino; determinismo);
e) relação particular e universal.

3. Distinguir a consciência de sua situação no mundo (consciência pessoal e de grupo):
a) aspirações, sonhos, lutas pessoais e coletivas;
b) falar por si; pelo grupo;
c) assuntos dessas aspirações e lutas.

4. Distinguir o falar mais simbólico e o falar menos simbólico:
a) expressões de significação mais direta ou expressões multissignificativas (metáforas);
b) comparações; elementos constantes das comparações;
c) presença da natureza na simbologia utilizada (animismo);
d) presença do humor, da revolta, do desânimo.

1) Escolha uma entrevista e responda: que temas geográficos podem ser levantados com base em sua análise?
2) Apoiando-se na proposta, faça o exercício de categorização de uma das entrevistas. Quais conceitos geográficos aparecem e em que momentos da entrevista?

3) Realize duas ou mais entrevistas com pessoas de origens variadas, de profissões diversas, moradoras de lugares diferentes, e analise-as do ponto de vista do espaço geográfico.

A primeira entrevista, com dona Maria Mesquita dos Santos, foi extraída do trabalho de conclusão de curso Plantando na terra, colhendo no mar, de autoria de Domingos Fábio dos Santos, ex-aluno do Departamento de Geografia da FFLCH/USP e FE/USP, hoje professor em Ubatuba. Tanto a entrevistada como o entrevistador eram caiçaras do litoral, moradores de Ubatuba (SP). A segunda entrevista foi extraída do livro *Se me deixam falar*, de Moema Viezzer (1981, p. 14-17), que fez uma versão publicada do depoimento de uma mulher mineira da Bolívia chamada Domitila.

1ª entrevista: Maria Mesquita dos Santos

Dona Maria Mesquita dos Santos, septuagenária, aposentada pelo INPS, moradora da Praia da Fortaleza até os anos 70, conta:
"*Meu pai vivia do trabalho de pesca e de roça... Toda vida! Pescava cação, pescava tainha demais, demais, demais. Quando era tempo de tainha, dava de montão, não tinha conta...*

Viviam assim, de pesca e de roça, conforme a época. Se era tempo de cação, eles iam pescar cação. No tempo de corvina, eles iam pescar corvina. Os homens conheciam a época, conheciam o tempo e conheciam os peixes para irem pescar na certeza.

E as mulheres trabalhavam na roça e eles também ajudavam. E depois, eles começaram a trabalhar em Santos, porque começou a enfraquecer a terra... Deixavam a família em casa e iam pra Santos. Trabalhavam oito meses, nove meses lá e traziam dinheiro, pagavam o armazém e os peixeiros. Assim era a nossa vida...

O sofrimento começou a doer demais, as mães ficavam em casa com aqueles filhinhos todos, às vezes doentes, com bronquite, com quanta coisa há... E não tinha recurso, porque pra vir aqui em Ubatuba, tinha que vir a pé, um dia a pé. Era preciso sair às quatro horas da madrugada, lá de Fortaleza, e vir cá em Ubatuba. E médico não tinha. Só tinha um farmacêutico, que é o Filhinho... E mais uns dois homens que tratavam com remédio de índio. Com a sabedoria deles, eles curavam qualquer doença.

O meu pai saía pra Santos e minha mãe ficava cinco meses, seis meses em casa sozinha com nós. Ela tinha sete filhos pequeninos. E a gente sarava com o remedinho que fazia... Quando era uma mulher nova que casava, ela logo ia procurar a pessoa mais velha. A mãe ou a sogra que ensinasse.

Se a mulher estava pra ganhar criança, como não havia médico nem hospital, já havia a prática que ia lá e fazia o parto. Eles puxam o picaré e matavam aquela peixada, muito, demais... Até hoje eles puxam o picaré, mas não tem mais tanto peixe, acabou. O pessoal tinha balaios e balaios de peixe seco em casa. Vinha gente de tudo quanto era parte pra esperar os pescadores... E agora acabou...

(...) a gente ia pra praia esperar e aqueles compradores vinham de toda parte, da Praia Dura, do Corcovado, dos sertões...

Os homens saltavam, e cada canoeiro trazia duas caçoas grande, grande... Quando não vendia ali pro povo, vendia pra fora, nos outros lugares... O fígado era vendido pra fazer óleo... Quatro caçoas davam uma lata de querosene grandona (18 litros) de óleo... Durante o tempo de pesca, eles aprontavam aquela quantia de azeite de caçoa e iam vender pra fora, não sei pra que eles queriam aquele azeite...

(...) Estava se aproximando o tempo do cação, o pessoal estava arrumando os preparos, anzol grandão, cacete pra cacetear, aprontando canoa, que é pra pescar o cação, que é pra dar dinheiro pra gente viver. Aí, nessa época, a gente não saía de casa porque tinha dinheiro.

Agora acabou tudo, por causa dos arrastões que passam, não há mais... Até a sardinha, que é peixe que havia tanto, agora está acabando.

Boto tinha, até na beiradinha da praia... Esses botos que agora a gente vê passar na televisão... no lagamar da praia.. Tinha também a baleia... tinha bastante baleia no mar ali da Praia Dura, no Mar do Lázaro, da Ilha Anchieta, da Ilha do Mar Virado pra cá, naquele remanso, tinha muita baleia... Um dia passou o jubarte, parceiro da baleia, o jubarte é bravo.

Um dia a gente ia plantar milho e plantar feijão na Ilha do Mar Virado. Quando nós viemos, a lua estava muito clara... Os outros disseram: 'Olha, Genésio, você não vá, porque anda uma baleia com filhinho e o jubarte anda em volta dela, sempre acompanhando ela. E, também, ninguém sabe onde ela boia, pode virar a canoa e mata a pessoa...' Fomos. Quando chegou de noite, não tinha vento, tudo era calmaria e o céu estava muito estrelado... A gente estava com saudades das crianças, pusemos todas as coisas dentro da canoa e viemos nós dois remando.

(...) Ninguém era gordo naquele tempo, o pessoal era tão magro, forte pro trabalho, porque a pessoa quase que não comia carne, não comia mesmo. Carne de vaca não existia fresca, só existia carne seca. Vinha de fardo na embarcação, vinha de Santos, porque depois que essas gentes que tinham canoas de voga morreram, chegou o barco, chamavam barco de cabotagem.

De oito em oito dias no porto. Eles chegavam em São Sebastião, em Ilha Bela e vinham vindo de lá pra cá. Então, a gente não tinha carne de vaca, só tinha carne seca. Macarrão também era difícil. Era difícil pra gente comprar. Às vezes faltava, não tinha na venda, pois traziam de pouco, não dava para suprir todo o mundo. Agora, se a gente não tem carne, tem macarrão, tem arroz, tem batata, tem ovos. Ovos a gente tinha, porque a gente criava galinha e ovos do quintal. Açúcar era difícil, mas a gente tinha a cana da roça que moía e fazia garapa pra adoçar o café.

Era muito bom, pois a cana tem muita vitamina e é muito forte. Então não dava pro pessoal engordar, mas dava pra ficar forte. A farinha com a qual a gente se sustentava, torradinha feita em casa, era tudo bom, porque era natural. Feijão que a gente plantava, a gente colhia de ano pro outro. A gente comia o feijão que tinha em casa, do trabalho da gente. Se plantava couve, plantava cebola, plantava tudo, tudo da gente.

A gente agora vê meninas de 14 anos que não têm ânimo pra trabalhar. Eu tinha 11 anos de idade e eu já forneava dois alqueires de farinha e já virava mandioca pro meus pais. Eu subia morro, descia, carregando carga, eu rachava lenha, eu fazia tudo e o meu corpo tinha resistência.

A comida que se come agora não alimenta a pessoa como alimentava antigamente. A gente amanhecia o dia, ia pra roça, a gente pegava aquele café de garapa que a mamãe fazia, tomava aquele café fosse com mandioca, fosse com batata, fosse com inhame. Se não tivesse nada, um bolinho de farinha de mandioca que ela fizesse. A gente comia e ia pra roça, pegava no cabo da enxada. E agora, não. A pessoa toma café com uma coisa ou com outra, chega ali pelas dez horas do dia e já está morrendo de fome. Agora até a água destrói a gente, pois assim como destrói a bucha da torneira... o cloro come tudo... assim também come alguma coisa por dentro da gente.

Quando a pessoa ficava muito ruim, como ficou meu sogro com pneumonia, tinha que vir numa padiola de pau, coberto com lençol e oito homens pra trazer ele pra cá.

Então era uma vida muito triste. Depois começou a aparecer médico em Ubatuba... Já começaram a pôr a confiança no médico... Aí a gente vinha, com o maior sacrifício, trazer aquela criança a pé, de Ubatuba até aqui, apanhando trovoada, apanhando tempão, quanta coisa há... Se desse pra voltar embora, a gente voltava na mesma agonia, outra vez... Tinha que atravessar do Lázaro pra Fortaleza, duas horas de canoa... já pensou? Quantos noroestes não pegamos.

Agora, com a graça de Deus Nosso Senhor Jesus Cristo, tudo isso melhorou.

Trabalho de roça era muito bom, mas a pessoa era muito maltratada... pois na roça a gente pegava pampeiro de chuva forte, pegava muito sol; estivesse doente, a gente tinha que enfrentar aquela vida. Chegava na roça molhada de orvalho e tinha que trabalhar até o meio-dia, enxugava a roupa no corpo... Se a gente vivia, era porque Deus Nosso Senhor estava com a gente...

E eu pedi e Nosso Senhor ouviu os meus pedidos. Logo apareceu serviço na Praia Vermelha, lá naquelas casas ricas tiraram as minhas filhas todas do serviço da roça... Pra trabalhar nas casas de família... foi ruim, mas muito melhor que serviço de roça.

Não foram só os meus filhos. Deus libertou a todos e o mato ficou lá pra se olhar e ninguém mais trabalhou... Vieram todos pra cidade. Deus quis assim. É ruim e é bom, porque a gente não é máquina. Hoje em dia a gente vive com a coluna torta, outro com bico de papagaio. Porque eu e o pai já estávamos velhos. Aí deixamos. Foi onde os turistas compraram e a gente caiu aqui."

2ª entrevista: Domitila

"Começarei por dizer que a Bolívia está situada no Cone Sul, no coração da América do Sul. Tem apenas uns 5 milhões de habitantes. Nós, os bolivianos, somos bem poucos.

Como quase todos os povos da América do Sul, falamos o castelhano. Mas nossos antepassados tinham seus diferentes idiomas. Os dois principais eram o quéchua e o aimará. Hoje, estes dois idiomas são bastante falados na Bolívia por uma grande parte dos camponeses e muitos mineiros. Na cidade também se conversa algo deles, especialmente em Cochabamba e Potosi, onde se fala bastante o quéchua, e em La Paz, onde se fala bastante o aimará. Ademais, são mantidas muitas tradições destas culturas, como, por exemplo, sua arte de tecer, suas danças e sua música, que hoje, inclusive, chamam muito a atenção no estrangeiro, não é?

Eu me sinto orgulhosa de ter sangue indígena no meu coração. E também me sinto orgulhosa de ser esposa de um trabalhador mineiro. Como eu queria que toda a gente do povo se sentisse orgulhosa do que é e do que tem, de sua cultura, sua língua, sua música, sua forma de ser, e não ficasse estrangeirando-se tanto!

Nosso país é muito rico, sobretudo em minérios: estanho, prata, ouro, bismuto, zinco, ferro. O petróleo e o gás são também uma importante fonte de exploração. Ademais temos, na zona oriental, grandes campos onde se cria o gado, temos madeiras, frutas e muitos produtos agrícolas.

Aparentemente, o povo boliviano é dono destas riquezas. Por exemplo, as minas, sobretudo as grandes, são estatais. Foram nacionalizadas de seus donos, que eram Patino, Hoschschild y Aramayo, que nós chamávamos de "barões do estanho" e que se tornavam famosos em todas as partes por sua imensa fortuna. Aqueles senhores eram bolivianos, mas bolivianos com mau coração, que traíram o povo. Venderam todo nosso estanho a outros povos e nos deixaram na miséria porque todo o seu capital investiram no exterior, em bancos, indústrias, hotéis e todo tipo de coisas.

A maioria dos habitantes da Bolívia são camponeses. Mais ou menos 70% de nossa população vive no campo. E vivem em uma pobreza espantosa, mais que os mineiros, apesar de que os mineiros vivem como ciganos na sua própria terra, porque não têm casa, somente uma vivenda emprestada pela empresa durante o tempo em que o trabalhador está na ativa.

Agora, se é verdade que a Bolívia é um país tão rico em matérias-primas, por que é um país de tanta gente pobre?

Há fuga de divisas. Há muitos que se tornaram ricos. E entregam nossa riqueza à voracidade dos capitalistas a preços baixos, através de convênios que não são beneficiosos para nós. A Bolívia é um país bastante favorecido pela natureza. Alguém disse que a 'Bolívia é imensamente rica, mas que seus habitantes são apenas uns mendigos'. E é assim porque a Bolívia se acha submetida às empresas transnacionais que controlam a economia do meu país. Ainda que o operário caia de desnutrição, de doenças, isto não lhes importa.

Bem, talvez eu possa contar-lhes algumas experiências que tivemos na Bolívia. Como vivo num centro mineiro, o que mais conheço é sobre os mineiros.

Na Bolívia, mais ou menos 60% das divisas que entram no país vêm dos minérios. As outras divisas que entram são do petróleo e de outras fontes de exploração.

Nas minas estatais, parece que se agrupam uns 35 mil trabalhadores. Mas, nas minas privadas, parece que se agrupam outros 35 mil. Creio, então, que há uns 70 mil trabalhadores mineiros na Bolívia.

As minas nacionalizadas são administradas pela Corporação Mineira da Bolívia, que chamamos de Comibol. Tem um escritório central em La Paz e escritórios locais em cada centro mineiro do país. Aqui onde vivo, por exemplo, tem um gerente que administra o centro mineiro da mina Siglo XX: Catavi, Socavón, Patino, Miraflores. Esse é o maior centro mineiro da Bolívia, que tem mais experiência revolucionária e onde houve mais massacres por parte dos governos de turno.

Local de processamento de minerais.

No exterior da mina trabalham os técnicos e os empregados de empresa nos armazéns, na fundição, no engenho nas pulperias, no departamento de bem-estar social da empresa.

Centro de abastecimento à base de um sistema racionado de venda de alimentos mediante desconto do salário.

Cada manhã os mineiros devem entrar até um lugar insalubre, onde há falta de ar, muito gás e fetidez produzida pela 'copagira'.

Antes, quando a mina era nova, se tirava somente o bom, seguindo uma veia. Mas, desde uns 20 anos, a coisa é diferente. Já não há tanto minério. Então começaram com o sistema de block-caving. Dentro, eles colocam dinamite e fazem explodir uma parte do morro. Os mineiros tiram toda essa pedra e a mandam a chancadora e depois ao engenho para tirar o minério. Poucas toneladas de minério são tiradas de muitas toneladas de pedra. E tem tanto pó, tanto, que não se pode ver nada a um metro de distância. E também acontecem muitos acidentes, porque às vezes os trabalhadores têm a impressão de

De copaquira = água mineralizada, de cor amarela ou cinzenta, proveniente dos revales.

Do quéchua changay = moer. Máquina moedora de grandes pedras.

que explodiu toda a dinamite e, então, prosseguem no trabalho e, de repente, explode outra vez... e a pessoa, ali mesmo, fica em pedaços, não é? Por isso eu não quero que meu marido trabalhe no bloco, apesar de que os que trabalham ali ganhem um pouco mais.

Existem também outros tipos de trabalhadores. Por exemplo, os 'veneristas' são mineiros que trabalham em forma particular e vendem seu minério à empresa. Existem uns 2 mil veneristas que trabalham em grupos de três ou quatro com um chefe de grupo. Fazem poços de um metro ou metro e meio de largura por uns 15 metros de profundidade, até chegar a túneis por onde se metem, arrastando-se. E vão buscar o estanho que se deposita nos buracos da rocha. É o pior que há. Ali trabalham muitos mineiros que saíram da empresa por ter a doença profissional da mina que é a silicose. E, como não têm outra fonte de trabalho, têm que buscar a maneira de sobreviver. Há também camponeses que vêm a Llallagua e começam sua vida de mineiro trabalhando com os veneristas, mas que vivem uma situação terrível de exploração, porque os veneristas lhes pagam uns 10 pesos diários, ou seja, a metade de um dólar, não é?

Outros são 'locatários', que trabalham também por conta própria e vendem o minério à empresa. Mas a empresa não fornece pás, picaretas, dinamite, nada. Eles compram tudo. A empresa lhes fixa lugares que já foram explorados anteriormente e onde ainda existe minério. Pouco, mas sempre há. Os locatários são pagos pela empresa de acordo com a alta ou baixa qualidade do minério que encontram. Mas fica sempre com 40%, creio eu por direito de uso do terreno.

Outros são os 'lameiros', ou seja, pessoas que trabalham na lavagem do minério. Na planta, a empresa concentra o minério e dali sai uma água, que no trajeto vai assentando restos de minério e se torna, assim, um rio de água turva, espessa. Isso é recolhido pelos lameiros, que o lavam, o concentram e o entregam à empresa.

Assim, são vários os grupos de pessoas que trabalham nos centros mineiros."

O câmbio era de 20 pesos bolivianos por 1 dólar americano.

4. Leituras complementares

BERNARDO, Teresinha. *Memória em branco e negro:* olhares sobre São Paulo. São Paulo: Educ: Fapesp, 1998.

BOSI, Ecléa. *O tempo vivo da memória.* São Paulo: Ateliê, 2003.

LIMA, Luciano Castro. O sentido é o meio: ser ou não ser. In: PONTUSCHKA, Nídia Nacib; OLIVEIRA, Ariovaldo Umbelino de (Orgs.). *Geografia em perspectiva:* ensino e pesquisa. São Paulo: Contexto, 2002. p. 161-174.

MARQUEZ, A. Bases para una didáctica renovada del ciclo medio. In: MAGALDI, Sylvia. *Revista de Pedagogia:* o estudo do meio no curso ginasial, São Paulo: Faculdade de Filosofia, Ciências e Letras da USP, ano 11, v. 11, n. 19-20, p. 69-76, jan./dez. 1965.

MUNFORD, Levis. *A cultura das cidades.* Belo Horizonte: Itatiaia, 1961. p. 519-520.

OLHARES & TRILHAS – Revista de Ensino da Geografia e Áreas Afins da Universidade Federal de Uberlândia: A cidade e o urbano em verso e canção. Uberlândia, ano 3, n. 3, 2002.

PONTUSCHKA, Nídia Nacib (Org.). *Um projeto... tantas visões:* a Educação Ambiental na escola pública. São Paulo: AGB, 1996.

_____. O conceito de estudo do meio transforma-se em tempos diferentes, em escolas diferentes, com professores diferentes. In: VESENTINI, José William. *O ensino de Geografia no século XXI.* Campinas: Papirus, 2004. p. 249-288.

SANTO ANDRÉ. Secretaria de Educação do Município. *Educação de jovens e adultos.* Santo André: Gráfica FG, 2000.

SÃO PAULO. Secretaria Municipal de Educação. *Estudo do meio e outras saídas para o ensino noturno: teoria e prática.* São Paulo: SME, 1992.

VIEZZER, Moema. *Se me deixam falar...:* Domitila – depoimento de uma mineira boliviana. Tradução de Edmilson Bizelli. 6. ed. São Paulo: Global, 1981.

3ª Parte

*Representações
e linguagens
no ensino da Geografia*

Representações e linguagens no ensino da Geografia

Os textos escritos, os materiais gráficos e cartográficos e outras linguagens, quando associados aos conceitos e conteúdos da disciplina focalizada nesta obra, ampliam as oportunidades de compreensão do espaço geográfico e de entendimento do mundo.
Hoje, esse material está à disposição de todos os que estudam ou produzem a Geografia.

Alguns exemplos e reflexões a respeito do uso de linguagens na Geografia não visam reproduzir receitas, mas, sim, oferecer propostas que, associadas à criatividade dos educadores, podem constituir ideias para a utilização de diferentes conteúdos não tratados neste livro, tornando a disciplina extremamente significativa na reflexão dos alunos.

As linguagens constituem recursos didáticos que necessitam ser utilizados no mundo atual, seja na instituição escolar, seja em outros caminhos ou lugares, porque, por meio delas, os horizontes do conhecimento se abrem para jovens, professores e cidadãos que já passaram pela escola em tempos anteriores.

Os recursos didáticos – ou empregados com propostas didáticas –, na qualidade de mediadores do processo de ensino-aprendizagem nos diferentes níveis, obedecem, em sua seleção e utilização, a alguns critérios, tais como adequação aos objetivos propostos, aos conceitos e conteúdos a ser trabalhados, ao encaminhamento do trabalho desenvolvido pelo professor em sala de aula e às características da turma, do ponto de vista das representações que trazem para o interior da sala de aula. Esses recursos, se adequadamente utilizados, permitem melhor aproveitamento no processo de ensino e aprendizagem, maior participação e interação aluno–aluno e professor–aluno.

Sob a denominação de recursos didáticos, inscrevem-se vários tipos de materiais e linguagens, como livros didáticos, paradidáticos, mapas, gráficos, imagens de satélite, literatura, música, poema, fotografia, filme, videoclipe, jogos dramáticos. Algumas dessas produções já foram incorporadas pelos livros didáticos, colaborando para a compreensão dos textos e aprofundando o conhecimento do espaço geográfico.

Cada uma das linguagens possui seus códigos e seus artifícios de representação, que precisam ser conhecidos por professores e alunos para maior compreensão daquelas a ser trabalhadas com conteúdos geográficos. Desde que a Geografia, em suas transformações históricas, passou a ser considerada como os conhecimentos que estudam a relação entre a sociedade e a natureza e os métodos que iam da observação à explicação, ela teve de procurar caminhos, adotar procedimentos de outras ciências, da Psicologia, da Sociologia e da reflexão filosófica, para aprender e compreender a produção do espaço mediante a análise das representações espaciais.

Existe uma relação íntima entre as linguagens e as representações que necessita ser analisada criticamente na sala de aula.

Capítulo I

TEXTOS ESCRITOS

Textos escritos

*Uma das grandes dificuldades dos alunos
de qualquer nível de ensino,
até mesmo dos que chegam ao ensino superior,
refere-se à leitura e análise de textos.
As atividades escolares, via de regra,
envolvem pesquisas, trabalhos escritos, seminários,
que sempre implicam
a atividade de ler e analisar textos e documentos.
Muitas vezes, as dificuldades de leitura
e entendimento de textos levam os alunos
a uma atitude de desânimo
perante os estudos.*

Cabe ao professor de qualquer disciplina motivar o aluno a encarar os estudos como uma tarefa significativa e interessante. Se o aluno apresenta dificuldades em ler, analisar e redigir textos, é importante a orientação docente. O argumento comumente utilizado de que "não somos professores de Língua Portuguesa" não se justifica. Em qualquer disciplina, também em Geografia, é possível orientar os alunos para a melhor maneira de estudar um texto, desenvolvendo a capacidade de lidar com essa forma de comunicação e ampliando a possibilidade de compreender a realidade social com maior profundidade.

Cf. BITTENCOURT, C. M. F. Literatura como documento interdisciplinar. In: *Ensino de História:* fundamentos e métodos. São Paulo: Cortez, 2004. p. 338-339.

À medida que o aluno aprofunda sua capacidade de análise e compreensão, torna-se-lhe possível desenvolver um olhar mais crítico sobre o texto e exercitar sua capacidade de expressar-se por meio da criação de um texto que seja seu.

Saber ler e analisar um texto ou documento é requisito indispensável para o estudante em todas as disciplinas escolares. Um aluno que não consegue entender um texto não é capaz de resolver problemas de matemática. No entanto, se o problema for apresentado oralmente, ele pode raciocinar e chegar a soluções plausíveis. Mais do que o aprendizado em lidar com formas de linguagem, o que está em jogo é a própria comunicação. Se a escola não garantir a comunicação, compromete o aprendizado. Nesse sentido, a comunicação apresenta-se como ferramenta imprescindível no mundo atual e como requisito fundamental no âmbito do processo de ensino e aprendizagem. Assim, é importante identificar o sentido e a finalidade de um texto. Segundo Severino,

> *a comunicação se dá quando da transmissão de uma mensagem entre um emissor e um receptor. O emissor transmite uma mensagem que é captada pelo receptor. Com efeito considera-se o emissor como uma consciência que transmite uma mensagem para outra consciência que é o receptor. Portanto, a mensagem será elaborada por uma consciência e será igualmente assimilada por outra consciência. Deve ser, antes de mais nada, pensada e depois transmitida. Para ser transmitida, porém, deve ser antes mediatizada, já que a comunicação entre as consciências não pode ser feita diretamente; ela pressupõe sempre a mediatização de sinais simbólicos. Tal é, com efeito, a função da linguagem. Assim sendo, o texto-linguagem significa, antes de tudo, o meio intermediário pelo qual duas consciências se comunicam. Ele é o código que cifra a mensagem. Ao escrever um texto, portanto, o autor (o emissor) codifica sua mensagem, que por sua vez, já tinha sido pensada, concebida, e o leitor (o receptor), ao ler um texto, decodifica a mensagem do autor, para então pensá-la,*

> *assimilá-la e personalizá-la, compreendendo-a: assim se completa a comunicação* (2002, p. 48-49).

Um texto constitui, portanto, uma mensagem codificada, e sua leitura implica a decodificação da mensagem pela compreensão e acompanhamento do raciocínio do autor.

A finalidade da análise textual é aprender a ler, a familiarizar-se com os termos técnicos, os conceitos, as ideias e saber como elas se relacionam, assim como buscar hierarquizar o conteúdo do texto, identificar e acompanhar o raciocínio do autor, suas conclusões e as bases que as sustentam.

Na análise de um texto, é preciso prever sucessivas leituras. Uma primeira leitura, para que o aluno possa ter uma visão geral e de conjunto sobre seu conteúdo; uma segunda leitura, buscando destacar (grifando ou assinalando com uma linha vertical na margem) os trechos mais importantes, os termos ou palavras-chave (que podem ser grifados com cores diferentes), assim como aquilo que é passível de crítica ou necessita ser mais bem esclarecido (com um ponto de interrogação); uma terceira leitura, procurando levantar as questões mais relevantes para uma crítica e reflexão pessoal ou para o debate em grupo.

> A análise interpretativa comporta outros níveis não abordados neste texto. Cf. Severino (2002, p. 47-49).

Com base em Severino (2002), podemos seguir um roteiro para realizar uma análise detalhada de um texto.

Um primeiro aspecto diz respeito aos esclarecimentos que devem ser feitos acerca do texto, buscando contextualizá-lo e fornecer informações sobre a vida, a obra e o pensamento do autor. Procurar entender o sentido das palavras, dos termos ou conceitos-chave contidos no texto, o que pode ser feito com o auxílio de dicionários e de outras obras. Assim, torna-se mais fácil a elaboração de um esquema do texto lido, efetuando a hierarquização das palavras-chave, frases e parágrafos importantes e ligando as ideias sucessivas do raciocínio desenvolvido pelo autor.

Uma segunda etapa consiste na decodificação da mensagem do texto pela análise temática, intentando ouvir o autor sem intervir. Trata-se de fazer uma série de perguntas cujas respostas fornecem o conteúdo do texto.

1) *Assunto e tema:* etapa da compreensão da mensagem global do texto, a fim de saber qual é o assunto nele tratado. A respeito de que o autor está falando nesse texto?
2) *Problematização do tema:* apresentação da problemática que "provocou" o autor — qualquer redação/afirmação constitui resposta a uma questão/problema. Qual o problema a ser solucionado? Que dificuldade precisa ser resolvida?
3) *Ideia central:* é o fio condutor de todo o raciocínio do autor, sendo a resposta ao problema levantado, ou seja, a proposição fundamental ou tese. Como o autor responde ao problema ou dificuldade levantada? Que posição assume, que ideia defende, o que pretende demonstrar?
4) *Raciocínio do autor:* a mensagem do autor é transmitida por meio de um raciocínio, de um conjunto de proposições logicamente encadeadas mediante as quais demonstra sua ideia. Como o autor demonstra sua ideia central, como a defende e justifica? Qual foi seu raciocínio, sua argumentação?
5) *Ideias secundárias:* são posições defendidas ou assumidas pelo autor de modo intercalado. Embora não sejam indispensáveis, podem complementar seu pensamento.

6) *Resumo:* deve sintetizar, em seus pontos essenciais, a mensagem do autor. Dele devem fazer parte a síntese das ideias do autor e a demonstração da ideia central. Pode ser escrito com outras palavras, desde que as ideias não sejam modificadas.

A seguir, apresentamos um texto para que seja realizada sua decodificação ou análise temática.

"Cabe de início esclarecer que este texto apoia-se na perspectiva de abordagem segundo a qual o objeto da Geografia vem a ser o território, o espaço organizado, o espaço produzido pelas sociedades humanas, como consequência e como condição para o desenvolvimento de suas atividades.

Neste sentido, parte-se do princípio de que as causas fundamentais que permitem explicar os múltiplos processos que atuam na organização deste espaço são causas de natureza humana, de natureza social.

Afirmar isto não significa dizer que a Geografia não deve interessar-se pela consideração dos fenômenos naturais (físicos/biológicos) para a explicação adequada destes processos de organização territorial pelas sociedades humanas. Estas não poderiam existir sem explorar uma infinidade de recursos que retiram da natureza. Tais recursos não se encontram igualmente distribuídos pelo planeta e nem possuem para as sociedades humanas, qualquer que seja a época histórica que se considere, o mesmo significado.

De modo sintético, poderíamos afirmar que, de uma forma ou de outra, a diversidade de recursos naturais disponíveis interfere na produtividade do trabalho dos homens e, consequentemente, sua distribuição e significado desiguais não podem ser ignorados quando se pretende conhecer as causas complexas que explicam a organização do espaço.

Mas as razões fundamentais para que um dado elemento da natureza seja considerado como um recurso natural, assim como as razões fundamentais que explicam sua utilização, devem ser encontradas dentro das características que assumem internamente as sociedades humanas. As transformações que as sociedades humanas provocam nos meios naturais são em alguma dose intencionais, têm para elas significado que só pode ser explicado buscando-se as razões dentro delas mesmas.

*Nas diversas vezes que nos referimos até agora à humanidade, procuramos nos valer da expressão 'sociedade humana'. Na verdade, a não ser algumas correntes de desenvolvimento muito recentes na Geografia (influenciadas nitidamente pela Psicologia e por certas correntes do pensamento da Ciência Econômica), os geógrafos das variadas tendências sempre inseriram o Homem em suas pesquisas como sendo representado por coletividades, por grupos sociais parciais ou totais. 'As formas de atividades e combinações [o autor faz referência às combinações de elementos sociais, físicos e biológicos] são antes de tudo fenômenos sociais, realizados em grupo. Não há organização individual possível de uma atividade agrícola ou industrial. Todas as atividades envolvem massas ou grupos menos importantes de homens' (*Géographie: guide de l'étudiant, *1951. p. 22).*

Dito de outra maneira, as relações de natureza ecológica do homem com o meio natural (ou com o meio natural humanizado, ou seja, o chamado meio geográfico) ou, em uma outra perspectiva de investigação, as relações entre os homens que interessam à organização do espaço, são significativas enquanto resultantes da ação de grupos sociais, de coletividades humanas e não de indivíduos isolados, de 'Robinsons Crusoés'.

Enquanto o globo era habitado essencialmente por sociedades humanas primitivas, sociedades tribais, possuidoras de técnicas rudimentares para a extração e transformação dos recursos da natureza necessários para a sua existência, não existiam condições para que, entre os homens que faziam parte das tribos, houvesse uma divisão acentuada das atividades econômicas ou não, que deveriam ser executadas por cada um.

Para que essa divisão possa ter oportunidade de surgir e adquirir importância, é necessário que os membros do grupo que produzem bens façam-na regularmente, em quantidades superiores às suas próprias necessidades, para que possuam regularmente excedentes que possam ser utilizados pelos demais membros, que não praticam atividades produtivas.

As possibilidades de produção de excedentes regulares relacionam-se com o aparato técnico de que dispõem os grupos humanos.

A impossibilidade de obtenção desses excedentes regulares de produtos de consumo necessários à existência impedia, nesses grupos, uma divisão acentuada das tarefas produtivas entre seus membros. Divisão esta que levaria à especialização de atividades produtivas (permitindo uma dada divisão territorial das mesmas) e, consequentemente, tornando regular e necessária a troca de produtos para o atendimento das necessidades de cada um.

A divisão das atividades produtivas, dificultada pelo primitivismo das técnicas empregadas na extração e transformação dos recursos naturais, é, ela própria, um processo técnico considerável. Isto porque a especialização adestra melhor o produtor, aumentando, por conseguinte, a produtividade de seu trabalho, permitindo, pois, o aumento do próprio excedente em relação às suas necessidades.

Mesmo a divisão das atividades entre os membros dessas tribos era basicamente uma divisão de natureza sexual e segundo a idade. Mas, digamos, dentro de uma tribo que vivesse da caça, da coleta e de uma agricultura e uma criação rudimentares, os adultos a quem competia, digamos, o essencial destas atividades não se especializavam na prática de cada uma delas. Exerciam-nas todas, responsabilizando-se, inclusive, pela própria confecção dos instrumentos de que se valiam para o exercício das mesmas, para a construção de suas moradias, etc.

No essencial, o produto, o resultado dessas atividades econômicas era a propriedade do conjunto do grupo e não específica de qualquer membro que o houvesse conseguido individualmente.

O exercício dessas atividades implicava necessariamente em um certo domínio sobre a natureza e um certo domínio político por parte da tribo sobre um dado território. Esse conhecimento primitivo, longamente acumulado e transmitido de geração em geração, de instrumentos rudimentares necessários ou à coleta, ou à caça, à criação e agricultura; conhecimento das técnicas de construção desses instrumentos; conhecimento sobre os animais caçados ou pescados e de seus hábitos; sobre os vegetais coletados; sobre as plantas e animais selecionados para o cultivo ou para a criação, implicavam, necessariamente, também em conhecimentos sobre suas possibilidades de distribuição territorial no decorrer do tempo.

A aldeia, dada a pouca disponibilidade de recursos que se podia conseguir com o uso destas técnicas pouco evoluídas, além de situar-se em posição que permitisse o abrigo contra as intempéries e contra o assédio de animais e grupos humanos vizinhos, tinha que possibilitar acesso regular a um território que, nas condições então existentes de deslocamento (a pé, em lombo de animais, em pequenas embarcações, conforme o caso), não poderia ser muito extenso. Geralmente deveria permitir o retorno à aldeia no fim do dia. Tanto assim que os cultivadores primitivos, cujas técnicas não possibilitavam a preservação muito prolongada da fertilidade natural do solo, tinham que deslocar, de tempos em tempos, a própria aldeia.

Desse modo, a organização do espaço por esses grupos possuidores de técnicas primitivas e basicamente produtores de todos os bens necessários para a preservação de suas existências revelava (como revela hoje entre os grupos primitivos que ainda habitam o planeta) uma influência particularmente acentuada das condições naturais sobre os homens.

Além disso, neste longo período da história da humanidade, apesar dos contatos políticos, culturais e de outra natureza não deixarem de existir, o pouco significado das trocas de produtos necessários à subsistência dos grupos, a própria impossibilidade técnica de que essas relações unissem os interesses de grupos humanos localizados em áreas as mais variadas de um continente ou de diversos continentes, praticamente tornavam o conceito de humanidade uma abstração vazia de significado.

Dada a influência acentuada que as condições naturais exerciam sobre esses grupos primitivos, e dada a pouca expressão das trocas de produtos entre os membros de um mesmo grupo ou entre grupos diferentes, o conhecimento das relações dos homens com as condições naturais, através das técnicas, revelaria ou revela, nos casos em que ainda se aplica na atualidade, os aspectos essenciais da organização do espaço.

Cada um desses tipos de sociedades, que podem ser encontradas nesta longa transformação da humanidade, possui características próprias de organização econômico-social, e, consequentemente, de organização do espaço, cujas causas devem ser esclarecidas caso se pretenda fazer sua Geografia.

Mas, para os objetivos que buscamos atingir neste texto, a consideração das condições atuais da humanidade são suficientes. Deixamos por isso de lado a consideração das características essenciais próprias, que envolvem a organização do espaço de cada uma das significativas etapas de transformação das sociedades humanas.

Atualmente, o planeta é habitado essencialmente por sociedades possuidoras de técnicas de extração e transformação dos recursos da natureza suficientemente eficientes para permitir que uma parcela cada vez mais considerável da humanidade — e de uma humanidade que se multiplicou rapidamente em termos numéricos no último século — não necessite produzir diretamente os bens e serviços de que necessita para viver.

Estas são condições que permitem uma acentuada divisão dos seres humanos entre o exercício de atividades produtoras e não produtoras desses recursos. Além do mais, permitem que parte considerável dos membros não adultos do grupo preparem-se, longamente, através do estudo para o exercício dessas atividades.

O rápido e extraordinário progresso tecnológico por que passou a humanidade nos últimos 200 anos, após a chamada "Revolução Industrial", permite hoje às sociedades que se utilizam ou se beneficiam da aplicação desse progresso níveis muito elevados na prestação dos mais diversificados serviços. Nesse sentido, a porcentagem de população ativa, isto é, da população que trabalha, que tem atividades ligadas à produção, é cada vez menor. Em contrapartida, cresce acentuadamente o percentual dos que trabalham em atividades comerciais e financeiras, em atividades de administração pública e privada, em serviços públicos e privados, em atividades culturais, científicas, etc.

Cabe destacar que não se trata apenas e tão somente de um processo de divisão de atividades anteriormente executadas pelos membros das sociedades humanas, antes da "Revolução Industrial", por exemplo. De fato, o desenvolvimento tecnológico, lato sensu, permitiu também direta ou indiretamente um aumento extraordinário nas atividades desenvolvidas pelo homem.

Diretamente porque, aplicado às atividades produtivas, particularmente às atividades industriais, realizadas cada vez mais intensamente com o uso de maquinários continuamente inventados e aperfeiçoados, dividiu (e especializou, consequentemente) extraordinariamente as etapas, os momentos de produção de um dado bem. Essa divisão e especialização de atividades é ainda, consequência, mas também condição necessária da generalização das trocas comerciais para, praticamente, todas as partes do globo.

Além do mais, aumentou consideravelmente a variedade dos bens necessários à satisfação das necessidades dos homens. Boa parte dos bens produzidos por setores dos mais significativos de importantes ramos industriais, como os da indústria automobilística, da indústria aeronáutica e da aeroespacial, da indústria de telecomunicações, da indústria química, de produtos eletrodomésticos, etc., eram total ou praticamente desconhecidos no final do século XIX.

Indiretamente, o desenvolvimento tecnológico, ou porque tornou as necessidades dos membros das sociedades mais complexas, ou porque liberou parte considerável deles das atividades de produção, obrigou ou possibilitou o desenvolvimento de um número muito grande de atividades não produtivas para atender, quer às próprias necessidades da produção, quer às necessidades de uma vida social muito mais complexa.

Para a organização do espaço e, consequentemente, para as preocupações da Ciência Geográfica, esta extrema divisão dos membros da sociedade — entre os que exercem atividades cada vez mais especializadas em setores de produção cada vez mais diversificados e os que exercem atividades não produtivas, de natureza econômica ou não, também cada vez mais especializadas e diversificadas — tem, pelo menos, um duplo e fundamental significado.

Em primeiro lugar, essa divisão acentuada das atividades dos homens leva, inevitavelmente, do ponto de vista espacial, a uma especialização territorial. Dito de outra maneira, a divisão social das atividades não se faz sem uma consequente e necessária divisão territorial das mesmas.

A localização territorial das diversas atividades, quer sejam de natureza produtiva ou não, quer sejam de natureza econômica ou não, é determinada por um complexo de causas que atendem ou aos interesses (de aumento da produtividade, do lucro, conforme a natureza da sociedade que se considere) ou às necessidades de grupos sociais.

E, conforme a atividade que se considere, quer seja ela de natureza agrícola, industrial ou outra, o complexo de causas que determina sua localização leva à diferenciação da mesma em relação a outras, ainda que da mesma natureza. As causas que determinam, em uma mesma época histórica, a localização dos vários tipos de indústria, por exemplo, não são as mesmas ou, quando o são, não atuam em todos eles com o mesmo peso. Daí a razão pela qual, em um mesmo período da história de um mesmo país, digamos, serem relativamente variadas as áreas em que se instalam os diversos tipos de indústria.

Enfim, a divisão social das atividades leva à divisão territorial das mesmas. Esta acaba implicando, necessariamente, com a generalização das trocas de produtos e serviços entre os membros da sociedade, em tendência geral à especialização funcional das partes que compõem o território, o espaço organizado pela referida sociedade.

Em segundo lugar, porque a distribuição dos bens e serviços produzidos não se faz necessariamente de modo equitativo entre os membros componentes de uma coletividade social, quer abordemos em nível de toda a sociedade humana.

As consequências territoriais deste fato, encontrado com maior ou menor intensidade com característica de todos os tipos de sociedades humanas não primitivas que hoje habitam o globo, são das mais variadas.

Antes de mais nada, ele afeta o próprio nível de desenvolvimento e a natureza dessas atividades nas diferentes partes de uma região, de um país, do globo. Cabe esclarecer que o fato em questão não é, em si, responsável absoluto por essas diferenças. Mesmo em uma sociedade tecnologicamente avançada e em que a distribuição dos bens e serviços produzidos se fizesse de forma equitativa entre seus membros, a própria diversidade na distribuição dos recursos naturais, além de situações territoriais herdadas de um passado mais ou menos próximo, seriam condições suficientes para implicar necessariamente em diferenças territoriais expressivas na intensidade e na natureza das atividades humanas.

Mas, nas sociedades como as atuais, em que a distribuição dos bens e serviços produzidos é desigual, esta apropriação desigual interfere de maneira decisiva nas diferenças de desenvolvimento das atividades econômicas ou não, desde que as trocas desses produtos e serviços tornaram-se característica fundamental de parte essencial da humanidade hoje.

Dado que essa distribuição desigual significa consumo desigual de bens e serviços, quanto mais rica nesses bens e serviços uma dada sociedade que se enquadra no caso — e portanto maior a divisão e especialização das atividades de seus membros —, tanto maiores as consequências na distribuição territorial dos próprios membros da sociedade — distribuição territorial dos vários grupos sociais que constituem a população — e das atividades comerciais e de serviços que atendem às necessidades de consumo, etc.

É na organização territorial das grandes metrópoles do mundo de hoje que se constatam nitidamente as consequências dessas diferenças de consumo entre os grupos sociais que compõem a sociedade. Estes grupos sociais tendem, por constrangimentos, principalmente econômicos, a distribuir-se de maneira segregada dentro dos espaços residenciais da metrópole, o que, por si só, resulta em diferenciação essencial na localização das atividades que atendem ao provimento das necessidades de bens e serviços a que cada grupo tem acesso.

Para concluir, devemos destacar que a extrema divisão e especialização das atividades — com consequentes divisão e especialização territoriais — que caracterizam as sociedades que ocupam o mundo de hoje tornaram as trocas entre os membros de todas elas não só frequentes e intensas, mas absolutamente necessárias. Estas, por sua vez, são responsáveis por uma divisão e especialização cada vez maiores dessas atividades. Deste modo, torna-se praticamente solidária, no sentido de interdependente, a existência de todas as coletividades que habitam o globo.

Por outro lado, o desenvolvimento tecnológico aumentou significativamente o domínio do homem sobre a natureza nos últimos 200 anos.

Deste modo, os aspectos fundamentais dos processos de organização do espaço da sociedade devem ser procurados nas consequências advindas da divisão das atividades econômicas e extraeconômicas entre os homens e não nas relações do homem com o meio natural. Dito de outra maneira, devem ser procuradas nas relações sociais, de natureza econômica e extraeconômica, que os homens, vivendo em sociedade, mantêm entre si."

SEABRA, Manoel Fernando Gonçalves. *Fundamentos humanos da organização do espaço geográfico.* [S.l.: s.n., 1982]. Mimeografado.

1) *Assunto e tema:* O texto aborda os aspectos fundamentais dos processos que envolvem a organização do espaço pela sociedade humana.
2) *Problematização do tema:* O problema em questão diz respeito a como compreender os múltiplos processos que envolvem a organização/produção do espaço pelas sociedades humanas.

3) *Ideia central:* Os aspectos fundamentais da organização/produção dos espaços pelas sociedades humanas devem ser compreendidos à luz das relações sociais de natureza econômica e extraeconômica que os homens mantêm entre si, vivendo em sociedade, e não à luz das relações do homem com o meio natural.

4) *Raciocínio do autor:* Mediante breve análise histórica das transformações pelas quais passou a humanidade, sobretudo no que diz respeito ao desenvolvimento científico/tecnológico e à consequente divisão social das atividades econômicas, o autor demonstra como esse processo determinou, progressivamente, uma influência cada vez menor das condições naturais sobre a sociedade e sobre a organização do espaço, aumentando significativamente o domínio do ser humano sobre a natureza, com consequências do ponto de vista da divisão/especialização territorial. Assinala, portanto, que o conhecimento das relações dos homens com as condições naturais por meio das técnicas revela os aspectos essenciais da organização do espaço geográfico.

5) *Ideias secundárias: Exemplo:* "A aldeia, dada a pouca disponibilidade de recursos que se podia conseguir com o uso destas técnicas pouco evoluídas, além de situar-se em posição que permitisse o abrigo contra as intempéries e contra o assédio de animais e grupos humanos vizinhos, tinha que possibilitar acesso regular a um território que, nas condições então existentes de deslocamento (a pé, em lombo de animais, em pequenas embarcações, conforme o caso), não poderia ser muito extenso. Geralmente deveria permitir o retorno à aldeia no fim do dia. Tanto assim que os cultivadores primitivos, cujas técnicas

não possibilitavam a preservação muito prolongada da fertilidade natural do solo, tinham que deslocar, de tempos em tempos, a própria aldeia..."
6) *Resumo:* Para o autor, o objeto da Geografia é o território, o espaço organizado e produzido pela sociedade como consequência e condição para seu desenvolvimento. Nesse sentido, os processos que atuam na organização do espaço são de natureza social, o que não exclui a consideração dos fenômenos naturais nesse processo. A diversidade dos recursos naturais, sua desigual distribuição pelo planeta e o significado que possuem para as sociedades humanas, em qualquer época histórica que se considere, não podem ser ignorados quando se pretende conhecer as causas complexas que explicam a organização do espaço. A organização espacial nas sociedades primitivas possuidoras de técnicas rudimentares e de precária divisão das atividades produtivas revelava uma influência acentuada dos recursos naturais. A humanidade passou por profundas transformações (econômicas, políticas, culturais e tecnológicas), das sociedades tribais às sociedades mais avançadas, adquirindo características próprias de organização econômica e social e consequentemente de organização do espaço. Atualmente, temos sociedades possuidoras de técnicas de extração e transformação dos recursos naturais, permitindo que parcela cada vez maior da humanidade não necessite produzir diretamente os bens e serviços de que necessita para viver. Isso possibilitou acentuada divisão das atividades produtivas e não produtivas, aumentando extraordinariamente as atividades desenvolvidas pelo homem e promovendo a especialização das atividades e generalização das trocas comerciais em

quase todo o planeta. A extrema divisão das atividades econômicas fomentou, do ponto de vista espacial, uma especialização territorial. Por outro lado, a divisão, a distribuição e o consumo desigual de bens e serviços entre os grupos sociais que compõem a sociedade resultaram em diferenças essenciais na localização das atividades de produção deles, uma vez que esses grupos tendem a distribuir-se de maneira segregada dentro dos espaços residenciais, sobretudo nas grandes metrópoles. Assim, conclui que os aspectos fundamentais da organização/produção do espaço geográfico pelas sociedades humanas são compreendidos à luz das relações sociais de natureza econômica e extraeconômica que os homens mantêm entre si, vivendo em sociedade, e não à luz das relações do ser humano com o meio natural.

1. Ensino de Geografia e literatura

Que sucede, quando nas fronteiras do seu infortúnio, devolvido ao seu terror de carnívoro acossado, o homem deve escolher entre voltar a ser animal ou encontrar a centelha de uma grandeza.

(Scorza)

Originalmente publicado na Revista Orientação, número 6, 1986, pelo Instituto de Geografia da USP, de autoria de Eulina Pacheco Lutfi e Nídia Nacib Pontuschka, sob o título: "Estudando o Peru através do livro *Bom Dia para os Defuntos:* integração entre as áreas de Português e Geografia no ensino médio".

Com a intenção de documentar um trabalho interdisciplinar que teve êxito na avaliação dos alunos e das professoras de uma escola pública da capital paulista, retomamos, com modificações, o texto resultante para servir como reflexão sobre um trabalho dessa natureza.

Tal atividade não constava do plano escolar do começo do ano. No entanto, objetivos educacionais comuns que uma escola deve ter a fim de trabalhar com a realidade e suas contradições permitem que, em muitos momentos, sejam programadas atividades conjuntas. A avaliação imediata dessa atividade foi demonstrada pelo interesse dos alunos, mediante sua participação e os dados utilizados na análise literária feita do livro. Essas experiências vividas servirão para o aluno realizar suas opções, direcionando a ação e também sua vida por caminhos "individualistas" ou por caminhos "povoados", em que o social seja prioritário.

Os alunos dos primeiros anos do ensino médio estavam lendo, em Língua Portuguesa, o livro de um escritor peruano chamado Manuel Scorza, *Bom dia para os defuntos*. Muitas dificuldades existiam para que a análise literária se aprofundasse na contextualização da área em que a história se desenvolvia. Em discussão conjunta com a professora de Português, percebemos a necessidade de ler o livro e pensar em como conduzir as aulas sobre o Peru de forma que os alunos tivessem melhor compreensão da realidade apresentada.

Se nas aulas fossem dadas apenas informações geográficas, como aparecem nos livros de Geografia, estas seriam vistas de forma árida, como generalizações extremamente amplas, mas, ao ler o livro, alunos e professoras perceberam como o povo peruano pensa, como luta, como reage aos fracassos, a energia que revela em seu trabalho, a dificuldade que tem para compreender interesses empresariais em sua própria terra.

Vejamos as preocupações da professora de Português ao realizar o trabalho de literatura.

O objetivo era trabalhar com a literatura do absurdo e do fantástico. Isso porque as relações humanas existentes na sociedade contemporânea são expressas muitas vezes, na literatura do século XX, por meio do gênero fantástico. O fantástico, o extraordinário, estão em nosso cotidiano. Precisamos aprender a descobri-los, a interpretá-los e utilizar essa descoberta em nossa ação consciente e transformadora. Para o europeu, nossa literatura é fantástica, mas para nós, latino-americanos, é apenas um dado a mais de nossa realidade. Esse é o caminho que escritores como Manuel Scorza, Gabriel García Márquez e Murilo Rubião escolheram para falar de seu povo.

Em nossa escola também aconteciam coisas aparentemente fantásticas, inexplicáveis: por exemplo, a construção de um muro não solicitado, sem que ninguém da direção ou da administração pública assumisse a decisão da obra; a presença do serviço reservado da polícia militar, ligado à polícia federal, perguntando pela atividade de professor e de aluno numa época de governo dito democrático; o desaparecimento de um arquivo do projeto noturno, constituído de recortes de jornais diários coordenado por uma professora de História, de interesse somente para alunos da escola. Havia a intenção de dar oportunidade para os alunos, por meio da literatura, também poderem pensar sobre sua própria realidade, não se conformando com a ausência de explicações ou com explicações superficiais.

A literatura é fonte de prazer, mas não é só isso. É igualmente modo de conhecer o mundo. Nós não teríamos condições de conhecer o mundo, o todo da vida dos homens, apenas no curto período de tempo de nossas vidas.

A maneira pela qual usamos a palavra, os termos utilizados, as construções sintáticas também formam a consciência, ajudam a reforçar ou desmistificar certos valores.

Manuel Scorza retoma os mitos, as crenças, a sabedoria popular. É um escritor comprometido com seu povo. Era índio, viveu na região que serve de contexto ao livro. Faz parte dessa cultura e tem como propósito expressá-la. Para ele, a arte da América Latina deve ter um caminho diferenciado dos padrões europeus. Essa atitude faz parte da luta contra a colonização e a submissão. Outros escritores pautam-se ou pautaram-se por esse caminho: Gabriel García Márquez (Colômbia), Pablo Neruda (Chile), Augusto Roa Bastos (Paraguai), Juan Rulfo (México), Júlio Cortázar (Argentina).

A visão de mundo e a sabedoria popular aparecem como uma força do povo. É graças a essa força que o personagem principal, Hector Chacon, que ficou preso por 15 anos no presídio do Sepa, na selva amazônica, pôde narrar a Scorza todo o sofrimento e luta desse povo que tem sido massacrado no Peru. Desse modo, a história deles ficou conhecida pelo mundo todo. O depoimento de uma pessoa não é uma coisa morta.

A literatura dá prazer. A palavra é importante. Como se tem prazer ao sentir a harmonia de um quadro ou de uma música. Há professores que só trabalham essa parte, mas a literatura é muito mais que isso. Por ela, os alunos podem descobrir também toda a grandeza existente nos homens, para que saibam que essa grandeza existe neles igualmente.

A compreensão do texto literário torna-se possível não só pelo auxílio da teoria literária, a ser trabalhada com os alunos a fim de fornecer-lhes um instrumento, como também pela quantidade e pelo aprofundamento de informações sobre o contexto em que se dá a trama vivida pelas personagens.

O entendimento do livro seria restrito se pudéssemos contar apenas com os subsídios sobre o gênero fantástico que havíamos trabalhado em classe. Havia sido realizado o estudo sobre os mitos, o símbolo, a alegoria, elementos que têm em comum a pluralidade de significados e a possibilidade de expressar o inefável, o indivisível ou a terrível realidade em que os inserimos, nossos elos, nossa solidão, nossa possibilidade de aproximar realidades contrárias e de revelar a interdependência do real, o jogo entre passado e presente, sonho e realidade, a ação das personagens.

Bom dia para os defuntos tem como cenário os altiplanos peruanos, em 1962. Seus personagens são pastores, camponeses que vivem, em sua maioria, de uma economia de subsistência. A população é constituída de índios, mestiços — descendentes de índios — e brancos, descendentes de espanhóis. Em certo período da história do povoado, há o estabelecimento de uma multinacional para explorar minério de cobre na região. As autoridades locais são coniventes com tal imposição. A partir do momento em que se começa a executar o plano de exploração do cobre, ocorrem fatos inusitados na vida dos povoados. Esses fatos, aparentemente fruto da imaginação de Scorza, configuram-se pontos de partida para a elaboração de uma balada constituída de cinco livros, a qual se inicia com *Bom dia para os defuntos*.

No livro há encadeamento de capítulos, apesar da aparência de texto fragmentado, como nas narrativas populares. São retomados aspectos tradicionais do conto popular peruano por meio do recurso e de menções a *elementos mitológicos* (fala de animais, sonhos, premonições e profecias), a *fatos fantásticos estranhos*, porém, explicáveis, como a migração em massa de animais (capítulo 2) — que poderá ser justificada por desequilíbrios ecológicos (águas envenenadas, capítulo 4) —, peixes envenenados (capítulo 12) e alterações na pele das pessoas (capítulo 16), a *fatos inexplicáveis pelas leis naturais* (conversa entre mortos), a *títulos longos dos*

Balada: poema de assunto lendário ou fantástico.

capítulos, lembrando as narrativas de aventuras, façanhas em que se exaltam a coragem, o heroísmo de homens, mulheres e crianças do povo, ao animismo, mostrando a profunda relação das personagens com a natureza e, ao término do ciclo, *os acertos para um final feliz*.

O livro inicia-se com a figura do juiz da comunidade de Rancas, seu poder, a rotina de quem não pode ser traído por nenhum passo em falso; a sombra da autoridade e os hábitos submissos do povo. No penúltimo capítulo, essa submissão é lembrada, só que, a essa altura, o juiz Montenegro já não faz seu passeio e, timidamente, o povo vai ocupando a praça.

O enredo vai mostrando a cerca que, como um ser vivo, vai corcoveando por morros e planuras. Junto com ela, vai, em outra direção, corcoveando também, a luta dos habitantes da região, por altos e baixos, derrotas e vitórias.

O silêncio das personagens, a inadaptação das pessoas estranhas àquele local, a sobrevivência naquele mundo parco de recursos, a cobiça em relação a uma região aparentemente tão pobre, a energia contida, as formas de luta surpreendem pela força e sagacidade das personagens, a exemplo dos combates de Fortunato (capítulo 18) e sua reaparição na mente de Egoavil e na vida do povoado.

Tudo isso só pode ser compreendido plenamente se for feito um estudo das condições geográficas e históricas da região.

Como entender as mudanças físicas ou comportamentais que ocorrem nas pessoas?

Os habitantes de Cerro de Pasco mudam de cor: tornam-se azuis; outras verdes; outras alaranjadas. As terras também se tornam azuis e vermelhas. Somente se sabe que nelas as sementes não vingam. Homens velhos desdentados partem furiosamente para a luta contra os policiais, guardas da companhia.

Como passará a ver o mundo um pastor que vivera livremente e, de repente, foi enfurnado no interior de uma mina?

"O Senhor Prefeito não está... O rosto dos homens não se tingem de desilusão. Inflamado pelas palavras de Fortunato, tinham sonhado por um instante com a reclamação. O cabo os devolvia à realidade. As autoridades jamais estão. Faz séculos que no Peru ninguém está" (Scorza, 1975, p. 132).

Vejamos as contribuições que a Geografia ofereceu para a reflexão sobre coisas aparentemente fantásticas.

Após a leitura do livro de Scorza, sentimos necessidade de saber um pouco mais sobre o Peru e preparamos aulas para dialogar com os alunos sobre o livro e, ao mesmo tempo, passar informações sobre aquela gente, aquela terra. Usamos também um mapa do país, com todas as suas províncias.

Não se negligenciou o programa de Geografia, pois, na 1ª série do então segundo grau, o tema geral do programa dessa disciplina era "o continente americano: uma crítica ao capitalismo". Apenas, nesse momento, enfatizamos mais a realidade da vida de uma parte importante dos peruanos, antigos donos da terra: os índios dos Andes Centrais, envolvendo vários núcleos de povoamento indígena, onde Rancas e Cerro de Pasco eram constantemente citados. Como entender o isolamento em que viviam esses índios?

O Peru foi estudado no contexto da América Latina e, a seguir, foi particularizado o estudo dos Andes Centrais.

A presença da cordilheira andina e sua localização em latitudes baixas no Peru, próximas do Equador, fazem que, nesse país, sejam encontradas paisagens muito diferenciadas: desde as equatoriais quentes e úmidas da Amazônia até os climas polares nos mais elevados picos, descendo abruptamente em direção ao Pacífico, a oeste, para as terras desérticas da costa.

Quem habita essa terra? Quem aí luta?

Em dados de 1981, o Peru apresenta uma população de 18.280.000 habitantes em um território de 1.285.216 km², dos quais apenas 5.600.000 compõem a população economicamente ativa, com a seguinte distribuição: 40% no setor primário (agrícola e pastoreio), 20% na indústria extrativa e 40% nos serviços (administração pública, saúde, educação, transporte, comunicação).

Aproximadamente um terço da população vive em cidades, vilas, aldeias e *haciendas* (grandes fazendas) na costa peruana pacífica, enquanto do lado oposto, a leste dos Andes, na chamada Amazônia peruana, vivem cerca de 350 mil habitantes.

Os demais habitantes acham-se espalhados pelos altiplanos, vales e bacias, aninhados por entre as montanhas andinas. O grupo principal indígena é o dos quéchuas, existindo um grupo bem menor dos aimarás. Mais da metade da população indígena habita áreas rurais. A população quéchua, remanescente do império inca, procura manter sua cultura. Somente em 1975, conseguiu aprovação oficial para que o quéchua fosse considerado a segunda língua do Peru.

Os administradores, funcionários liberais, grandes fazendeiros ou administradores de empresas agrícolas são principalmente brancos. Os índios, por seu lado, vivem do pastorcio de rebanhos de carneiros, alpacas, lhamas e da agricultura de subsistência, em que existem diferentes tipos de cultivo, dependendo da faixa de altitude em que se encontram os povoados rurais.

O livro de Scorza só menciona o plantio de batata nas elevadas altitudes.

O Peru é caracterizado por três grandes regiões distintas, mas polarizadas pela cidade de Lima e seu porto, Callao.

Há aparente contradição no povoamento do litoral. Como explicar que a área mais povoada seja a parte desértica dos flancos ocidentais andinos? Aí está um dos muitos exemplos que evidenciam como as relações sociais, de trabalho e econômicas, preponderam sobre os aspectos físicos no processo de ocupação e valorização de uma área. Pela costa, realizava-se toda a exportação do ouro e da prata para a metrópole e, hoje, exportam-se outros recursos minerais, por exemplo o cobre.

Acompanhemos pelo mapa da página 244 alguns dos aspectos da costa desértica peruana. É constituída de planícies muito estreitas atravessadas por correntes d'água que emergem das montanhas. Das 52 correntes oriundas dos Andes, apenas dez têm volume suficiente para alcançar o mar durante o ano todo. De agosto a outubro, estação mais seca, a grande maioria delas transforma-se em leitos secos. Esses poucos fluxos eram aproveitados pelos povos pré-colombianos, que faziam terraços nas encostas e irrigavam suas culturas. Com a chegada dos invasores, os espanhóis, o sistema de irrigação viu-se destruído, porque não estavam interessados na agricultura, mas apenas nos metais preciosos. O resto deveria vir da metrópole.

No século XX, retoma-se a irrigação para o plantio sobretudo de algodão, importante produto comercial de exportação do Peru, e arroz, de importância fundamental no comércio interno.

Para entender um pouco do problema da aridez, sem mencionar a circulação horizontal das massas de ar na área, podem-se levar em conta alguns aspectos. Comparando a temperatura média anual de Lima, 19,3 graus, com a de Salvador, na costa brasileira, em latitude semelhante, percebe-se que a média da cidade brasileira é 5,4 graus mais alta. Isso porque a costa peruana é influenciada pela corrente marítima fria do Peru ou de Humboldt, proveniente do sul do Pacífico, a qual resfria as águas do oceano e impede a umidificação do ar litorâneo, o que não ocorre em Salvador, sob a influência da corrente quente do Brasil, com temperatura semelhante à parte do continente oriental tropical.

Do lado do interior, nos baixos flancos orientais dos Andes e nas terras baixas dos grandes rios formadores do Amazonas, encontra-se a Amazônia peruana. Os habitantes indígenas vivem em pequenas comunidades nas proximidades dos grandes rios, praticando lavouras de subsistência de pouca extensão e tendo grande dificuldade de comercializar seus parcos excedentes, por causa da presença de intermediários ou porque trabalham para os grandes fazendeiros, em troca de salários ínfimos, na produção de cana-de-açúcar, tabaco, café, cacau, banana, coca, esta mascada pelos índios dos altos Andes. Nessa área fica o ponto terminal da navegação do rio Solimões, Iquitos, maior porto de embarque da borracha desse rio.

Na região dos Andes Centrais, o povo índio pratica agricultura, principalmente de subsistência, nos vales dos rios, onde os solos apresentam maior fertilidade. Nos cerros destaca-se sobretudo o pastoreio de ovelhas e, secundariamente, de lhamas e alpacas. A vicunha, que apresenta a melhor e mais fina lã, está praticamente extinta. A cidade de Arequipa concentra o maior comércio de lã dos animais andinos. Os bovinos são raros nos Andes, em virtude da pobreza dos pastos e da acidentação dos terrenos. Não há, por parte dos grandes proprietários, interesse em modernizar os sistemas de criação nos Andes porque, sem aplicar capital algum, obtêm lucros pela quantidade de terras que possuem.

Os cultivos variam com a altitude. Do lado dos Andes Orientais, a diversificação é maior nas baixas latitudes, onde o calor e a umidade são constantes. No entanto, à medida que se atingem altitudes maiores, o número de produtos que podem ser cultivados vai diminuindo até que, acima de 3.600 metros, subsiste sobretudo a batata. É preciso lembrar que a agricultura

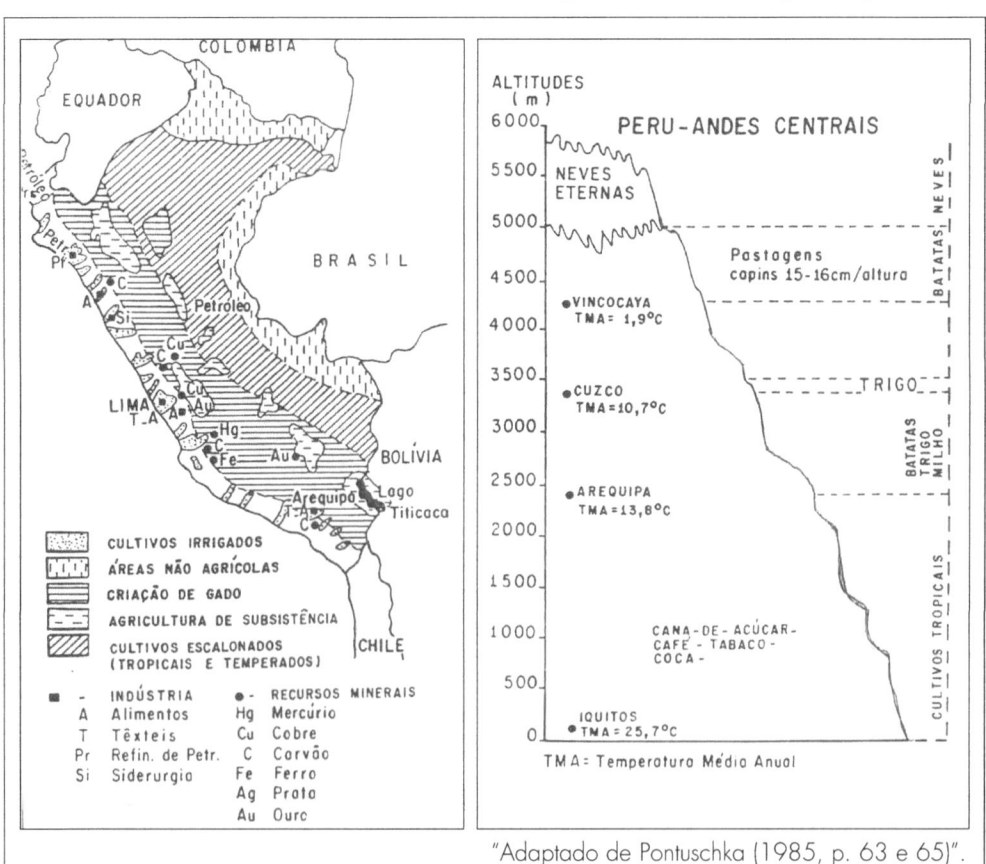

"Adaptado de Pontuschka (1985, p. 63 e 65)".

dessa área não sofreu processo algum de modernização e, por isso, a dependência em relação às condições naturais é ainda muito estreita.

Os Andes Centrais, a mais de 3 mil metros de altitude, servem de contexto para a história de uma luta solitária, travada entre 1950 e 1962, de camponeses e pastores contra latifundiários e a Cerro de Pasco Corporation, empresa norte-americana que explora as jazidas minerais da região. Essa empresa, que reserva 1 milhão de hectares de terra para a engorda do gado de seu setor agrícola, em 1965 obteve um lucro líquido de US$ 31.173.912, segundo o jornal Expreso, de Lima, de 4 de novembro de 1966, citado por Scorza no prólogo do livro *Bom dia para os defuntos*.

Nessa região, até então de difícil acesso viário, a dominação estrangeira faz-se sentir quando se unem o poder de uma multinacional, os interesses de mandatários locais e os grandes fazendeiros, somados à dificuldade inicial da comunidade indígena de compreender por que os animais mudavam de comportamento e morriam de sede — uma vez que o pequeno rio sempre havia saciado a sede daqueles homens e de seus animais —, por que a cerca avançava, quem mandara construir a cerca, isolando, a princípio, uma colina de solos tão pobres que não serviam nem para pastos? O isolamento, a falta de informação, fazem o povo demorar muito para saber a verdade. Quando a conhece, pastos, pequenos sítios e até mesmo povoados estão cercados e ele impedido de viver. Mais uma invasão se processa no Peru. O povo luta, mas as armas são muito desiguais. O que podem fazer simples pastores que, quase no "telhado do mundo", veem sua vida, sua cultura esfacelando-se; os rios e pastos serem poluídos; seus parentes e amigos sendo mortos pela polícia local e pela polícia particular da própria companhia? Eles, alijados de seu principal meio de subsistência que é a terra, tendo de submeter-se ao controle dos serviços de luz elétrica a que já se tinham habituado.

Os recursos minerais de Cerro Pasco, localizados em planalto intermontano a cerca de 4.260 metros, haviam sido explorados desde o século XVII, mas a exploração declinou no fim do século XIX, com o esgotamento dos veios de prata. A cidade passou a perder população e quase se transformou em ruínas pela ação dos ventos furiosos que sopram nas montanhas.

Com a expansão das atividades da Cerro de Pasco Corporation, começa a luta dos índios e a destruição de uma cultura, destino comum a muitos povoados dos Andes Centrais.

A companhia passa a explorar fundamentalmente o cobre, que tem múltiplas aplicações na indústria eletrotécnica e eletrônica por sua alta condutibilidade elétrica, mas também explora outros minerais: vanádio, bismuto, zinco e ouro.

Os Andes Centrais passaram a ter importância na arrecadação de divisas para o Peru com a instauração da mineração. Mas perguntamos: de que adiantou tudo isso para o povo? Abriram-se estradas, é verdade; desde 1943, a primeira estrada foi completada, estendendo-se de Lima a Oroya e de Cerro Pasco até Huánuco. Outras estradas foram construídas, ligando também a Amazônia peruana ao litoral do Pacífico. Na Amazônia, após a construção das estradas, grupos de colonizadores estrangeiros ali se instalaram para o cultivo de plantas tropicais. As diferentes partes do país estão interligadas, mas Scorza diz: *"Cerro de Pasco é uma cidade escura; a brevidade do dia, a contínua nevada, a cerração obrigam a manter a iluminação pública dia e noite; mesmo assim, as pessoas se perdem nas ruelas."* O autor, a seguir, diz que a companhia cortava a luz elétrica dos moradores daquelas paragens nos momentos de luta. A empresa sempre descobre meios de fazer a população obedecer.

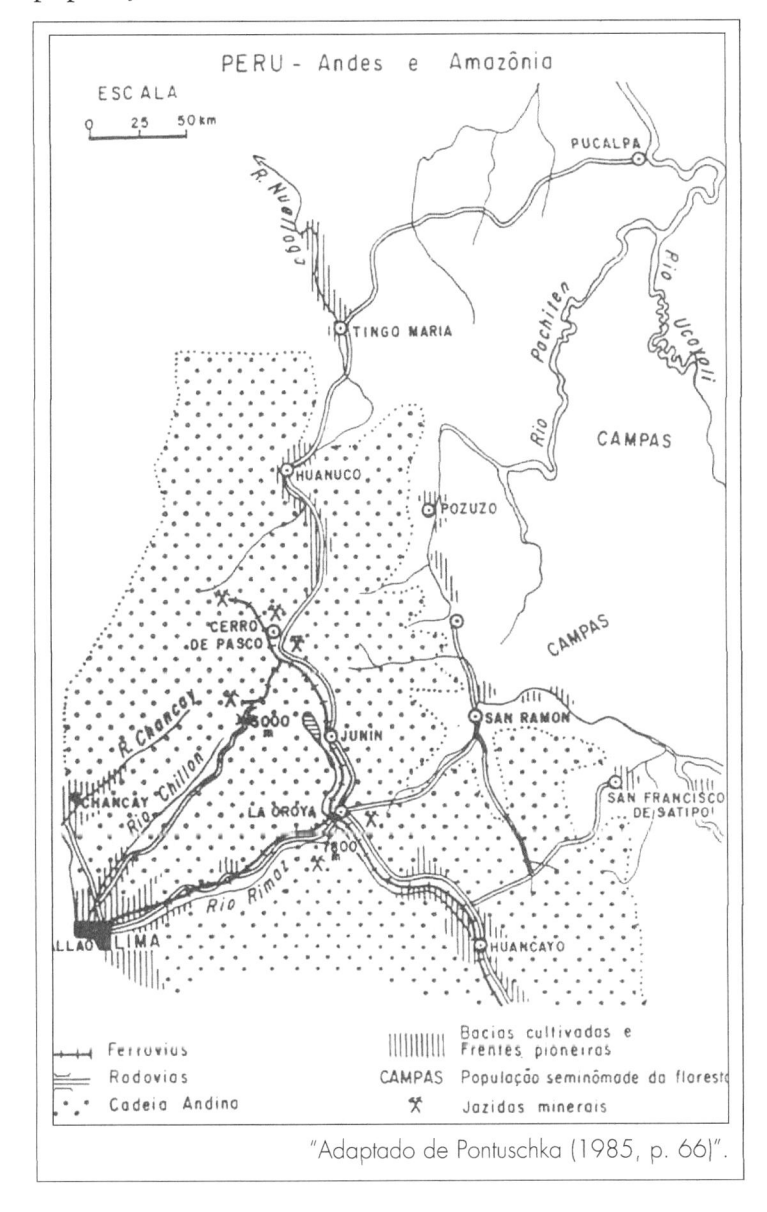

PERU - Andes e Amazônia

Ferrovias
Rodovias
Cadeia Andina
Bacias cultivadas e Frentes pioneiras
CAMPAS População seminômade da floresta
Jazidas minerais

"Adaptado de Pontuschka (1985, p. 66)".

A mais de 4.200 metros de altitude, o oxigênio existe em menor quantidade do que em cidades mais baixas e o clima é sempre frio. No relevo montanhoso, a iluminação é mais intensa quando o sol está próximo ao zênite: demora a clarear e escurece cedo. Assim, aproximadamente às 15 horas escurece. Também a rarefação do ar faz o calor perder-se rapidamente, o que apressa a precipitação, e logo aparece a cerração, diminuindo a visibilidade. Cortar a luz do povo é, portanto, impedir que ele circule, que vá ao povoado conversar com outras pessoas, realizar seus pequenos negócios; significa isolá-lo mais ainda do que o isolamento decorrente do fato de morar nesses altiplanos.

Ainda há outro trecho do livro que caracteriza bem essa terra: *"O soroche, o mal da altura, fulmina tantos litorâneos (...). Rezam, esverdeados pela falta de oxigênio."* E ainda: *"Estepe sem árvores, os que não viajam até Huánuco não conhecem árvores nem flores. Somente o pasto anão desafia a cólera dos ventos."*

Apesar desses parcos recursos, essa área foi povoada e seus homens continuam encontrando muitas razões para lutar pelo direito à vida. A história continua e é contada, nos outros quatro livros que compõem a balada escrita por Scorza, por meio de Chacon, Fortunato e outras personagens que se transformam em mitos. Porém não com o caráter conservador, estruturado, do mito, que, após seu nascimento, se petrifica, constituindo obstáculo à continuidade criadora que o gerou, e sim como seres fabulosos capazes de, driblando o poder desumanizador que se abate há séculos sobre a América Latina, desencadear maior coragem, maior esperança nos homens, mulheres e crianças de seu povo. Alguém sobrou para dar depoimento e contar ao mundo o que aconteceu nos Andes Centrais do Peru.

Para muitos, foi uma luta inglória do povo contra o poder; para outros, foi um estímulo a dar continuidade à luta travada dia a dia nos diferentes países da América Latina, para não dizer do Terceiro Mundo.

A interdisciplinaridade, tendo muitas vezes a literatura como foco, cria oportunidades objetivas de trabalho que merecem ser mais bem exploradas na educação do ensino básico.

No caso específico de *Bom dia para os defuntos*, o diálogo com os alunos trouxe à tona os problemas vivenciados por eles no cotidiano da escola e como estudantes trabalhadores.

As aulas de Geografia contribuíram para que os alunos entendessem o contexto em que a história se desenvolveu e como os espaços geográficos são criados (e recriados) em função das relações sociais e econômicas estabelecidas pelos interesses dos povos "colonizados" e dos "colonizadores", estes dotados de maior poder político, econômico e tecnológico.

2. Atividades

1) Considerando o texto abaixo, extraído — tal como o já trabalhado anteriormente neste capítulo — do ensaio *Fundamentos naturais da organização do espaço geográfico*, de Manoel Fernando Gonçalves Seabra, faça uma análise temática com base no roteiro apresentado.

"A concepção da Geografia como uma ciência, cujo objeto vem a ser o estudo do espaço organizado pelas sociedades humanas, não exclui do campo de preocupação da mesma a investigação dos fenômenos não sociais.

De fato, para satisfazer suas necessidades materiais (ou não), os homens extraem da natureza um sem-número de seus elementos físicos e biológicos.

Estes elementos constituem-se em recursos para os seres humanos. Tais recursos têm significado diferente para a sociedade, quer se considere este significado em razão das necessidades que eles satisfazem, quer em função do trabalho que é necessário realizar para a sua obtenção.

Sob este último ângulo, toca-se em um aspecto que deve interessar de perto à organização do espaço. Isto porque tais recursos não se encontram igualmente distribuídos pelo planeta Terra, quer quantitativamente, quer qualitativamente. Sintetizando, como a variação qualitativa dos recursos naturais interfere na produtividade do trabalho humano, esta desigualdade na distribuição de tais recursos tem implicações mais ou menos significativas na organização espacial das atividades econômicas e, consequentemente, na organização do espaço.

Para caracterizar a influência das condições naturais sobre a existência dos homens, poderíamos diferenciá-la em dois aspectos, intimamente relacionados, considerando-se que o homem é, ao mesmo tempo, um ser vivo e um ser social.

Como ser vivo, sua estrutura orgânica está intimamente relacionada com condições naturais existentes à 'superfície' do planeta Terra. Como ser vivo, precisa alimentar-se, proteger-se das intempéries, reproduzir-se para preservar a existência da espécie.

Como tal, o homem é um animal ligado por laços de parentesco com outros animais. A fisiologia do seu organismo é, neste sentido, um caso particular da fisiologia geral.

Como todos os outros animais, o homem esteve, inicialmente, submetido quase que por inteiro à influência do meio natural em que vivia e que ainda não sofrera de forma expressiva sua ação transformadora.

Em sua luta pela sobrevivência, o homem precisa adaptar-se à natureza. E, durante milhares de anos, esta adaptação foi basicamente uma submissão acentuada às forças naturais que ele muito pouco conhecia e dominava.

As chamadas diferenças raciais são o resultado desta adaptação direta ao meio natural, pois são diferenças evidenciadas por sinais físicos.

Mas os homens que habitam o planeta Terra atualmente estão basicamente muito longe do momento de suas existências em que tivesse sentido referir-se a elas como sendo meramente uma vida animal.

Mesmo as tribos mais primitivas, que ainda hoje habitam ou habitaram até muito recentemente a Terra, como, por exemplo, as tribos australianas, os indígenas das Américas, as tribos africanas, ocupam um dado território, possuem seus métodos de caça e pesca, possuem certas armas de ataque e defesa, utensílios para a guarda de provisões. Enfim, estas tribos organizam, produzem um certo meio 'artificial', que não é só natureza transformada, mas também um meio social ao qual cada nova geração se adapta, desde o início de sua existência, e dentro do qual se desenvolveram as condições para o progresso do agrupamento social.

Ocorre que, diferentemente do que acontece com outros agrupamentos de seres vivos, a sociedade humana aparece, em razão de suas características específicas, de maneira significativa, como mediadora das relações biológicas que o homem mantém com o restante da natureza.

Enquanto que, entre todos os outros seres vivos habitantes do planeta, o essencial do conhecimento que cada geração transmite à seguinte é passado através da herança biológica, entre os homens, o essencial desta herança é transmitida não biológica, mas culturalmente. Trata-se de conhecimentos e comportamentos acumulados ao longo de séculos de vida social.

Estes conhecimentos interferem duplamente nas relações da sociedade humana com a natureza. De um lado porque, dentre os conhecimentos secularmente acumulados, estão os conhecimentos técnicos. De outro lado porque, como desde há muito tempo a transformação interna da sociedade humana levou à formação de estruturas sociais diferenciadas, as condições naturais não afetam igualmente os diversos grupos sociais que compõem uma dada estrutura social.

As relações básicas das sociedades humanas com a natureza se realizam através do trabalho. E o trabalho, o homem efetua através de técnicas.

As técnicas, desde as mais simples às mais sofisticadas, são o resultado da aplicação de conhecimentos obtidos pelas sociedades — conhecimentos estes que se constituem como resultados dos próprios problemas que a necessidade de dominar as forças da natureza coloca aos homens — sobre as referidas forças. De modo que o progresso técnico aumenta continuadamente o domínio dos homens sobre a natureza.

Deste modo, podemos afirmar que, quanto mais avançadas forem as técnicas possuídas pela sociedade humana, maior o seu domínio sobre a natureza. Consequentemente, menor a dependência de sua existência em relação às condições naturais vigentes em seu território de implantação, ou seja, menor a influência das condições naturais na organização do espaço pelas sociedades humanas.

Isto porque o progresso técnico permite não apenas que os homens descubram novas formas de utilização de recursos já conhecidos, que descubram na natureza novos recursos, que aumentem a eficiência do trabalho realizado, mas também que eles transformem a própria natureza, criando, digamos, condições cada vez mais 'artificiais' que permitem a existência de sociedades humanas sob condições naturais anteriormente inóspitas.

A partir do momento em que o domínio sobre a natureza permitiu às sociedades humanas a fabricação de ferramentas, de instrumentos utilizados no trabalho de extração e transformação dos recursos oferecidos pela natureza, a seleção natural passou a ter influência secundária nas transformações da própria estrutura corporal do homem. Mais do que os órgãos de seu corpo, são as ferramentas que se modificam, assim como as coisas que encontra na natureza e que prepara para seu uso, com o emprego das técnicas em geral e, especificamente, com o emprego dos instrumentos. Não é mais sua pele que se transforma com as mudanças das condições climáticas, é o seu vestuário e sua habitação.

Sem o conhecimento de técnicas que permitissem a confecção de vestimentas, a construção de habitações, a preservação de alimentos, as sociedades humanas não poderiam ter-se expandido, por exemplo, sobre amplos territórios em que existem invernos rigorosos.

Atualmente, as técnicas de transporte que possuem as sociedades avançadas permitem a existência permanente de grupos humanos, inclusive em partes da 'superfície' da Terra na qual todos os produtos necessários à existência são trazidos de fora. Veja-se, por exemplo, o caso da ocupação do continente antártico.

Essas mesmas técnicas de transporte possibilitam, hoje, que bens produzidos em qualquer parte atinjam a todas as porções da 'superfície' da Terra, hoje ocupadas pela sociedade humana (o ecúmeno do geógrafo francês Max Sorre).

Enfim, as condições naturais têm para as sociedades humanas um significado relativo, que é dado pelo grau de desenvolvimento tecnológico que esta sociedade pode, no seu domínio, utilizar.

Esta evolução tecnológica da humanidade se faz continuada, acumulada e irreversível ao longo de sua história.

Mas não se trata absolutamente de um processo uniforme. Determinadas épocas são marcadas por eventos altamente significativos neste processo de conquista das forças da natureza. Ou seja, determinadas descobertas provocam verdadeiras revoluções técnicas. O domínio sobre o fogo, a invenção da roda, que já se perdem nos tempos passados, foram seguramente dois destes momentos.

Dado o caráter acumulativo do conhecimento humano, todavia, estas 'revoluções técnicas' tornam-se, em sua história, cada vez mais próximas. Nos últimos duzentos anos, após a invenção da máquina a vapor, base técnica da chamada 'Revolução Industrial', o progresso científico-tecnológico tem sido extraordinário e tem-se acelerado cada vez mais no século atual.

Em menos de 50 anos, a aviação possibilitou ao homem domínio dos ares sobre todo o planeta. Mas, hoje, o desempenho dos aviões supersônicos e das naves espaciais já tornou folclóricas as velocidades que, há meio século, pareciam próximas a limites incompatíveis com a resistência humana e com a de seus aparelhos.

É preciso ficar claro, entretanto, que o domínio do homem sobre a natureza, apesar de cada vez maior, será sempre relativo: mesmo nas sociedades atuais mais avançadas, os elementos naturais (como a terra, o ar, o mar, por exemplo) ainda interferem na organização do espaço.

Há que se considerar ainda que o conhecimento científico da natureza implica necessariamente também em aprender objetivamente sua diversidade, em constatar que ela tem significado diferente para a sociedade humana. Deste modo, nada impede de supor-se que, no futuro, a própria necessidade de aumentar o grau de racionalidade do uso destes recursos naturais faça com que a sua desigual distribuição à 'superfície' do planeta (sobre a parte do planeta que as sociedades humanas utilizam para manter a sua existência e se reproduzir) interfira na organização do espaço.

Nos tipos de estruturas sociais hoje predominantes, as relações do homem com a natureza são sobremodo afetadas pelas relações que os homens mantêm entre si, ou seja, as relações sociais lato sensu.

Em função destas, não existe necessariamente relação imediata entre a posse de conhecimentos científico-tecnológicos e sua utilização pela sociedade na conquista da natureza e, consequentemente, na organização do território.

De fato, razões particularmente de ordem econômica (possibilidades de obtenção de lucros, necessidade de aproveitamento o mais racional possível de recursos econômicos mais ou menos escassos, etc.) afetam profundamente o emprego de conhecimentos científicos e técnicos já possuídos pelas sociedades humanas.

Podemos exemplificar de várias maneiras as consequências desta realidade. Ainda hoje, mesmo nas sociedades mais evoluídas, o emprego de técnicas avançadas é mais conveniente (pela produtividade do trabalho resultante, pela maior lucratividade que permite) na atividade industrial do que nas atividades agrícolas. Deste modo, mesmo nas sociedades mais evoluídas, as condições naturais interferem mais significativamente sobre as atividades agrícolas do que nas industriais.

A ocupação de muitos territórios ainda pouco explorados, dadas as condições naturais relativamente rigorosas aí existentes (áreas desérticas quentes, áreas polares, desertos frios, altas montanhas, etc.) não é feita, não porque não seja necessária à melhoria da existência de milhões de seres humanos, nem porque não existem técnicas para tanto, mas sim porque ainda não compensa economicamente o emprego destas técnicas em tais áreas, sendo mais conveniente, sob este aspecto, o emprego de recursos em outras áreas.

De resto, considerações de ordem econômica, de ordem política afetam o próprio desenvolvimento técnico-científico da sociedade. Por outro lado, características atuais das sociedades humanas (competição entre as empresas para manutenção e conquista de mercados consumidores de seus produtos; competição entre blocos político-econômicos do tipo países capitalistas, países socialistas, etc.) estimulam extraordinariamente a produção científico-tecnológica em determinados ramos do conhecimento humano. Estas mesmas características dificultam ou entravam o próprio progresso da ciência e da tecnologia, desde que tais progressos, ainda que necessários ao homem para aumentar o seu domínio sobre as forças da natureza, não sejam compatíveis com os objetivos econômicos e políticos de empresas das nações.

Finalmente, as relações sociais nas sociedades humanas não primitivas que hoje habitam o planeta não levam a uma distribuição igualitária do produto das atividades dos homens. As diferenças na distribuição do produto da atividade dos homens diferenciam-nos quanto às disponibilidades econômicas para o emprego de técnicas já disponíveis. Deste modo, as condições naturais não afetam igualmente a existência dos diversos grupos sociais que compõem a sociedade humana.

Isso afeta a organização do espaço quer em escala internacional, nacional e local. Nem todos os países do globo têm as mesmas possibilidades econômicas para o emprego de tecnologias conhecidas ou para pesquisar novas técnicas para o exercício das atividades de seus habitantes, ou para a melhoria das condições de sua existência (habitação, saúde, escolaridade, lazer, etc.). Nem os diversos grupos sociais de uma sociedade local; nem todas as regiões de um mesmo país são igualmente dotados.

2) Leia o livro de Milton Santos (1994) e compare as ideias do autor com os dois textos de Manoel Seabra apresentados neste capítulo, escritos no início da década de 80 do último século.

3) Escreva um texto, dialogando com os dois autores.

4) Busque no texto sobre o trabalho com o livro *Bom dia para os defuntos* as questões biofísicas e humanas que levavam o povo dos Andes Centrais à luta. Consulte um atlas ou um *site* do Peru para fazer o reconhecimento dos cenários relatados no livro.

5) Assista ao filme Diários de motocicleta (2004), dirigido por Walter Salles, com duração de 124 minutos. A seguir, leia o livro e faça uma análise dele, considerando:

a) a integração entre literatura e Geografia;
b) o conteúdo geográfico;
c) as paisagens apresentadas no filme.

3. Leituras complementares

LORIERI, Marcos Antonio. *Filosofia: fundamentos e métodos.* São Paulo: Cortez, 2002.

PONTUSCHKA, Nídia Nacib (Org.). *Ousadia no diálogo:* interdisciplinaridade na escola pública. 3. ed. São Paulo: Loyola, 2002.

SANTOS, Milton. *Técnica, espaço, tempo:* globalização e meio técnico-científico informacional. São Paulo: Hucitec, 1994.

SCORZA, Manuel. *Bom dia para os defuntos.* 3. ed. Tradução de Hamílcar de Garcia. Rio de Janeiro: Civilização Brasileira, 1975.

SEVERINO, Antônio Joaquim. *Metodologia do trabalho científico.* 22. ed. São Paulo: Cortez, 2002.

_____. Métodos de estudos para o 2º grau. São Paulo: Cortez, 1984.

Capítulo **II**

A LINGUAGEM CINEMATOGRÁFICA NO ENSINO DE GEOGRAFIA

A linguagem cinematográfica no ensino de Geografia

No mundo atual, é possível identificar ampla diversidade de linguagens num contexto marcado por uma infinidade de informações. A sociedade é cada vez mais uma sociedade da informação, fruto da revolução tecnológica responsável pela rapidez cada vez maior dos meios de comunicação. Entretanto, pode-se dizer que tal situação não tem garantido a inserção crítica dos indivíduos na sociedade, uma vez que, via de regra, as informações são descontextualizadas e fragmentadas, além de inúmeras e distintas, o que dificulta o estabelecimento de relações entre elas e não permite considerá-las na categoria de conhecimento.

1. Tecnologia, informação e conhecimento

Diante do avanço tecnológico e da enorme gama de informações disponibilizadas pela mídia e pelas redes de computadores, é fundamental saber processar e analisar esses dados. A escola, nesse contexto, cumpre papel importante ao apropriar-se das várias modalidades de linguagens como instrumentos de comunicação, promovendo um processo de decodificação, análise e interpretação das informações e desenvolvendo a capacidade do aluno de assimilar as mudanças tecnológicas que, entre outros aspectos, implicam também novas formas de aprender.

Se a leitura do mundo implica um processo permanente de decodificação de mensagens, de articulação/contextualização das informações, cabe à escola ensinar o aluno a lê-lo também por meio de outras linguagens e saber lidar com os novos instrumentos para essa leitura. Assim, a escola constitui lugar de reflexão acerca da realidade, seja ela local, regional, nacional ou mundial, fornecendo instrumental capaz de permitir ao aluno a construção de uma visão organizada e articulada do mundo.

É nessa perspectiva de tratamento da informação que é possível transformá-la em conhecimento, ou seja, ela só gera conhecimento quando submetida a um tratamento adequado. O professor tem um papel importante nesse processo, como mediador entre o aluno e a informação recebida, promovendo o "pensar sobre" e desenvolvendo a capacidade do aluno de contextualizar, estabelecer relações e conferir significados às informações.

Por outro lado, a possibilidade de acesso à informação e ao conhecimento pode acentuar as desigualdades sociais, pois aprofunda o distanciamento cognitivo entre os indivíduos, ampliando as diferenças entre ricos e pobres. Segundo Silveira (2003), a revolução tecnológica em curso destinou à informação um lugar estratégico, e os agrupamentos sociais que não souberem manipular, reunir, desagregar, processar e analisar informações ficarão distantes da produção do conhecimento, estagnados ou vendo agravar-se sua condição de miséria.

Nesse sentido, a escola é responsável pelo acesso à informação e ao conhecimento, além de promover o reconhecimento da importância e do uso das novas tecnologias. Ademais, é fundamental preparar o aluno para desenvolver o senso crítico necessário para que possa selecionar e utilizar as informações e não perder-se no "dilúvio informacional" das redes de comunicação.

Na era da globalização, em que as informações chegam de forma muito rápida por meio da televisão, do cinema, do rádio, do vídeo, do computador, o trabalho pedagógico do professor enriquecer-se-á se ele utilizar todos esses recursos para a produção de um conhecimento que ajude o aluno a compreender o mundo em que vive.

Todo professor sabe do valor indiscutível que o computador e a internet têm do ponto de vista do desenvolvimento de pesquisa acerca de determinado tema ou assunto. A relativa facilidade de acesso permite obter uma série de informações sobre determinado tópico, facilitando enormemente uma pesquisa que, em outros tempos, demoraria muito para ser realizada. Entretanto, comumente, a utilização desses meios é mal direcionada, sem contar que a internet possui muitas informações repetidas e banalizadas, não havendo garantias de procedência e credibilidade.

Outro aspecto do problema é que amiúde o aluno imprime material de pesquisa sobre algum assunto solicitado pelo professor sem ter lido ou analisado o que foi impresso. Portanto, é importante que o professor acompanhe os alunos e os oriente sobre a melhor maneira de utilizar as informações, evitando o que vem sendo comum nos trabalhos de pesquisa que se utilizam da internet, ou seja, um "amontoado" de páginas impressas sem que o aluno tenha lido, analisado e elaborado algumas considerações ou uma conclusão pessoal sobre o pesquisado.

A Geografia contemporânea tem privilegiado o saber sobre o espaço geográfico em suas diferentes escalas de análise. Enquanto disciplina escolar, deve propiciar ao aluno a leitura e a compreensão do espaço geográfico como uma construção histórico-social, fruto das relações estabelecidas entre sociedade e natureza.

O desenvolvimento das tecnologias de informação possibilitou o registro de informações geográficas em forma digital, aumentando em muito a quantidade de informações disponíveis para o uso no processo de análise do espaço geográfico.

Os Sistemas de Informações Geográficas, que articulam grande quantidade de dados e informações, agregando ao banco de dados fotografias aéreas, imagens de satélites e cartas geográficas, são instrumentos importantes utilizados pela Geografia na compreensão das diferentes dimensões e configurações do espaço geográfico.

As transformações em curso em escala global e a maneira pela qual elas se relacionam com a vida das pessoas em escala local, bem como a questão ambiental, que assumiu dimensões globais e pôs em destaque as contradições das formas de apropriação da natureza pela sociedade, e a compreensão do impacto das novas tecnologias sobre o desenvolvimento da sociedade e no aproveitamento dos recursos naturais, entre outras, são questões tratadas pela Geografia que possibilitam ao aluno a compreensão da realidade atual. Nesse sentido, é oportuno que o professor da disciplina saiba lidar com as diferentes linguagens utilizadas para a análise geográfica e tenha domínio das novas tecnologias para seu posterior uso com os alunos.

A informática, como uma das mais recentes linguagens, já faz parte do cotidiano da sociedade, e faz-se necessário que cada vez mais pessoas tenham acesso a essa tecnologia da comunicação e informação e saibam lidar com ela.

2. Cinema e conhecimento geográfico e educacional

A linguagem do cinema vem sendo cada vez mais utilizada nas aulas de Geografia. Enquanto alguns professores empregam adequadamente essa linguagem, outros ainda têm dificuldade de usá-la como recurso didático sem descaracterizar ou esquecer a arte cinematográfica.

Aqui fazemos uma reflexão sobre essa linguagem em nossa disciplina, mas sem esquecer que um filme se compõe de múltiplas linguagens integradas na constituição de um todo. É, portanto, uma produção cultural importante para a formação do intelecto das pessoas, porque com ele aparecem questões cognitivas, artísticas e afetivas de grande significado.

No entanto, em que pese o valor artístico e a abrangência cultural do cinema, propomo-nos aqui, por meio da discussão de três filmes, dar ênfase a questões eminentemente geográficas e educacionais, baseando-nos em certo método de análise: um retrospecto do filme e análise de alguns aspectos e conceitos concernentes à geografia, à pesquisa e à educação. A ideia é explorar em cada um dos filmes, com maior ênfase, um desses aspectos. O professor, junto com os alunos, poderá selecionar filmes compatíveis com a programação da disciplina escolar.

O JARRO (The Jar). Direção e roteiro de Ebrahim Foruzesh. Irã, 1992 (83 min).

Este filme iraniano começa mostrando a paisagem do deserto, com suas dunas, suas barcanas, seu céu desprovido de nuvens.

A trama do filme desenvolve-se em uma escola em que há um grande jarro de água que se trinca. A escola é muito simples, de parcos recursos, contendo apenas um pequeno quadro-negro. Por ela ser localizada em área desértica, a água é rara e trazida de um córrego que abastece o jarro para saciar a sede das crianças. É uma escola com alunos de várias idades e em que o jovem professor, vindo de outro lugar, se desdobra para atender as crianças de diferentes faixas etárias.

Em determinado momento as crianças percebem que o jarro aparece trincado e o professor não sabe como resolver o problema. Uma das crianças diz que o pai de Ghanbary, também aluno da escola, sabe como arrumar o jarro, mas outro retruca que "ele não faz nada de graça".

O professor vai à casa de Ghanbary e então se pode reconhecer onde as crianças moram: numa pequena vila ou aldeia com moradias típicas de áreas áridas árabes, onde a única luz das casas provém de lamparina. As pessoas dormem, comem e conversam no chão protegidos por tapetes.

O professor quer saber se realmente o pai de Ghanbary pode consertar o jarro. Mas ele diz que não sabe se pode e que somente na semana seguinte poderá ir até a escola para verificar se tem condições de consertá-lo.

"O governo tem que dar outro jarro." Essa fala do pai do menino sobre a obrigação do governo é repetida, posteriormente, várias vezes pelos moradores do lugar. Mas o professor tem consciência de que pedir ao governo é uma solicitação que vai demorar muito.

O menino Ghanbary procura de todas as maneiras convencer o pai de que ele precisa ir ver o jarro, mas não consegue demovê-lo e, envergonhado com a atitude do pai, falta à aula.

O professor pede que um menino vá procurá-lo e este vai à casa de Ghanbary, conversa com sua mãe e relata o acontecido. A mãe vai procurar o marido no trabalho e diz que "o professor expulsou o menino da escola porque ele não foi consertar o jarro". O pai, furioso, larga o trabalho e vai à escola; ao encontrar o filho, começa a espancá-lo, mas o professor protege o aluno. Finalmente o pai resolve verificar as trincas do jarro e diz que o calor de verão e o frio do inverno estragaram muito o jarro. Para consertá-lo, ele precisa de cinza fina, ovos e cal.

Então começa a maratona das crianças, pedindo por favor aos pais que deem ovos para levarem para a escola: "Não temos ovo para comer e você quer levar ovo para a escola"; outra diz: "Não tenho ovo nenhum."

Enquanto o jarro não é consertado, as crianças vão beber água em um córrego e uma das crianças menores cai na água e adoece, exigindo cuidados da mãe, Khavar.

As crianças conseguem o material solicitado depois de muitas peripécias e o jarro é consertado. Uma das crianças maiores diz que a primeira caneca de água é do professor — manifestação do apreço que têm pelo mestre —, mas logo em seguida se percebe que a água continua a sair do jarro.

A comunidade envolve-se com o problema do jarro e o pedido dos ovos para consertar o jarro torna-se fala corrente entre as pessoas.

Khavar, a mãe da criança que caiu na água, vai à escola para falar com o professor e fica sabendo que o jarro de novo está trincado. Ela afirma que vai conseguir outro jarro para a escola. "Se o governo não comprar, nós devemos comprar", diz a mulher.

Ela vai de casa em casa pedindo qualquer coisa para que possa levantar dinheiro para o conserto e com isso consegue o dinheiro, apesar da má vontade de alguns. Um rapaz, Abbas, é enviado para a cidade a fim de comprar o jarro. No entanto, enquanto ele não volta, aumenta a cizânia contra o professor e Khavar. Até bilhete anônimo eles recebem: "Se quiser um jarro na cidade, dê dinheiro, dê figos, dê nozes. A mãe do professor ficou com as nozes. Ele pegou todo o dinheiro do Sr. Javad."

Diante disso, o professor não aguenta tanta maledicência e resolve fazer as malas. Mas os homens mais velhos da aldeia convencem o professor de que ele deve ignorar o que o povo diz e permanecer na escola. Ele resolve ficar, e o filme termina quando, no horizonte do deserto, aparece Abbas com o novo jarro.

O filme pode ser analisado de inúmeras óticas: do ponto de vista das fotografias, do ponto de vista da criação artística, da educação em escolas com apenas um professor para os vários níveis de ensino, do papel docente na formação das crianças e de como a escola se relaciona com a comunidade e como esta se relaciona com a escola, ou seja, da interdependência entre a instituição escolar e a comunidade, com suas divergências e contradições.

A personagem do professor é a figura central. O filme exibe sua relação com os alunos e com toda a comunidade. O professor concentra toda a responsabilidade sobre seus alunos: dar conta do ensino de crianças em níveis de escolaridade bastante diferentes, prover a água tão necessária sobretudo em área desértica e resolver os problemas emergentes na escola. O filme mostra que a escola não é isolada, mas depende e muito dos moradores, dos pais dos alunos, e isso pode ser constatado também em qualquer área do mundo.

A relação das famílias com a escola não é tão tranquila; o professor tem de aprender a conviver com as contradições existentes, com as divergências, diferenças, alegrias, tristezas, incompreensões e compreensões.

O cenário de *O jarro* é extremamente significativo da relevância que a região retratada tem para o mundo em razão da riqueza geológica advinda do petróleo e de ser uma paisagem física inexistente no Brasil. No planeta Terra, os desertos ocupam um percentual significativo e localizam-se tanto em áreas quentes junto aos trópicos quanto em áreas temperadas, como no interior da Ásia. O filme suscita, em relação à paisagem, muitas perguntas de natureza geográfica, que podem abrir caminhos para o aprofundamento de conteúdos programáticos: o que é um deserto; qual é sua gênese; como os moradores conseguem sobreviver; que relações estabelecem com outros lugares; onde estão os demais desertos do mundo, os povos estão tendo vida semelhante à apresentada no filme? O que as diferencia são as condições climáticas ou as diferenças culturais que possuem, ou ainda a relação existente entre sociedade e natureza? O que as pessoas plantam e comem nessa área?

Na cena em que Khavar decide comprar um jarro, ela torna-se uma liderança, mas nem sempre compreendida, até que o jarro chegue à aldeia trazida pelo rapaz Abbas e as pessoas sintam que seu trabalho e suas intenções foram sérios.

Outra questão que pode ser abordada é a questão de gênero. Qual é o papel da mulher nessa aldeia? Será que, em todo o mundo árabe, a submissão da mulher ao homem é grande ou há diferenças?

O uso do atlas deve acompanhar os diversos momentos do trabalho, na localização do Irã e das áreas do mundo, na localização dos desertos e na extração de informações sobre as diferenças existentes entre as regiões desérticas.

Associada ao filme, a aula pode ser aprofundada de acordo com o interesse da classe e dos objetivos do professor, utilizando textos e mapas sobre o mundo árabe e sobre as condições físicas em que os povos do lugar desenvolveram sua cultura.

Embora seja um filme iraniano, é preciso ter presente que o Irã não é um país desértico por inteiro, pois apresenta clima úmido no sul, junto ao mar Cáspio, e semiárido e desértico no interior, onde o relevo é montanhoso. Portanto, o filme tem seus limites, e há necessidade de consultar outras fontes escritas e cartográficas para entender melhor esses espaços.

CENTRAL DO BRASIL. Direção de Walter Salles. Roteiro de João Emanuel Carneiro e Marcos Bernstein, baseado na história original de Walter Salles. Brasil: Sony, 1998 (112 min).

O filme tem como cenário, em seu início, a estação da Central do Brasil, na cidade do Rio de Janeiro. O cenário é construído com trens que vêm e vão, com apitos e ruídos de trens. O alto-falante ao longe anuncia a chegada e a partida de trens. É grande o movimento de pessoas e de veículos; trens despejam centenas de pessoas nas plataformas da estação. Camelôs e todo tipo de biscateiros de pequenos negócios com gente igualmente pobre. "Um verdadeiro circo improvisado."

No meio desse "circo" há também lugar para uma escrevedora de cartas para entes queridos, para amantes, filhos, maridos, etc. residentes nas mais diferentes partes do Brasil, mas sobretudo para cidades do Nordeste e de Minas Gerais. É uma mulher que cobra 1 real para a escrita de cada carta, atendendo ao desejo de muitos que não sabem ler ou escrever nem o endereço correto do destinatário, mas desejam comunicar-se com pessoas distantes.

Dora é o nome da mulher que escreve cartas. Trata-se da personagem central do filme ao lado do menino Josué, que entra em cena quando sua mãe Ana pede que Dora escreva uma carta para Jesus, seu ex-companheiro, no sítio Volta da Pedra, em Bom Jesus do Norte, em Pernambuco.

Ao chegar à sua casa, Dora não gasta dinheiro com selos para enviar todas as cartas: separa-as entre as que devem ser rasgadas, porque não as considera importantes, ou as deixa em uma gaveta para pensar sobre seu destino: se o correio ou a destruição. Desse modo, a carta destinada a Jesus vai para o limbo: a gaveta.

No dia seguinte, Ana, a mãe de Josué, volta para enviar outra carta para Jesus e, ao atravessar a rua, é atropelada e morre. Josué fica sozinho no mundo e dorme em um lugar qualquer da estação, sendo encontrado por Pedrão, homem sem escrúpulos que vê no menino a possibilidade de ganhar dinheiro à sua custa. Dora chega e diz conhecer o menino. Pedrão e Dora conversam e o menino é levado para um apartamento. Dora recebe dinheiro por entregar o menino a um casal.

Dora compra um aparelho novo de televisão e leva-o para seu apartamento em um conjunto habitacional no subúrbio do Rio de Janeiro. Uma amiga, Irene, insiste na pergunta sobre como a mulher conseguiu o dinheiro, e Dora diz ter entregado o menino a um casal, que ele vai ser adotado por uma família do exterior que lhe oferecerá uma vida bem melhor fora do País. Irene fica exaltada e diz que ele vai ser enviado para o aproveitamento de órgãos e que isso é sempre matéria de jornais. Dora, arrependida, resolve resgatar o menino. Volta para o local em que o deixou e com subterfúgios consegue tirá-lo do apartamento.

Dora está decidida a levar o menino para seu pai em Pernambuco. Daí em diante, começa longa viagem em direção à cidade de Bom Jesus e com muitas peripécias para superar a falta de dinheiro: pequenos furtos em comércio de paradas; perda de ônibus; trechos de caminhão com um caminhoneiro evangélico que, em determinados momentos, saciou a fome dos dois viajantes. Na viagem, há momentos de alegria da criança, mas também momentos de aflição, tristeza e confronto entre Dora e Josué. No entanto, entre eles uma amizade vai-se consolidando, essas duas personagens tão diferentes, sozinhas no mundo, vão aproximando-se com o firme desejo de atingir o objetivo final: a casa do pai de Josué.

As paisagens vão-se descortinando, desde o terminal de ônibus da grande metrópole nacional, Rio de Janeiro, até os sertões semiáridos de Pernambuco. A viagem é fascinante e as fotografias vão revelando importante parte do interior do País. À medida que a viagem prossegue em direção ao norte, as paisagens tornam-se cada vez mais secas.

Chegam, finalmente, à cidade de Bom Jesus, sem dinheiro e com fome no meio de uma grande romaria, com pessoas, todas pobres, pedindo graças ao Bom Jesus.

A paisagem da cidade de romeiros, embora diferente da do Rio de Janeiro, lembra a estação Central do Brasil, com seus ambulantes, retratistas, vendedores de santos, de roupas, ciganas querendo ler a sorte. Josué lembra-se da profissão de Dora como escrevedora de cartas e sugere a alguém que ela pode realizar essa tarefa. Com isso conseguem dinheiro para sobreviver e Josué compra um vestido novo para Dora.

A investigação sobre o endereço de Jesus continua: "Não, ele não mora mais aqui", e dão o endereço de outro local; conseguem chegar à casa, mas também não é ali. "O Jesus sempre muda", diz um senhor. Mas a sorte enfim chega e eles descobrem não o pai, e sim dois irmãos mais velhos. Dora e Josué têm certeza de que aquele era realmente o lugar do menino. A mulher, antes que os rapazes e o menino acordem, abandona a casa, tendo o cuidado de deixar, em cima de um móvel, a carta de Ana para Jesus e uma foto tirada na área da romaria. O menino acorda e procura por Dora, mas ela já está no ônibus, chorando pela despedida de uma criança e de um amigo e agora ela própria escrevendo uma carta para Josué.

O filme *Central do Brasil*, dirigido por Walter Salles, na qualidade de obra-prima do cinema brasileiro, é polissêmico, pode ter muitas leituras, em razão da riqueza das relações que apresenta tanto no aspecto artístico e simbólico como psicológico, geográfico e fotográfico, retratando a vida que o nordestino leva nas grandes cidades e o choque de culturas.

Esse filme pode, em uma escola, ser foco de um projeto interdisciplinar entre professores de diferentes disciplinas e alunos porque, embora seja ficção, foi extraído de uma realidade conhecida e vivida por muitos brasileiros, principalmente pelos nordestinos que vivem na cidade grande ou nos sertões nordestinos, numa relação de trânsito e comunicação permanente entre o Nordeste e outras partes do País. Muitas das cenas foram filmadas com a população dos diferentes locais.

O filme por si só não é suficiente para conhecer a Geografia do Brasil e seus conceitos fundadores, mas é por meio da linguagem do cinema que se podem motivar alunos e professores a aprofundar e ampliar, com o auxílio de outras linguagens, o conhecimento geográfico do País: a linguagem do texto, a linguagem da cartografia, a linguagem do desenho. O filme permite que o espectador faça um diálogo com aquilo a que assiste e muitas perguntas surgem: as imagens dos lugares são reais ou montadas? Os romeiros são reais ou são artistas?

Podem-se mesmo arrolar alguns conceitos que emanam do filme relacionados tanto a aspectos físicos como socioeconômicos e culturais.

O cenário da estação Central do Brasil e imediações apresentado no filme é semelhante às estações ferroviárias de São Paulo e de outras ainda existentes no País, apesar de a política dos transportes da segunda metade do século passado ter desvalorizado esse tipo de transporte e estimulado o rodoviário. No filme também aparecem as rodovias com toda a sua força, tanto no terminal de ônibus em que Dora e Josué iniciam a viagem, no Rio de Janeiro, como nas paradas ao longo da estrada. O trem fora da metrópole não aparece no filme. A discussão proporcionada por esse aspecto é importante, pois cabe perguntar: por que não se priorizou o transporte ferroviário em um país de dimensões continentais como o Brasil? Qual é a atual situação desse tipo de transporte em outras regiões brasileiras?

O filme é rico na mostra de paisagens do Brasil? Mas qual conceito de paisagem se pode extrair do filme? Como desmontar, por meio do filme, o conceito de paisagem compreendido tão somente como aquilo que é belo? Quais diferentes cenários do filme podem ser considerados como paisagem do ponto de vista geográfico?

Há cenas no filme que se passam em duas grandes regiões brasileiras: a região Nordeste e a Sudeste. Durante a viagem em direção ao norte, as paisagens tornam-se cada vez mais secas. Na comparação entre as duas paisagens mostradas, o que o filme revela? Quais são as diferenças? Como se percebe que há mudanças de paisagens? Todo o Nordeste é semiárido? Onde aparecem as grandes paisagens aplainadas e os inselbergs? Em que bibliografia se podem conhecer melhor as formas de relevo apresentadas no filme e as existentes em outras regiões do Brasil? É possível encontrar formas semelhantes? Há assim a possibilidade de partir para uma análise do relevo de nosso país.

Na busca dos viajantes, Dora e Josué, pela residência do pai do menino, chegam a um lugar do interior de Pernambuco. O menino exclama, falando a respeito das casas: "São todas iguais." Por essa observação, pode-se pensar que a homogeneidade não seja de seu agrado. Será que em outras regiões do País se formam conjuntos habitacionais semelhantes a esses ou diferentes, mas observando a homogeneidade? Essa é a expressão cultural do povo ali residente ou é algo que o capital lhe impôs? Quem são os responsáveis?

Muitos outros aspectos geográficos podem ser discutidos. No entanto, torna-se importante destacar a questão das migrações e dos migrantes e das dificuldades que pessoas vindas do Nordeste — quer do sertão, dedicadas a atividades rurais, quer de pequenas cidades ainda muito ligadas à terra —, sendo analfabetas ou semialfabetizadas, encontram diante da cultura urbana, especialmente em face da complexidade cultural de uma cidade grande, de metrópoles como Rio de Janeiro, Recife, Fortaleza, São Paulo ou quaisquer outras. Essa questão precisa ser entendida não apenas do ponto de vista geográfico, mas também do ponto de vista educacional, pois na metrópole há concentração de alunos nordestinos e de descendentes, o que obriga o professor de Geografia ou de outra disciplina a entender um pouco da vida e da cultura desses brasileiros que migraram e vivem nas grandes cidades.

A personagem Dora, pessoa que escrevia cartas, é fundamental, porque, tendo essa competência, aproveitou-se dela para ganhar dinheiro tanto na estação ferroviária de uma cidade como o Rio de Janeiro quanto em um local de romaria como Bom Jesus de Pernambuco. Uma "profissão" que somente tem lugar em países como o Brasil, ainda longe de acabar com o analfabetismo de seu povo.

CHINATOWN. Direção de Roman Polanski. Produção de Robert Evans. EUA: Paramount, 1974 (130 min).

Em Los Angeles, um detetive particular é procurado por uma senhora para que investigue um rotineiro caso extraconjugal que, no filme, vai transformar-se em um escândalo mortal, envolvendo vários grupos da cidade com participações diferentes na trama.

Jake, o detetive, já fora ligado ao grupo da polícia. Por razões não muito claras, saiu da corporação e formou um pequeno escritório de investigação particular. O marido infiel é Hollis Mulwray, engenheiro-chefe da Companhia de Saneamento de Los Angeles.

O investigador inicia seu trabalho, tentando resolver o mistério, e acompanha o movimento diário do senhor Hollis Mulwray, que é contrário à construção de outra barragem, já que a anterior, a barragem Van der Lip, havia desmoronado e matado 50 pessoas. Os fazendeiros, com suas ovelhas, invadem uma reunião em que está sendo discutida a construção de nova barragem; segundo eles, a água do vale está sendo roubada.

Inicialmente o investigador nada descobre sobre Hollis. Todas as fotos e observações diretas feitas mostram o engenheiro-chefe pesquisando o terreno, observando as rochas, os gravetos, onde o chão está úmido, etc. Apenas uma das fotos mostra o engenheiro em discussão com um homem.

Até que, um dia, o engenheiro é visto com uma mocinha bastante jovem. Nesse momento, o detetive conclui que Hollis tem mesmo uma amante.

Mas o investigador recebe uma ameaça de processo da mulher de Hollis, pelo fato de ter exposto seu marido (fotos dele com a moça vão parar nos jornais), e então descobre que a mulher que a princípio o havia contatado era uma farsante, tendo-se passado pela esposa do engenheiro.

Jake quer falar com Hollis, mas não o encontra em lugar algum. Depois consegue entrar no território da companhia de saneamento, usando de um subterfúgio, e descobre que o engenheiro está morto.

Logo ocorre outra morte: um homem alcoólatra que reclamava sobre a água também é encontrado morto. O inusitado surge com a *causa mortis* dos dois, considerados ambos vítimas de acidentes: o homem bêbado foi "afogado" em um rio seco; o outro, morreu em um canal de distribuição de água.

O investigador cada vez mais se embrenha no caso e vai descobrindo as mentiras, sobretudo as da verdadeira mulher do engenheiro-chefe.

O pai dela chama-o e também o contrata para descobrir onde se encontra a "amante de Hollis", o que perturba mais ainda o detetive.

Com a investigação, descobre que Noah Cros, o pai da mulher de Hollis e ex-sócio do engenheiro, é o dono de toda a água da cidade. "A água está sendo desviada para os laranjais."

Faz uma pesquisa na biblioteca onde estão os laranjais e descobre registros de compras recentes de terras nas áreas em que eles se encontram. Descobre também nomes de pessoas idosas que estão em asilos e até de uma pessoa morta alguns dias antes. Os idosos são milionários e não sabem disso.

275

Jake, em sua pesquisa, sofre agressões físicas por parte de capangas ao tentar obter a verdade.

Ele afirma que vai pôr os grandes responsáveis na cadeia, mas seu companheiro de trabalho pergunta: "Você vai pôr na cadeia quem almoça com o juiz?"

No fim da trama, o investigador encontra a mulher do engenheiro cuidando da "amante de Hollis". Ele obriga a moça a desfazer as mentiras todas.

O desfecho do filme fica para quem for vê-lo.

A questão é: esse filme contribui para a análise do espaço geográfico e para a compreensão da noção de tempo e espaço?

O filme pode ser analisado do ponto de vista geográfico, mas também sob outros aspectos relativos às demais disciplinas. Aqui vamos tentar analisá-lo pelo prisma da Geografia.

O cenário é o de uma cidade grande, Los Angeles, no sul da Califórnia, na década de 30 do século XX, com uma paisagem desértica decorrente da influência da corrente fria da Califórnia, originada na porção subártica do Pacífico, a qual utiliza os cursos d'água provenientes das cadeias costeiras (degelo das neves na primavera/verão). O centro do filme é a questão da água e os crimes cometidos pelos empresários corruptos, que desejam acumular riquezas com base na valorização de terras tornadas mais áridas ou mais úmidas pela ação criminosa do desvio da água controlada pela Companhia de Saneamento Básico. Noah Cross representa o empresário dono da água e dono das terras, que estão em nome de idosos aparentemente auxiliados por ele mediante o envio de material de costura para as mulheres terem o que fazer no asilo em que se encontram.

Chinatown representa o bairro da periferia onde residem chineses e seus descendentes, onde a violência e o crime estão presentes. Os empregados das famílias ricas de Los Angeles aparecem como provenientes desse local.

Jake, o investigador, é a personagem que almeja descobrir a verdade, mesmo cobrando honorários altos; é um herói que sofre reveses. A trajetória dele no filme é a de uma pessoa que consegue envolver-se com seus clientes por meio de sentimentos humanitários, como no início do filme — aconselhando a falsa senhora Hollis a não mexer com o caso da amante do marido — e no fim, tentando facilitar a fuga da senhora Hollis e de sua irmã.

Há rápidas e significativas cenas, como o diálogo de Jake com um menino a cavalo sobre a água. Diz o menino: "A água vem de todos os lugares", pois o controle é feito pela Companhia de Saneamento. Hollis havia descoberto o que se estava fazendo e por isso foi morto.

O filme mostra o processo de formação das fortunas e as dificuldades pelas quais passam as pessoas que desejam trabalhar com a verdade, fugindo às formas corruptas; o desenvolvimento desigual da sociedade provocado pelo capitalismo, em que a acumulação do capital é a meta, não importando os meios para chegar a esse fim.

Que temas geográficos poderiam ser tirados de Chinatown? Por exemplo, do ponto de vista da ação das personagens? O que elas revelam sobre as relações sociais presentes em Los Angeles na época? Como os elementos da natureza são apropriados pelos donos do poder? Será que em certas áreas da América do Sul não se verificam, na atualidade, problemas semelhantes a esses?

Se transportarmos para a Geografia o processo de investigação da personagem Jake, perceberemos que ele percorre o caminho de uma pesquisa semelhante à que fazemos academicamente:

1) há um problema a desvendar: "Acho que meu marido tem uma amante, quero ter certeza" — o problema;
2) caminhos para o desvendamento: acompanhamento dos passos do senhor Hollis; um trabalho de campo com observações diretas; fotografias; refazimento das observações de Hollis na área em que as águas ora jorram, ora não; realização de entrevistas e conversas informais com as personagens diretamente envolvidas com a problemática da água e a consulta de arquivos — os procedimentos da pesquisa;
3) a descoberta da verdade e a impotência do indivíduo diante do poder estabelecido, mesmo após ter descoberto os responsáveis pelo roubo de terras e pelos desvios de águas para justificar a construção de outra barragem — a realidade do capitalismo.

3. A questão da imagem

A imagem, no ensino de Geografia, geralmente é empregada como mera ilustração. Mesmo que os autores de um texto tenham integrado as figuras ao conteúdo, o que nem sempre ocorre, elas não são utilizadas no espaço escolar como complementação do texto ou recurso de onde é possível extrair informações e promover a articulação com o conteúdo da escrita.

As imagens estão a invadir nossas casas, os painéis e *outdoors*, acompanhando-nos onde quer que estejamos. Vivemos no mundo das imagens e pouco sabemos sobre elas. Como observá-las e como interpretá-las? Às vezes, elas são tantas e passam tão rapidamente diante de nossos olhos, que mal podemos vê-las e ter a oportunidade de selecioná-las com propriedade.

Elas nos chegam por meio de fotografias nos jornais, com movimento nas propagandas de televisão e nos filmes, mas há necessidade de, geograficamente, pensar o sentido que tais representações têm para a formação cultural de professores e alunos. É estranho que as escolas não promovam uma alfabetização relacionada a imagens e sons, assim como existe a alfabetização cartográfica, como forma de entendimento do mundo.

Vamos dedicar-nos aqui à análise da imagem que tem movimento e refletir sobre como ela pode ser explorada em sala de aula, sem que sirva apenas para o "consumo" das disciplinas escolares, isto é, seja usada simplesmente como constatação daquilo de que se fala ou do que está expresso na linguagem escrita.

A linguagem do cinema é uma produção cultural que pode ser utilizada em sala de aula a fim de abrir cada vez mais horizontes intelectuais para a análise do mundo, necessária à formação da criança e do jovem. Para tanto, os professores precisam conhecer minimamente essa linguagem, que é muito rica porque integra imagens em movimento: a expressão oral e corporal, a cor, e tudo temperado pelas trilhas musicais. A linguagem cinematográfica é, com efeito, a integração de múltiplas linguagens.

Há professores que, ao selecionarem um filme interessante e proporem-no para que a classe assista a ele, se veem diante de uma situação perturbadora quando os alunos lhes dirigem a seguinte pergunta: "Hoje não vai haver aula de Geografia?"

Talvez seja possível levantar algumas hipóteses sobre as razões da situação exposta: o filme está sendo apresentado porque o educador tem objetivos claros, definidos, sobre a razão de seu uso em sala de aula e realizará algum trabalho de reflexão sobre ele? Ou o filme será passado e cada aluno, silenciosamente, fará sua apreciação, sem que haja discussão a ele relacionada?

Para nós, geógrafos e professores de Geografia, o filme tem importância porque pode servir de mediação para o desenvolvimento das noções de tempo e de espaço na abordagem dos problemas sociais, econômicos e políticos.

Milton José de Almeida faz a distinção entre o filme como produção cultural e aquele usado didaticamente na escola. Afirma que *"o filme é produzido dentro de um projeto artístico, cultural e de mercado — um objeto da cultura para ser consumido dentro da liberdade maior ou menor do mercado. A cultura localiza-se num 'saber fazer' e a escola num 'saber usar', e nesse 'saber usar restrito' desqualifica-se o educador, que vai ser sempre um instrumentista desatualizado. Essa é uma das razões da separação entre educação e cultura"* (1994, p. 7-8).

Almeida faz uma crítica contundente em relação às imagens, afirmando mesmo que a grande maioria da população está sendo hoje educada pelo viés das "imagens e dos sons", pelo cinema e pelos programas de televisão a que assistem mais do que pela linguagem escrita. Resta para uma minoria da população o texto escrito como referencial importante ao qual pode voltar-se para refletir sobre ele e lê-lo novamente sempre que queira. No entanto, se a maioria da população vive ainda na cultura oral, está alijada dessas possibilidades.

Qual é a relação dos espectadores com o cinema?

Os movimentos sonorizados do cinema apresentam forte grau de "realidade". O que se vê no cinema tem uma semelhança com o real, e às vezes, para a população vinculada principalmente à cultura oral, as imagens passam mensagens com uma configuração próxima da oralidade, o que explica em parte por que os conteúdos das imagens são mais fortes para as pessoas do que o conteúdo de um texto (Almeida, 1994).

As imagens sonorizadas do cinema também podem lidar com espaços e tempos diferentes. Mesmo os filmes comerciais podem trazer elementos para a reflexão pedagógica, permitindo ao professor — em nosso caso, o de Geografia — realizar uma análise crítica do filme como arte e como linguagem rica de conteúdos que, embora sejam ficcionais, podem ter-se espelhado em fatos reais ou na vasta literatura disponível.

David Harvey, em seu livro *Condição pós-moderna* (1993), analisa dois filmes — *Blade runner* e *Asas do desejo* — à luz da visão geográfica, mostrando sua relação com um mundo pós-moderno e destacando a compreensão e o entrelaçamento do tempo e do espaço no mundo atual.

Esse mesmo autor, em entrevistas a geógrafos brasileiros, fez uma proposta de cursos de Geografia fundamentada em filmes. Ela consistiria em

> *escolher um filme por semana, prover material de apoio e provocar a discussão a respeito. Um de meus filmes favoritos para tal seria Chinatown, de Polanski, que trata da disputa por água em Los Angeles, e que é baseado numa história real. Você poderia estar ajudando as pessoas a expressar melhor os filmes com um embasamento histórico e geográfico, ao mesmo tempo em que a compreensão geográfica também seria auxiliada* (Harvey, 1995).

Entrevista publicada no *Boletim Paulista de Geografia*, São Paulo: AGB – São Paulo, n. 74, p. 80-81, 1996.

No filme de Roman Polanski, o processo de apropriação da terra pelos produtores, donos da cidade, por meios ilícitos pode ser cotejado com o que ocorre no Brasil com a grilagem de terras, com a compra de sítios e fazendas pequenas, a preços irrisórios, por capitalistas que acabam com a pequena e média produção e introduzem monoculturas, como se observa na atualidade no que diz respeito à soja.

O filme pode provocar rica discussão entre professores e alunos e ensejar interessante produção didática com base nas reflexões feitas.

Apesar de tratar-se de um filme que dá margem a profundas reflexões sobre o tempo e o espaço e sobre o cotidiano de uma época, Chinatown não consegue transcender as condições contraditórias peculiares à própria produção cinematográfica. Nesse sentido, afirma David Harvey que o *"cinema é o fabricante e manipulador supremo de imagens para fins comerciais, e o próprio ato de usá-lo bem implica sempre na redução de complexas histórias de vida cotidiana a uma sequência de imagens projetadas numa tela privada de profundidade"* (1993, p. 289).

Portanto, torna-se imprescindível que os filmes penetrem no currículo das escolas superiores, formadoras de professores, e também nas escolas de ensino fundamental e médio, que precisam desenvolver o espírito crítico e não aceitar tudo o que aparece no cinema como verdade ou como real.

Professores e alunos devem ter em mente que o cinema é um produto industrial no qual trabalham pessoas que fazem partes específicas em determinado momento da produção e não conhecem o todo do produto em processo de fabricação. De acordo com Milton Almeida, *"a cultura faz nascer e renascer o conhecimento, a sabedoria, mostra novamente o antigo, demonstra o novo, o saber fazer dos homens. É sempre contemporânea do presente, até mesmo quando expõe o velho, a cultura que já foi"* (1994, p. 12-13).

O cinema, como meio de comunicação de massa, mantém forte relação com o universo da oralidade e também se apresenta de forma contraditória. O culto às imagens, característico da sociedade ocidental, tende a apresentá-las como autossuficientes, distanciando-as do mundo real. Por conseguinte, tanto é possível construí-las para superar a objetividade do cotidiano como inserir-nos apenas no mundo de representações, muitas vezes sem significado, removendo a existência e até mesmo impedindo a análise das relações sociais do contexto espacial.

Jorge Luiz Barbosa diz acreditar *"que o diálogo da Geografia com o cinema é um vir-a-ser, capaz de contribuir para superar a nossa condição de meros objetos das representações. E assim fazer as nossas salas de aula lugares de invenção de novas e mais generosas utopias"* (Barbosa, 1999, p. 131).

4. Atividades

1) Utilizando-se das imagens de satélite em computador, analisar a dinâmica atmosférica, por exemplo a chegada de uma frente fria ou o fenômeno do El Niño.
2) Definir com os alunos a proposição de um problema, por exemplo a questão do destino e da reciclagem do lixo, investigando pela internet as soluções, mesmo que parciais, que vêm sendo dadas a esse problema no Brasil e no mundo.
3) Procurar uma imagem de satélite de sua cidade e tentar reconhecer elementos nela presentes, como rios, plantações, centros urbanos, praça.

4) A classe pode fazer uma pesquisa acerca de filmes que versem sobre questões relativas a conflitos escolares ou abordem problemas geográficos ou ambientais, tendo as seguintes preocupações:
– seleção de um filme para ser assistido com toda a classe;
– discussão do filme como obra de arte e como portador de conteúdos escolares, enfatizando as possíveis análises espaciais nele contidas, tanto explícitas como implícitas;
– síntese do filme, levantamento de questões sobre ele como ficção e como portador de linguagens que se integram e as semelhanças percebidas com fatos da vida real;
– ampliação da reflexão com a leitura de um ou mais textos que versem sobre o tema central da película.
5) Levantamento de filmes que possam ser analisados por crianças e pré-adolescentes, a fim de ampliar os recursos didáticos disponíveis nas escolas. Cada aluno pode buscar um filme e elaborar uma ficha para ele, em que conste:
– título;
– ano de produção;
– direção;
– autor do roteiro;
– informação sobre a produção (se é de um país ou se é coprodução);
– síntese do tema principal;
– personagens centrais e os respectivos papéis na trama.
6) Faça a leitura dos excertos da matéria publicada no jornal Folha de S. Paulo sobre o filme *Abril despedaçado*.
– Assista ao filme, que pode ser encontrado em locadora, e realize uma análise geográfica.

– A interpretação do filme realizada pelo psicanalista Jurandir Freire Costa é semelhante à que teria um educador, um geógrafo? Discuta com sua classe as semelhanças e diferenças existentes em cada um dos casos.

"*Abril despedaçado* tem o toque inconfundível dos trabalhos anteriores de Walter Salles: excelência artística e delicadeza humana. O filme, baseado no romance homônimo de Ismail Kadaré (publicado no Brasil pela Companhia das Letras), trata dos crimes de honra comuns a culturas rurais. O cenário original da trama, a Albânia, é transposto para o sertão nordestino e serve de matéria às permanentes interrogações do diretor: por que a cegueira em relação ao próprio sofrimento e ao sofrimento do outro? Por que consentimos na violência se podemos ser solidários?

Na tela, o assunto é o Brasil, mas poderia ser os Bálcãs, o Oriente Médio, o Afeganistão, a Caxemira, a Irlanda do Norte ou qualquer região miserável da América Latina, da Ásia ou da África.

Walter Salles parte da perplexidade freudiana com o mal-estar da cultura, mas continua, por assim dizer, com Nietzsche, ao tentar ver as coisas como se fosse a primeira vez. Façamos uma ascese do conhecimento. Ponhamos entre parênteses a camada de estímulos, conforto, saberes e explicações que nos separam de algumas das mais rudimentares experiências. Quem sabe ali onde tudo é escasso possamos ver melhor algo de nossa nudez primordial.

De onde a preferência por paisagens desoladas, vidas à margem, crianças e naturezas brutas. A simplicidade, no filme, não é um maneirismo estético; é a maneira de chegar mais rápido às primeiras perguntas. Os personagens, por isso, habitam um universo onde se 'fala de boca calada' e se age com sentimentos e gestos mínimos. A câmara ilumina ao máximo, essa pausa faz ver o 'mais' que brota do 'menos'.

Em uma cena, por exemplo, o garoto, ao observar a mãe lavando a camisa do irmão morto, diz: 'Mancha de sangue não sai.' A pequena frase resume e revela o fundamental da narrativa: o hábito é a marca da maldade.

Abril despedaçado fala do Mal e da redenção. Mas de um Mal sem dentes ou garras... É um veneno capilar que invade as rotinas do que chamamos hábito. Vivemos nos hábitos e, por fazermos da vida um hábito, nos tornamos fantoches da compulsão à repetição. A vida presa ao hábito é, por certo, eficiente. Mas de uma eficácia das moendas, por onde só entra cana e sai bagaço. Criada para lidar com o mesmo, a roda do hábito, diante do diverso, emperra, se despedaça e fere de morte os que a põem em marcha.

No filme, a morte em cascata não vem de impulsos assassinos imprevisíveis e descontrolados; vem do pacto com os mortos, da incansável obrigação imposta aos vivos de pagarem uma dívida cuja origem ignoram, mas que devem considerar como deles porque 'assim manda o hábito'.

Walter Salles pensa diferente. O sentido dos deveres éticos não pode contrariar o movimento da vida. O Bem nem é extra-humano nem pode ser desumano. Ele existe por nós e para nós. Um Bem reduzido aos automatismos do hábito vai contra o valor da existência que devia assegurar. Como afirmou Dewey: 'Cada indivíduo que vem ao mundo é um novo começo.' Frear esse curso para atender a nostalgia do passado é fazer de rituais de morte imitação da vida.

O que nos leva a investir na vontade de viver é saber que nada é permanente, que tudo pode ser refeito e que somos os artífices da nova construção. Os hábitos breves são uma virtude prática porque recapitulam a história bem-sucedida de algumas ações: os hábitos inertes são a vida em atraso consigo, apegada a seus próprios rastros ou ruínas.

Mudamos, logo somos, disse Bergson. E, porque mudamos, estamos sempre escolhendo e fabricando outros futuros. A tradição é apenas a imagem do mundo segundo a força e o talento dos ancestrais. Fixá-la em um esqueleto de regras e princípios é despojar a vida de seu ímpeto criador. O bem da vida está sempre *on the road*; sempre de passagem, sempre na área transicional entre o 'não mais' e o 'não ainda'.

Walter Salles entendeu isso. Ele sabe que a Redenção da vida nunca está onde o hábito a espera. É preciso, então, seguir em frente. É preciso ir até sertões, favelas, exílios e infâncias sem rumo para mostrar como a vida se renova com o pouco que lhe resta. 'É no lugar do abandono, no qual quase nada é dado e quase tudo é retirado, que a vida usa o impensável e o improvável para manter vivo seu último Dom, a esperança.'

Desse cinema poderíamos dizer o que Marcel Réja disse de si mesmo: 'E eu viajo para conhecer a minha geografia.'"

Fonte: COSTA, Jurandir Freire. O último dom da vida. *Folha de S. Paulo*, São Paulo, 28 abr. 2002. Caderno Mais.

5. Leituras complementares

ALMEIDA, Milton José. *Imagens e sons:* a nova cultura oral. São Paulo: Cortez, 1994.

BARBOSA, Jorge Luiz. Geografia e cinema: em busca de aproximações e do inesperado. In: CARLOS, Ana Fani Alessandri (Org.). *A Geografia na sala de aula.* São Paulo: Contexto, 1999. p. 109-131.

CASTELLS, Manuel. *A sociedade em rede:* a era da informação: economia, sociedade e cultura. São Paulo: Paz e Terra, 1999. v. 1.

CORTELAZZO, A. L.; GARCIA, S. L. *O micro invade a sala.* Nova Escola, São Paulo, ano 13, n. 110, mar./abr. 1998.

HARVEY, David. *Condição pós-moderna.* Tradução de Adail U. Sobral e Maria S. Gonçalves. 4. ed. São Paulo: Loyola, 1994.

_____. Entrevista concedida a Mônica Arroyo, Lilian Póvoa Neto, Marcia Quintero Riviera e Roberto Morales Urra, em visita ao Depto. de Geografia da USP, São Paulo, 29/3/1995. *Boletim Paulista de Geografia*, São Paulo: AGB – São Paulo, n. 74, p. 67-81, 1996.

PETITO, Sônia. *Projetos de trabalho em informática:* desenvolvendo competências. Campinas: Papirus, 2003.

SILVEIRA, Sérgio Amadeu. *Exclusão digital:* a miséria na era da informação. São Paulo: Fundação Perseu Abramo, 2003.

Capítulo III

REPRESENTAÇÕES GRÁFICAS NA GEOGRAFIA

Representações gráficas na Geografia

Japiassu e Marcondes (1990) informam que representação (do latim *repraesentatio*) é a

> *operação pela qual a mente tem presente em si mesma a imagem mental, uma ideia ou um conceito correspondendo a um objeto externo. A função da representação é exatamente a de tornar presente a consciência da realidade externa. A noção de representação, geralmente, define-se por analogia com a visão e com o ato de formar imagem de algo, tratando-se no caso de uma "imagem não sensível, não visual". Esta noção tem um papel central no pensamento moderno, sobretudo no racionalismo cartesiano e na filosofia da consciência. Sobre vários aspectos, entretanto, a relação parece problemática, sendo por vezes entendida como uma relação causal entre o objeto externo e a consciência, por vezes, uma relação de correspondência ou semelhança. A principal dificuldade parece ser o pressuposto de que a consciência seria incapaz de apreender diretamente o objeto externo* (p. 213).

Segundo Masson (1994), os geógrafos empregam a expressão "representações espaciais". Seria sinônimo de representações mentais? Ou um jogo científico sob essa diferenciação? Pode-se esperar uma renovação da Geografia ensinada? Responder a essas questões é definir os conceitos em jogo antes de apresentar sua utilização na sala de aula. O que são representações mentais? O que são representações espaciais? O que são representações sociais? Por que elas podem ser assim diversamente qualificadas? J. P. Guerin refere-se à emergência da representação na Geografia francesa, partindo do implícito nos escritos dos geógrafos, desde que foram atingidos pelos fenômenos sociais. O papel do implícito aumenta e a Geografia já não pode utilizar os métodos naturalistas que iam da observação à explicação. Ela teve de procurar conhecimentos de outras ciências, como a Sociologia. A utilização das representações espaciais como instrumento para aprender e compreender a organização do espaço tem sua origem na Geografia humanista.

1. Representações gráficas

Os desenhos, cartas mentais, croquis, maquetes, plantas e mapas podem ser englobados entre os textos gráficos, plásticos e cartográficos trabalhados no ensino e nas pesquisas da Geografia. Diferenciam-se dos demais textos alfabéticos pela dominância da figura, ou seja, de uma forma espacial. Linhas, formas, superfícies, distâncias, extensões, volumes e suas várias dimensões (comprimento, largura, altura) representam os espaços vividos e as práticas sociais. Diferem entre eles pela predominância da polissemia da linguagem figurativa, em contraposição à linguagem "monossêmica" dos gráficos e mapas cartográficos.

Esses recursos fazem parte, tradicionalmente, daqueles utilizados pelo professor em sala de aula, de forma sistemática ou não, atendendo a objetivos específicos. Pesquisas no ensino da Geografia, nas últimas décadas, têm aprofundado, teórica e metodologicamente, o papel dos tipos de representação espacial e suas linguagens na formação do professor e dos alunos da escola básica.

1.1. O desenho e suas modalidades

O desenho espontâneo do aluno é, para o professor, um elemento de análise sobre o desenvolvimento cognitivo de certa realidade representada pelo aluno.

Sobre pesquisas na Geografia acerca dos desenhos de uma realidade próxima, cf. Paganelli (1982) e Nogueira (1994 e 2001). Sobre a representação da paisagem por meio de desenhos, cf. Paganelli (1998), Luiz (2001) e Myanaki (2003).

Os desenhos espontâneos, em diferentes faixas etárias e níveis socioeconômico-culturais, possibilitam identificar o desenvolvimento gráfico-espacial dos alunos como uma representação do mundo próximo e conhecer não só suas informações sobre os lugares, mas também seu imaginário sociocultural. Os desenhos de crianças oferecem dados aos professores sobre situações de vida, pensamentos, medos. É por meio do desenho, em atividade individual ou coletiva, que o não dito se expressa nas formas, nas cores, na organização e na distribuição espacial.

Figura 1: Desenho espontâneo de pessoas de diferentes faixas etárias (24 e 5 anos)

Quem somos nós?

Figura 2: Desenho espontâneo de pessoas de diferentes faixas etárias (B.L., 9 anos)

Desenho de trajetos. As crianças, como os andarilhos e os viajantes, realizam mental ou geograficamente trajetos de um caminho a seguir. São capazes de apresentar, por meio da fala ou de uma escrita figurativa, o traçado desse roteiro com algumas referências básicas (uma casa, uma árvore, uma elevação, um parque, ilhas, povoados ou cidades). Todos os trajetos têm como estrutura básica uma sequência espacial, ou seja, uma ordem espacial associada a um deslocamento no espaço em um período de tempo. Observe os trajetos ao lado:

Figura 3: Trajeto casa–escola de aluno das primeiras séries

Como analisar gráfica e geograficamente os desenhos de trajetos?

A análise gráfico-espacial considera os tipos de relações e operações geometricamente representadas. A teoria do espaço operatório de Piaget permite interpretar os tipos de traçados (topológicos ou euclidianos), os rebatimentos das figuras frontais (ausência na coordenação dos pontos de vista) e as avaliações qualitativas das distâncias e da proporcionalidade. O desenho como texto da realidade estará marcado pelas presenças e ausências das referências no trajeto, pelas regras sociais traduzidas no desenho (linhas pontilhadas nas ruas, estradas e sinais) e na representação figurativa da violência, da poluição, etc.

Segundo Piaget, as crianças constroem, por intermédio da ação e da percepção, as relações espaciais de localização dos objetos no espaço desde o período sensório-motor para, num momento posterior, construí-las mentalmente, operando os três tipos de relações (topológicas, projetivas e euclidianas).

Com base nas relações *topológicas* (que envolvem noções como junto e separado, de ordem, vizinhança, envolvimento e continuidade), são construídos dois sistemas: um de *referência móvel*, concernente às relações projetivas, considerando um ponto de vista, e um de referência fixo, concernente às relações euclidianas, tendo como base a noção de distância associada à medida linear, de superfície, volume e grau.

As relações topológicas, projetivas (frente/atrás, direita/esquerda, em cima/embaixo) e euclidianas (lineares, das coordenadas retangulares e de graus) permitem a localização dos objetos no espaço tridimensional.

As operações com ordem direta e inversa e a multiplicação das relações permitem entender as dificuldades das crianças em operar as relações espaciais em determinadas idades — por exemplo, o traçado da ordem direta e inversa de um trajeto (ordem espacial) —, em compreender a reciprocidade de vizinhança de um bairro, coordenar o ponto de vista vertical em uma representação ou localizar um ponto mediante as distâncias vertical e horizontal das coordenadas.

Nos desenhos de trajetos, o nível de desenvolvimento das relações e operações pode ser detectado pelo professor, ao qual cabe um papel ativo na ampliação desse domínio por parte do aluno. As atividades escolares propiciam esse desenvolvimento, que pode ser atingido nas primeiras séries escolares, à exceção das localizações que impliquem medidas de graus (latitude e longitude) e a noção de infinito (continuidade).

Segundo as pesquisas piagetianas, o sistema fixo de referência dado pelos eixos vertical e horizontal é que possibilita às crianças a localização dos navios nos jogos de batalha naval.

Desenho de edificação. Um trabalho pelas ruas do bairro ou por outro lugar selecionado possibilita o registro, por meio do desenho e da história do local, de suas edificações. Ao desenhar, os alunos registram traços característicos e mudanças nas formas e nos materiais utilizados nas construções.

Figura 4: Registro das edificações do bairro

O desenho de paisagem. O desenho espontâneo de uma paisagem no ensino de Geografia permite, de início, avaliar o conceito de paisagem da criança. Esse conceito está associado a uma visão; supõe a posição de uma pessoa que observa vários objetos desse ponto de vista. Para os alunos do ensino fundamental, muitas vezes, a paisagem desenhada pode ser bela vista da natureza imaginada ou ainda uma de caráter urbano. As crianças menores são capazes de mencionar o que veem, mas, para algumas delas, o conceito geográfico de paisagem ainda não está formado. A representação de uma vista ou paisagem supõe a coordenação e a transposição do tridimensional (realidade) para um plano bidimensional (papel), artifício utilizado pela perspectiva linear. As crianças chegam a desenhar em perspectiva espontaneamente, entre 10 e 12 anos, quando dominam as relações counívocas, ou por aprendizado escolar, mediante a geometria descritiva.

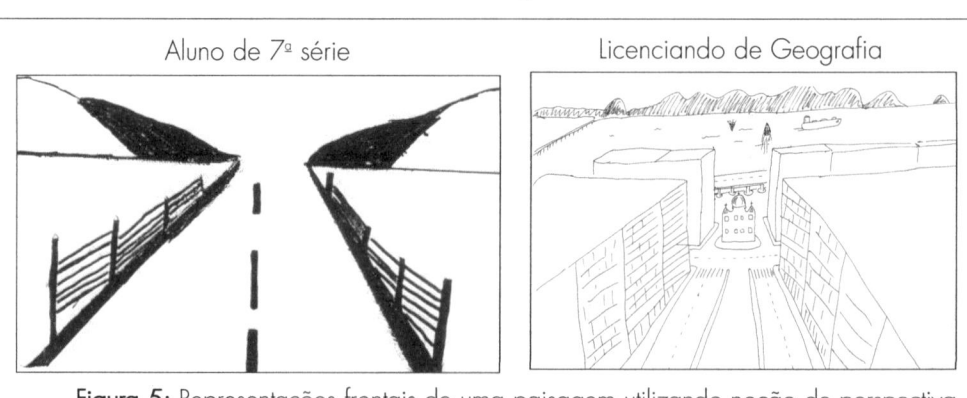

Figura 5: Representações frontais de uma paisagem utilizando noção de perspectiva

Lacoste (1977), em seu artigo *A quoi sert le paysage? Qu'est-ce qu'un beau paysage?*, salienta a importância estratégica da análise da paisagem tanto para fins militares, no passado, como para o mercado imobiliário, no presente, na venda das belas paisagens.

Desenhar a paisagem, desde as primeiras séries até a universidade, possibilita o desenvolvimento da sensibilidade por meio da visão. A observação dirigida, quando realizada nas visitas e nos trabalhos de campo, aprimora a habilidade de expressão gráfica e estética, de leitura e interpretação dos sinais da natureza, de levantamento de hipóteses e de confronto de explicações e teorias sobre, por exemplo, as tendências de expansão ou degradação do espaço local.

O desenho do território. No conceito de território está implícito o problema de extensão, de área, de propriedade, de um poder. Está associado à posse, à propriedade, ao domínio e à soberania em seus vários níveis.

Memorizamos a área do país de origem ("o Brasil tem 8.547.403 km²"), situamos comparativamente as áreas dos países de maior extensão — por exemplo, no caso do Brasil, utilizando os dados numéricos ou figuras comparativas de áreas de alguns Estados brasileiros — em relação a áreas de outros países do mundo. Podemos empregar dados quantitativos ou qualitativos para as comparações.

Reconhecemo-la visualmente, no entanto somos incapazes de esquematizar a forma do território nacional. Poucos são os alunos de Geografia capazes de localizar com exatidão a posição de um país, de uma bacia hidrográfica ou as cidades mais importantes do Brasil. Dispomos de muitos mapas e informações, mas não os usamos de forma adequada.

Que formas territoriais de países ou Estados brasileiros somos capazes de reproduzir? Somos capazes de representar esquematicamente a forma de nosso município ou de nosso Estado? É importante ter essa habilidade?

Na França, foi realizada uma pesquisa com alunos do ensino médio para saber se eles conseguiam identificar os países pela forma de seu território e escrever os respectivos nomes em um mapa-múndi. Os resultados revelaram o seguinte:

Países conhecidos e reconhecidos como tais pelos alunos

Nome	Número de citação	Forma apresentada como aceitável	Total
FRANÇA	39	38	77
CÓRSEGA	26	23	49
ESPANHA	26	18	44
ITÁLIA	24	20	44
ÁFRICA	9	6	15
ÍNDIA	6	6	12
GRÃ-BRETANHA	8	2	10
URSS	5	5	10
PORTUGAL	5	5	10
SARDENHA	4	4	8
MARROCOS	4	4	8
AUSTRÁLIA	4	4	8
ARGÉLIA	4	4	8
AMÉRICA DO SUL	4	3	7
CHINA	3	3	6
ESTADOS UNIDOS	3	3	6
MADAGASCAR	3	3	6
IRLANDA	3	2	5

Tabela: Pesquisa sobre países e forma de seus territórios

Pesquisa sobre países e forma dos países (CLARY e al..1987), em duas classes de 24 e 25 alunos. O total permitiu estabelecer uma classificação. Há uma concordância entre as duas colunas, mostrando que o país é conhecido e reconhecível. No caso da Espanha, por exemplo, frequentemente, citado e considerado fácil de desenhar, mas raramente foi bem representado.

A análise desses resultados demonstra que os alunos reconhecem alguns países da Europa e da Ásia. No entanto, concebem África e América do Sul como países, não distinguindo aqueles que cada um desses continentes possui. Ainda revelam um desconhecimento das partes da França e da Itália ao apontarem a Córsega e a Sardenha como países, quando, na verdade, se trata de ilhas francesa e italiana, respectivamente.

Uma pesquisa realizada com alunos do ensino básico (de 4ª e 7ª séries) sobre o mapa do município do Rio de Janeiro demonstrou a dificuldade deles na representação esquemática de um território próximo e a não distinção entre o território municipal e o estadual.

Acreditamos que o fraco desempenho dos alunos seja resultante da ausência de atividades com mapas e também da falta de preocupação de reconhecimento esquemático das formas dos territórios, sejam municipais, sejam estaduais. Será que a escola está criando analfabetos em territorialidade gráfica?

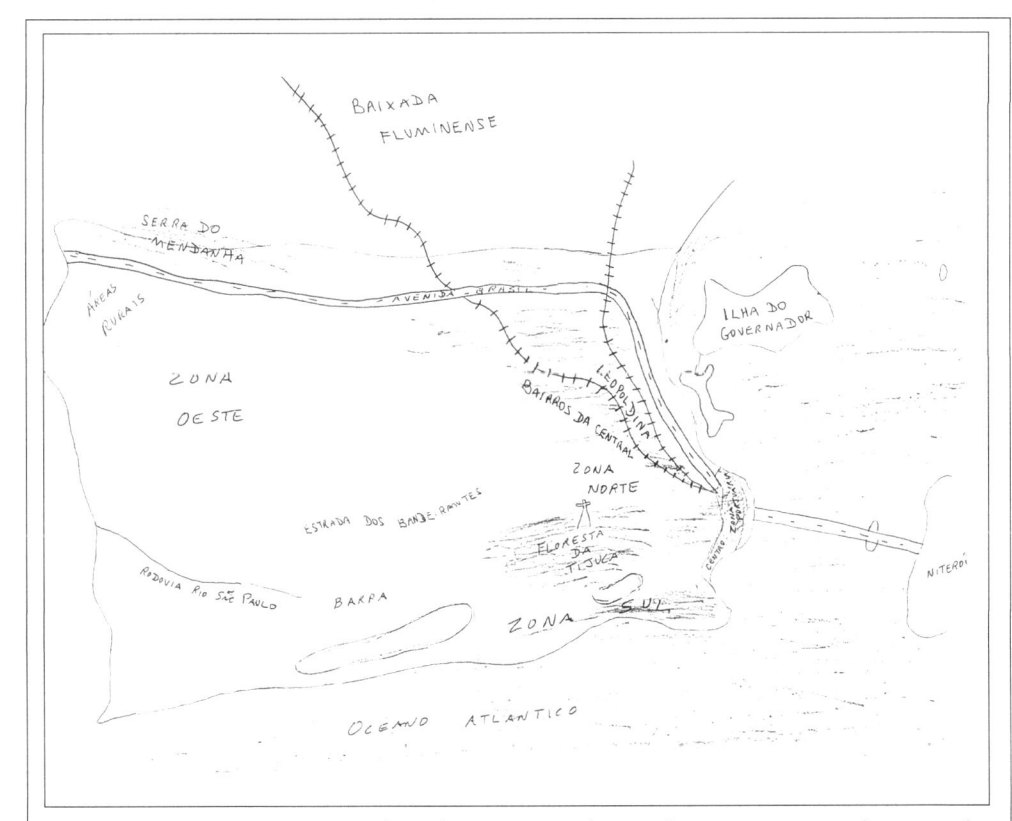

Figura 6: : Desenhos do município do Rio de Janeiro por um licenciando

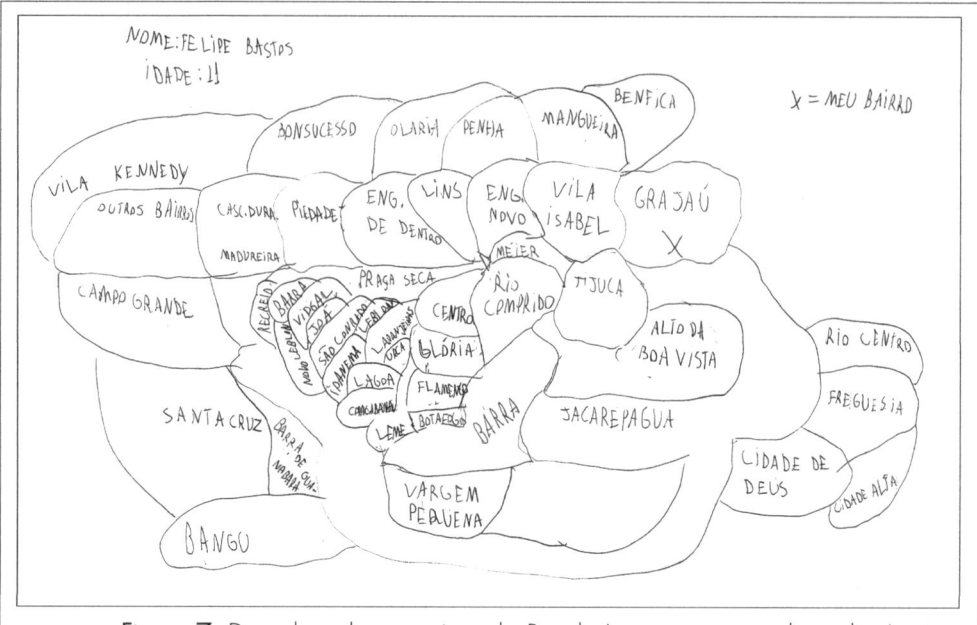

Figura 7: Desenhos do município do Rio de Janeiro por um aluno da 4ª série

As comunidades indígenas e os camponeses têm o conhecimento do espaço pela vivência, porque acompanham os ciclos de vida, leem e interpretam os sinais da natureza. O conhecimento geográfico e geopolítico dos territórios necessita da visão geral de sua territorialidade, de reconhecimento e localização de sua organização físico-territorial e de sua forma e distribuição. A simples percepção visual ligeira de uma imagem não permite real conhecimento.

Os desenhos são esquemas gráficos de organização da relação do ser humano com o mundo. Uma educação geográfica deve recuperar, na escola, os princípios que permitirão ao aluno apropriar-se de um território do ponto de vista visual e gráfico. Os vários tipos de croquis de paisagem, dos territórios ou de sínteses dos fenômenos e processos permitem fazer uma intermediação entre o desenho e os mapas cartográficos.

1.2. CROQUIS

O croqui é um desenho, um esquema rápido, utilizado antigamente pelos geógrafos nos trabalhos de campo e também pelos professores de Geografia em sala de aula, para explicação dos fenômenos e dos processos físico-naturais e humanos. Segundo Hannaire (1966) — para quem não há Geografia sem esquemas ou croquis —, trata-se de uma entre as boas atitudes a ser desenvolvidas no uso da lousa para o ensino da disciplina. O bom exemplo do professor desenhando constantemente no quadro convencerá os alunos de que eles mesmos devem aprender a desenhar, o que implica um esforço constante de propriedade, ordem e clareza.

O acesso aos registros por meio das fotografias no trabalho de campo e as mudanças metodológicas da observação direta, *in locus*, provocaram o abandono dos croquis como esquema e esboço tanto no campo quanto na escola. O uso da fotografia não substitui o aspecto pedagógico da elaboração de um croqui por observação direta ou com base em fotografias frontais aéreas. Os croquis de síntese ainda são parte importante na formação de alunos, professores de Geografia e pesquisadores.

O croqui de geografia regional e econômica, para Brunet (1962), é um croqui de síntese, fazendo a distinção entre carta topográfica e croqui geográfico. O estudante de Geografia utiliza a carta topográfica como um instrumento entre outros, mas não a confecciona. Brunet ainda aponta as qualidades necessárias de um croqui: ser legível, esquemático, rigoroso e expressivo.

Gérin-Grataloup (1995) apresenta um croqui de síntese sobre o turismo na França. O croqui de síntese, segundo o autor, é parte integrante da dissertação por ressaltar a distribuição espacial dos fenômenos e os fatores de localização. Esses fatores são objeto de uma classificação, por exemplo, fatores físicos/humanos ou antigos/recentes.

A distribuição dos fenômenos analisados indica sua extensão por pontos, linhas ou superfícies, que variam em função da escala da carta-base. Por exemplo, sobre a carta da França, na escala 1:1.000.000, Paris é um ponto, enquanto na planta dessa cidade, na escala 1:10.000, os bairros e as ruas apresentam-se como áreas.

Em um croqui, é obrigatório haver um título que expresse seu conteúdo e uma legenda explicativa dos símbolos utilizados.

Segundo Simielli (1999), existem vários tipos de croquis e os que mais interessam ao ensino da Geografia são aqueles em que as informações são representadas de forma simplificada e estilizada. Destacam-se três tipos de croquis: o de análise/localização, que apresenta o fenômeno ocorrido de forma isolada e no qual, por meio de estudos, é possível analisar determinado fenômeno ou determinada ocorrência na paisagem; o de correlação, que estabelece um encadeamento entre dois ou mais fenômenos ocorridos num espaço; o de síntese, que estabelece relações entre várias ocorrências de determinado espaço.

O croqui tem seu papel em todos os níveis de ensino da Geografia, atendendo aos objetivos de cada um deles.

Para Podestá (1994), o croqui está no limiar entre a criação artística e a manifestação da vontade arquitetônica; o esboço, na arquitetura, captura as fantasias, os sonhos de materializar intenções de forma e espaço. Trata-se de linguagem inteligível ao alcance de todos e, ao mesmo tempo, de poucos, pelo sutil jogo de dissimulação de conteúdos expressos em simples riscos,

Turismo na França

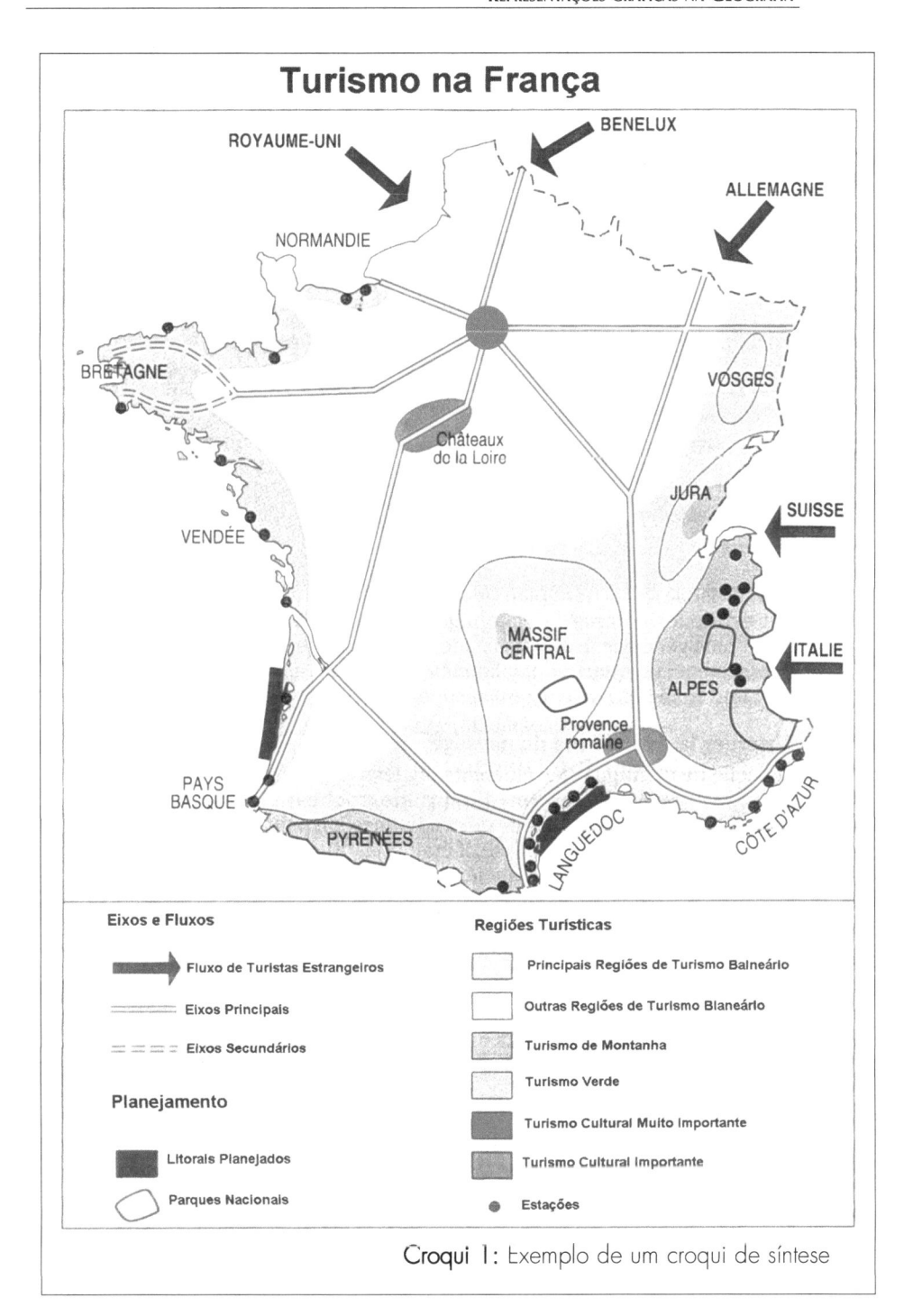

Eixos e Fluxos

- → Fluxo de Turistas Estrangeiros
- ═══ Eixos Principais
- ≡ ≡ ≡ Eixos Secundários

Planejamento

- Litorais Planejados
- Parques Nacionais

Regiões Turísticas

- Principais Regiões de Turismo Balneário
- Outras Regiões de Turismo Balneário
- Turismo de Montanha
- Turismo Verde
- Turismo Cultural Muito Importante
- Turismo Cultural Importante
- ● Estações

Croqui 1: Exemplo de um croqui de síntese

numa síntese de complexidade das complexidades de arquitetar.

Croqui 2: Um olhar sobre o território. Antonio Luiz Dias de Andrade. Paisagem de Piquete (SP), 1994

O croqui no trabalho de campo. Nas séries iniciais do ensino fundamental, o professor orienta o olhar para os aspectos principais, seja de uma edificação, seja de um conjunto de edificações, seja de uma vista do campo ou de uma cidade. Algumas orientações podem contribuir para a elaboração de um croqui, tais como o uso de uma prancheta e de material de desenho.

O trabalho de campo nos arredores da escola ou uma vista de um ponto elevado no campo ou na cidade permitem a realização de um ou de vários croquis, dependendo do objetivo do professor. O croqui pode ser um ponto de partida para um estudo mais detalhado de fenômeno que se destaca na paisagem (morro-testemunho, lagunas, restingas e outros) ou de determinadas concentrações (edificações, eixos rodoviários, favelas, etc.).

Exemplos de croquis de campo

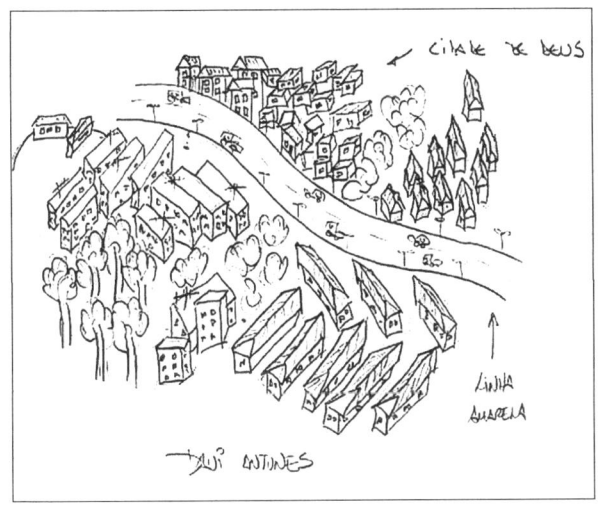

Croqui 3: À esquerda: Cidade de Deus e Linha Amarela vistas do morro Nossa Senhora da Penha; abaixo: Jacarepaguá (RJ) representado pelos alunos do pré-vestibular do Rio das Pedras

O croqui baseado nas fotografias frontais e aéreas verticais. As fotografias frontais e oblíquas oferecem possibilidade de realização de croquis para destacar os elementos significativos de uma paisagem. Pode-se recorrer às fotografias de revistas para extrair os elementos essenciais da paisagem, sobrepondo um papel transparente com o objetivo de destacar alguns aspectos e, com base neles, analisar os fenômenos.

Croqui 4: Croqui baseado em fotografia

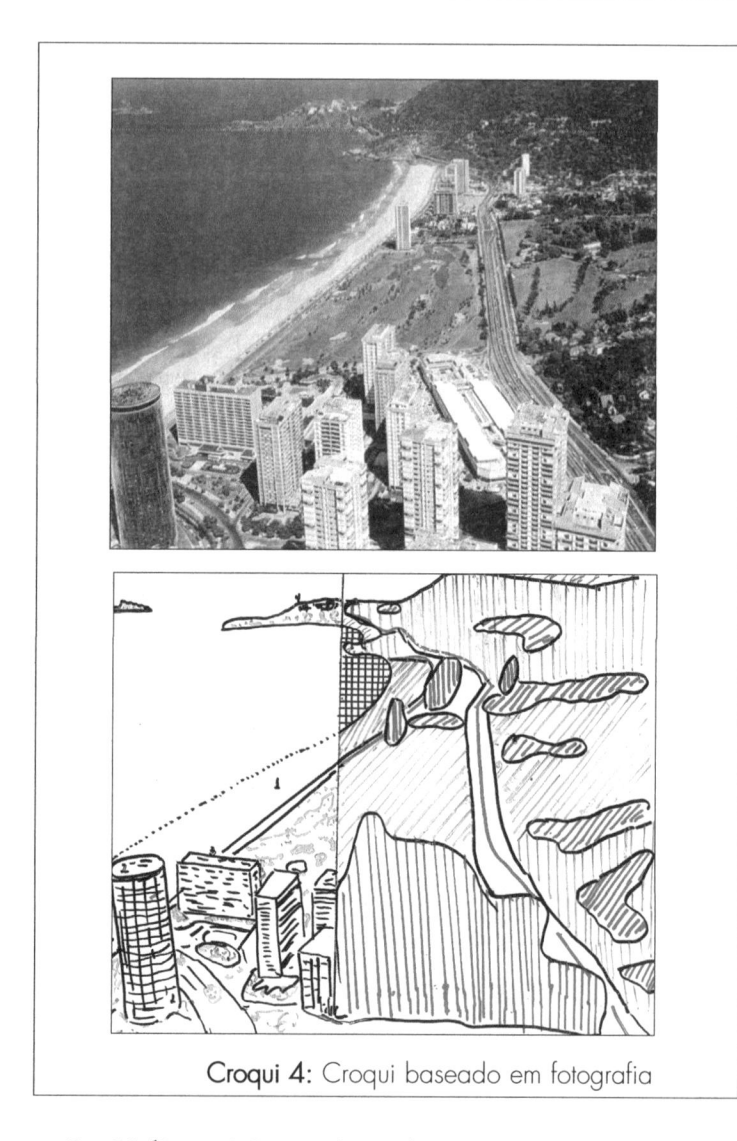

Le Heliec e Martin (1990), ao proporem uma análise geográfica da imagem, utilizam *slides* para projetar uma paisagem. À luz dessa proposta, pode-se solicitar aos alunos que elaborem um esboço com base na imagem e, em seguida, criem convenções, reduzindo a paisagem aos símbolos convencionados e construindo assim um croqui.

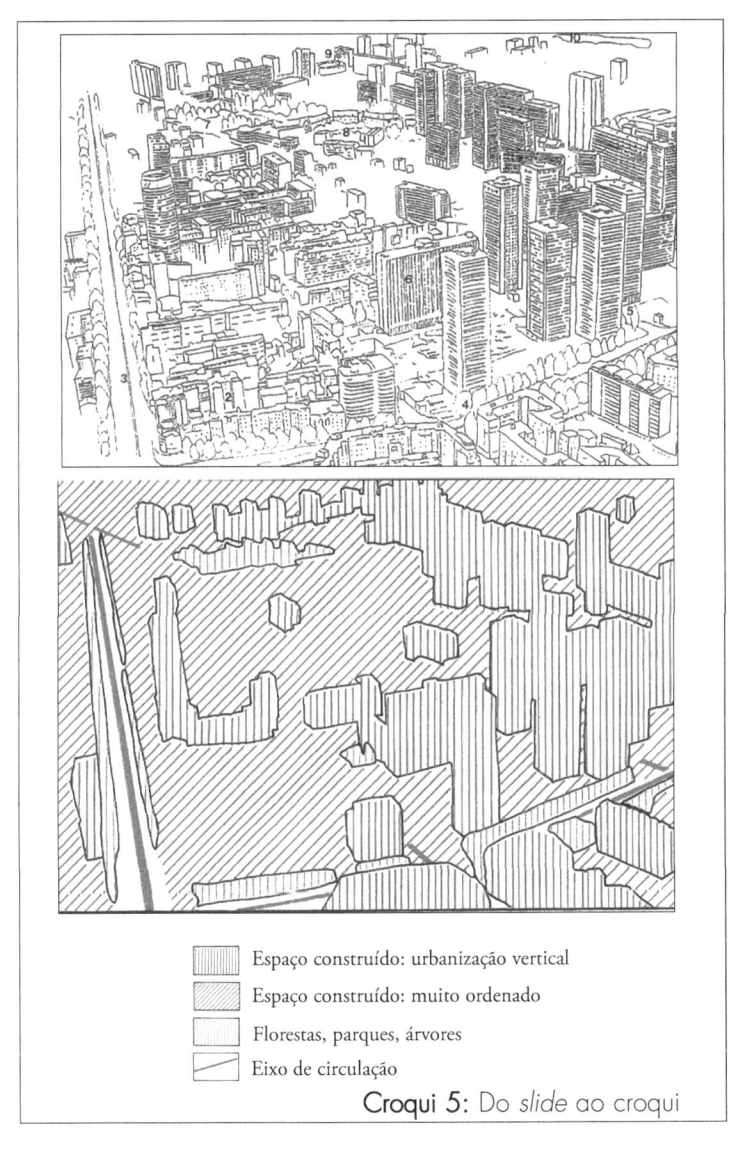

	Espaço construído: urbanização vertical
	Espaço construído: muito ordenado
	Florestas, parques, árvores
	Eixo de circulação

Croqui 5: Do *slide* ao croqui

Cazetta (2002), trabalhando com alunos de 6ª série, mostra a possibilidade de, com base em fotografias aéreas verticais, empregar a técnica do overlay (papel transparente) para desenhar os traços principais de uma fotografia, fazendo uso de convenções pré-elaboradas na passagem da fotografia aérea vertical para uma planta.

Croqui 6: Foto aérea para a realização de croqui. Croqui da Vila Alemã feito por Luciane, 6ª-A, em 28/4/2000

LEGENDA
- Ferrovia
- Áreas construídas
- Áreas verdes
- Terrenos vazios
- Ruas e avenidas
- Lago Azul

As imagens de satélites disponíveis nos livros didáticos, em sites da internet, em prefeituras e à venda no Inpe (Instituto Nacional de Pesquisas Espaciais) permitem ao professor utilizar esse recurso para realizar croquis de áreas conhecidas do aluno. As imagens de satélites são captadas por sensores que medem as ondas eletromagnéticas emitidas por diferentes corpos, propiciando um inventário preciso da superfície da Terra.

Essas ondas são transformadas em dados numéricos e traduzidas em cores, chamadas "falsas cores", pois não correspondem àquelas percebidas pela visão humana.

Significado das cores

amarelo: reflorestamento com eucalipto

verde-amarelado: vegetação rasteira

azul-claro: solo com vegetação rala

azul-escuro: vegetação rala e estradas

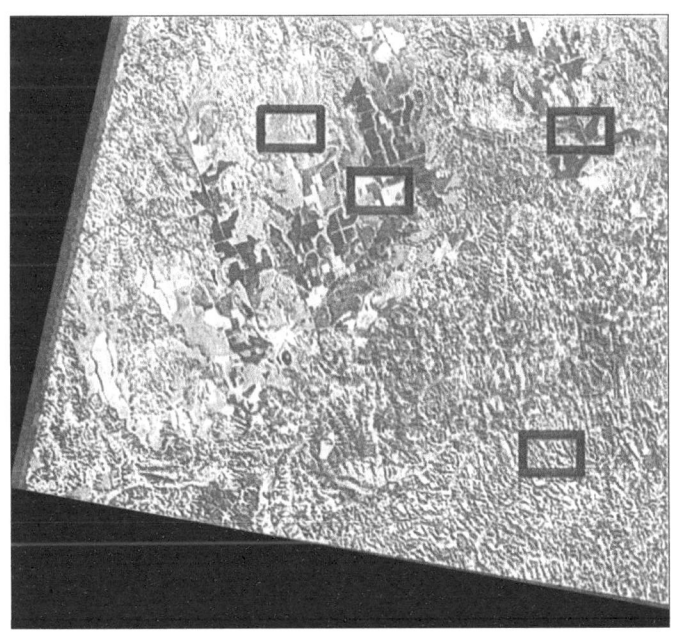

Imagem de satélite 1: Imagem de satélite do município de Itamarantiba (MG). Fonte: Le Sann (2002)

A leitura das paisagens *in locus*, das fotografias frontais, oblíquas, verticais e das imagens de satélites permite aproximar os documentos geográficos da realidade dos alunos.

1.3. Cartas mentais/mapas mentais

As cartas mentais decorrem das pesquisas desenvolvidas na França, mediante a fenomenologia ou a teoria marxista, e suscitadas pela discussão sobre o espaço vivido e o papel do indivíduo na percepção e estruturação de seu espaço.

A obra de Frémont *A região, espaço vivido*, publicada pela primeira vez em 1976 prenuncia os desdobramentos de uma mudança na Geografia em relação à análise micro e macroespacial, ao método de investigação, aos meios (a palavra, o olhar, a biografia,), aos documentos a ser utilizados, à literatura (por exemplo, a região no romance Madame Bovary, de Flaubert).

A nossa proposta é tentar resgatar, na Geografia, o espaço vivido em toda a sua complexidade. Ele aparece como revelador das realidades regionais, que apresentam componentes administrativos, históricos, ecológicos, econômicos e, mais profundamente, psicológicos. Trata-se de perspectiva que implica conhecimento pessoal dos homens e dos lugares. As leituras podem compensar parcialmente a experiência dos muitos geógrafos, mas também de outros especialistas das ciências humanas, particularmente dos psicólogos e etnólogos.

As representações espaciais passam a ser o foco de análise nas obras geográficas. Assim, André (2001) cita, em seu livro, diferentes pesquisas denominadas Geografia dos Atores; Gould e White (1986) apresentam pesquisas sobre mapas mentais; Lynch (1960), arquiteto urbanista, dedica-se ao estudo da percepção dos habitantes da cidade para modelá-la; e Bailly et al (1991) apresenta as cartas mentais, que consistem no desenho, em uma folha branca, em tempo determinado, de um quarteirão, de uma cidade, de uma região ou do mundo. Ele discute a problemática das representações do território na Geografia. Mostra também as dimensões imaginárias ou dimensões comportamentais do indivíduo ou do grupo social. As cartas mentais situam-se no campo do indivíduo, nas dimensões comportamentais associadas a uma psicologia do espaço.

Permanece a discussão sobre a utilização de mapas ou cartas mentais, considerando suas fontes de origem e certa ambiguidade conceitual sobre o espaço percebido e o espaço vivido e representado.

No Brasil, sob a denominação de mapas mentais, Nogueira (1994) desenvolveu pesquisa em Manaus sobre os espaços das crianças e também sobre o espaço percebido e representado pelos práticos de embarcações no rio Amazonas (2001). Vários trabalhos utilizam o desenho do espaço de vivência e do vivido de alunos e adultos em sua prática social.

O conceito de cotidiano orienta muitas pesquisas em Geografia e História. A utilização desse conceito permite abordagens em diferentes graus de abrangência: alguns autores enfatizam o nível microestrutural do cotidiano; outros inserem este nível na macroestrutura (econômica, política, cultural e ideológica).

As falas dos alunos e dos professores, as representações gráficas e imaginárias em suas práticas, precisam ser consideradas e contextualizadas de acordo com os níveis — maior ou menor — de abrangência.

Gérin-Grataloup (1995, p. 122) didaticamente oferece aos professores uma síntese das possibilidades do uso das cartas mentais para melhor conhecimento dos alunos e de uma realidade próxima e atual.

> Para conhecer o espaço de vida do indivíduo, pede-se a ele que trace à mão, sem fornecer-lhe um mapa-base, o plano dos lugares que frequenta regularmente. A isso se dá o nome de carta mental. Tais documentos revelam práticas bastante diferenciadas realizadas no espaço. Por exemplo, pessoas isoladas saem pouco dos belos quarteirões e não conhecem, a não ser pela mídia, os quarteirões desfavorecidos. Situação semelhante pode ocorrer com crianças que conhecem somente o bairro da periferia em que residem: para elas, o resto é imaginário.

> As pesquisas sobre mapas mentais (*mental maps*) realizadas por Gould e White (1986) no fim da década de 70 do século XX giraram em torno de duas questões: qual é a imagem mental de outros lugares? São elas capazes de remover a realidade econômica? A análise foi realizada com base na percepção dos imigrantes sobre os espaços de imigração na Inglaterra, Estados Unidos e Canadá.

> As primeiras pesquisas referentes à percepção dos habitantes sobre o espaço urbano das cidades americanas são de Kelvin Lynch, em 1959 (*The image of city*). Urbanistas e planejadores urbanos utilizaram sua metodologia para intervenções no espaço urbano. A classificação de Lynch, em 1982, também foi referência para analisar o trajeto casa–escola no Rio de Janeiro.

As cartas mentais são instrumentos eficazes para compreender os valores que os indivíduos atribuem aos diferentes lugares. O espaço vivido é o conjunto dos lugares de vida de um indivíduo. A casa, o lugar de trabalho, o itinerário de um a outro local formam os componentes principais do espaço vivido. Os lugares são frequentados para fazer cursos, para lazer, para visitar os amigos, passar as férias. Certos lugares são percorridos diariamente, outros excepcionalmente, outros jamais. Reconstituir o conjunto dessas práticas é necessário para compreender, por exemplo, a atração dos habitantes de uma aglomeração qualquer por um centro comercial ou pelo centro da cidade.

A análise do espaço vivido, das cartas mentais, dos mapas, inscreve-se numa problemática desenvolvida ao longo da década de 70 do século passado, constituindo uma abordagem da Geografia da percepção, ou Geografia das representações, ou ainda Geografia comportamental. Tal análise procura conhecer o "sentido do lugar", isto é, as qualidades subjetivas que os indivíduos dão aos lugares e que orientam suas práticas sociais. Pode-se falar de uma "microgeografia", uma vez que ela trabalha sobre a experiência e o imaginário pessoal. Para a Geografia da percepção, a arte, a literatura, o cinema são instrumentos úteis para todos.

Abaixo estão exemplos de duas cartas mentais elaboradas por um adolescente que vive na periferia de Paris a, aproximadamente, 6 quilômetros da capital. Essas cartas testemunham o grande isolamento espacial do aluno. A prática do espaço é limitada a alguns lugares frequentados e a certos pontos de referência. Paris é grande desconhecida para ele e está reduzida ao mítico Champs Élysées, bulevar localizado no centro da cidade.

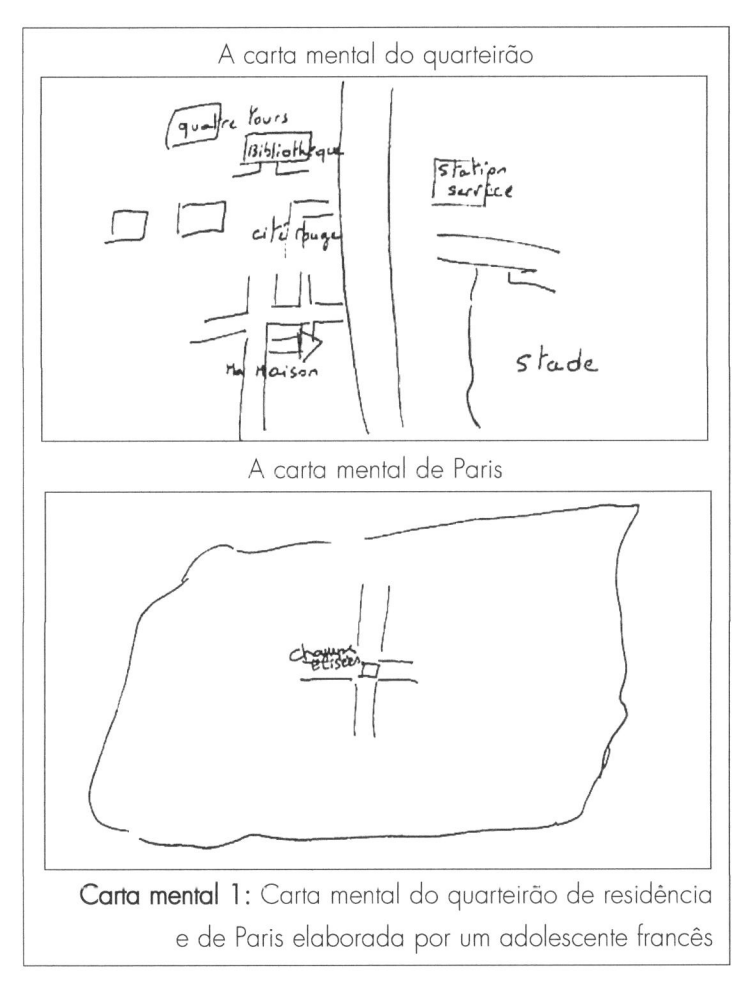

Carta mental 1: Carta mental do quarteirão de residência e de Paris elaborada por um adolescente francês

2. Atividades

1) Analise os desenhos sobre os trajetos casa–escola de seus alunos. Que relações espaciais eles identificam? Que referências são representadas? O caminho é linear ou em curvas? Apresenta unidade de medida? O trajeto está inserido em uma planta do bairro ou da cidade?

2) Desenhe paisagens de seu bairro e organize-as em um painel. Localize os lugares desenhados em uma

planta. Discuta os vários pontos de vista do observador das paisagens desenhadas e compare-os com a representação existente na planta.

3) Selecione alguns locais desenhados e fotografe-os de diferentes pontos de vista. Redesenhe a paisagem com base na fotografia.

4) Organize, com os alunos, um quebra-cabeça do município e do Estado em que vocês residem. Estabeleça os critérios de subdivisões. Organize matrizes de vizinhança dos bairros do município e dos municípios do Estado para compor o todo.

5) Ao realizar um trabalho de campo, procure uma elevação para ter uma vista panorâmica do território. Faça o esboço de um croqui. Ao visitar determinados locais, os alunos podem elaborar croquis de alguma edificação (igreja, sede de fazenda, casas de colonos, etc.).

6) Oriente os alunos na seleção de fotografias a fim de realizar uma superposição com um papel transparente e delinear seus traços principais (overlay).

7) Selecione algumas fotos aéreas verticais de sua cidade e transforme-as em um croqui legendado.

8) Procure imagens de satélites em publicações de seu município, de seu Estado, de outras áreas do Brasil e do Inpe/São José de Campos (SP) e colecione-as para usá-las com seus alunos quando os conteúdos trabalhados necessitarem desses recursos.

9) Analise, geograficamente, os croquis de síntese que aparecem em livros didáticos.

10) Compare as cartas mentais de diferentes pessoas, de um grupo de profissionais ou de um grupo de alunos e organize com os colegas um mapeamento dos lugares preferidos ou rejeitados de sua cidade.

11) Escolha alguns lugares preferidos ou rejeitados pela turma e solicite que desenhem esses lugares, apontando suas características básicas.
12) Discuta com seus colegas as diferenças conceituais de pesquisadores sobre o vivido e o cotidiano.

3. Leituras complementares

BAILLY, Antoine S. et al (Coord.). 2ème ed. *Les concepts de la Géographie humaine*. Paris: Masson, 1991.

BRUNNER, Jerome Seymour. A inspiração de Vygotsky. In: _____. Realidade mental, mundos possíveis. Porto Alegre: Artes Médicas, 1998. p. 75-83.

CAZETTA, Valéria. *A aprendizagem escolar do conceito de uso do território por meio de croquis e fotografias aéreas verticais*. 2002. 96 f. Dissertação (Mestrado em Geografia) – Universidade Estadual Paulista, Rio Claro.

DERDYK, Edith. *Formas de pensar o desenho:* desenvolvimento do grafismo infantil. São Paulo: Scipione, 1989.

FRÉMONT, *Armand. A região, espaço vivido.* Coimbra, Portugal: Almedina, 1980.

LACOSTE, Yves. A quoi sert le paysage? Qu'est-ce qu'un beau paysage? *Hérodote*, Paris, n. 7., p. 3-41, juil./sept. 1977.

LE SANN, Janine et al. *Atlas escolar de Itamarandiva*. Belo Horizonte: UFMG, 2002.

LEFEBVRE, H. *La presence et l'absence...:* contribution à la théorie des représentations. Paris: Castermann, 1980.

LYNCH, Kelvin. *The image of the city.* Cambridge: MIT, 1960.

MASSON, Michelle. *Vous avez dit Géographies:* didactique d'une Géographie plurielle. Paris: Armand Colin, 1994.

NOBRE, Neimar F. *Croquis:* uma prática no ensino da Geografia. Rio de Janeiro: UFF, 2002. Educação/Monitoria.

_____; SANTOS, Paulo José. *Projeto do estudo do meio na Geografia:* uma análise da baixada de Jacarepaguá – RJ. In: ENCONTRO NACIONAL DE PRÁTICA DE ENSINO, 7., Vitória (ES). *Anais...* Vitória: Efes, 2003. p. 573-579.

NOGUEIRA, Amélia Regina Batista. *Percepção e representação gráfica:* a "geograficidade" nos mapas mentais dos comandantes de embarcações no Amazonas. 2001. 181 f. Tese (Doutorado) – Faculdade de Filosofia, Letras e Ciências Humanas, Departamento de Geografia, Universidade de São Paulo, São Paulo.

_____. *Mapa mental.* Recurso didático no ensino da Geografia do 1º grau. 1994. 208 f. Dissertação (Mestrado) – Faculdade de Filosofia, Letras e Ciências Humanas, Departamento de Geografia, Universidade de São Paulo, São Paulo.

PAGANELLI, Tomoko Iyda. Desenho de paisagem. In: _____. *Paisagem:* decifração do espaço-tempo social. As representações das paisagens do Rio de Janeiro. 1998. 172 f. Tese (Doutorado) – Faculdade de Filosofia, Letras e Ciências Humanas, Departamento de Geografia, Universidade de São Paulo, São Paulo. p. 14-79.

_____. *Para construção do espaço geográfico.* 1982. 515 f. Dissertação (Mestrado) – Instituto de Estudos Avançados em Educação, Fundação Getúlio Vargas, Rio de Janeiro.

_____ et al. A cidade de Niterói na representação dos carteiros. In: INTERNATIONAL CARTOGRAPHIC CONFERENCE (ICC), 21st, 2003, Durban. *Annals...* Durban, 2003. 1 CD.

PIAGET, Jean. *Representação do espaço na criança.* Tradução de Bernardina Machado de Albuquerque. Porto Alegre: Artes Médicas, 1993.

PODESTÁ, Flávio H. O croqui e a paixão. *Caderno de Desenho:* projeto 180, p. 49-67, nov. 1994.

SIMIELLI, Maria Elena R. Cartografia no ensino fundamental. In: CARLOS, Ana Fani Alessandri (Org.). *A Geografia na sala de aula.* São Paulo: Contexto, 1992. p. 92-108.

Capítulo IV

REPRESENTAÇÕES CARTOGRÁFICAS: PLANTAS, MAPAS E MAQUETES

Representações cartográficas: plantas, mapas e maquetes

Joseph Conrad (1857-1924), escritor inglês de origem polonesa, autor de *O coração das trevas*, tem um texto célebre sobre sua paixão pelos mapas, expressa no livro pela personagem Marlow:

> *Bem, quando era pequeno, tinha paixão por mapas. Eu ficava horas olhando a América do Sul, ou a África, ou a Austrália, e abandonava-me às glórias da exploração. Naquela época, havia muitos espaços em branco no mundo, e quando enxergava um que parecia particularmente convidativo no mapa (mas todos pareciam assim), colocava o dedo ali e dizia: "Quando crescer, vou para lá." O Polo Norte era um desses lugares, recordo. Bem, ainda não estive lá e não vai ser agora que vou tentar. O encanto acabou. Outros lugares espalhavam-se pelo Equador e em cada tipo de latitude sobre todos os hemisférios. Estive em alguns deles... bem, não vamos falar sobre isso. Havia um, no entanto, o maior, o mais branco por assim dizer — que me atraía especialmente.*
> *É verdade que, nessa época, já não era mais espaço em branco. Tinha sido preenchido, desde minha adolescência, por rios, lagos e nomes. Cessar de ser um espaço em branco ou um delicioso mistério — um retalho claro sobre o qual um garoto podia sonhar, sonhos de glória. Tornara-se um lugar tenebroso. Mas havia um rio grande e poderoso, que você podia ver no mapa, semelhante a uma imensa cobra desenrolada. Com a cabeça no mar, o corpo em repouso curvado*

à distância sobre o vasto país, e o rabo perdido nas profundezas da terra. E quando olhei para o mapa na vitrine de uma loja, ele me fascinou como uma cobra fascina um pássaro — um passarinho idiota. Então lembrei que havia uma grande empresa, uma companhia que fazia comércio naquele rio. Ora, bolas, pensei, não pode comerciar sem usar algum tipo de embarcação nesse pedaço de água doce — barcos a vapor, por exemplo! Por que não tentar obter o comando de um deles? Saí caminhando ao longo da Fleet Street, mas não consegui me livrar da ideia. A cobra havia me encantado.

Entendam bem, era uma companhia continental, aquela sociedade de comércio, mas eu conhecia muita gente que morava no continente, pois a vida lá é mais barata e não tão ruim quanto parece, dizem (Conrad, 2001, p. 2-14).

1. Para que servem os mapas?

A leitura do texto acima levanta a questão: para que servem os mapas? Servem para encantar o imaginário de um mundo desconhecido em várias idades, das crianças e dos adultos, por viagens pelo mundo, este vasto mundo, mas servem também, segundo Lacoste (1988), antes de mais nada, para ajudar os homens a fazer guerra. Tesouros guardados a sete chaves pelos reis, disseminados em bancas, livros, jornais e folhetos nem sempre utilizados, alguns restritos às forças armadas, ainda guardam seus segredos para os analfabetos cartográficos.

A história da cartografia revela-nos como surgiram os primeiros mapas. Encantamo-nos ao observar os mapas antigos, elaborados pelas diferentes civilizações. Obras como as de Woodward e Lewis (1998), sobre a pré-história e as sociedades tradicionais, de Lacoste

(1996), ou ainda de Belluzzo (1999) apresentam-nos um acervo de mapas, até chegar aos dias atuais, por meio dos livros e de exposições.

Uma das grandes dificuldades apontadas pelos alunos do ensino médio das escolas públicas nas provas do Exame Nacional para o Ensino Médio (Enem) refere-se à interpretação de mapas.

Pereira (2002) realizou uma pesquisa sobre o conflito no Iraque em duas escolas conceituadas de Niterói (RJ), uma pública e outra particular. O objetivo era avaliar o avanço das tropas norte-americanas sobre o território iraquiano por meio dos mapas e reconhecer o desenvolvimento dos alunos no processo de localização, análise e correlação dos acontecimentos bélicos, dos aspectos físicos, econômicos (estradas, oleodutos) e estratégicos (o avanço e ataques e a situação política dos territórios vizinhos).

Os resultados da pesquisa revelaram que a escola atual não está oferecendo condições para que o adolescente associe as informações da mídia à espacialização do conflito, pois os alunos desconhecem sua localização correta, nem propiciando o desenvolvimento de um pensamento hipotético-dedutivo. Os mapas não estão ajudando os jovens a refletir sobre um problema apresentado, ou seja, a efetuar o cruzamento das variáveis envolvidas na situação. Essas variáveis são tratadas de forma isolada, sem que haja operações lógicas de implicações e correlação. Tal fato pode demonstrar que o ensino e a aprendizagem da Geografia na escola média são livrescos, discursivos, com pequena motivação e assimilação dos fatos mundiais, o que talvez se

> Colóquios de Cartografia para Crianças e Escolares: Rio Claro, 1995; Belo Horizonte, 1996; Rio de Janeiro (Workshop da Sociedade Brasileira de Cartografia), 1997; São Paulo, 1999; Maringá, 2001 (I Fórum Latino-Americano); Diamantina (MG) e Rio de Janeiro, 2002 (VIII Colóquio e I Simpósio Ibero-Americano). Mencionem-se ainda a formação do grupo de pesquisadores brasileiros de cartografia para escolares (CNPq/Brasil) e a Commission on Cartography and Children da International Cartographic Association (ICA).

explique pela não assimilação dos conteúdos extraídos dos mapas ou pelo uso inadequado dos recursos disponíveis, sejam eles noticiário da televisão, da grande imprensa escrita ou mesmo da internet, para os jovens que têm acesso a esses meios de comunicação.

Tanto os mapas murais como o atlas, na condição de instrumentos pedagógicos, deveriam ser presença obrigatória nas salas de aula de Geografia. Apesar da disseminação dos mapas pela mídia e pela internet, esse material, na escola, precisa ser utilizado no desenvolvimento de um raciocínio geográfico e geopolítico.

A importância de uma iniciação ou alfabetização cartográfica tem sido retomada em dissertações e teses sobre a cartografia escolar, impulsionadas por eventos em que o Brasil se destaca por sua iniciativa e participação.

Embora os mapas suscitem rico imaginário motivador, é necessário ter uma iniciação no domínio da linguagem cartográfica, que foi enriquecida pelas teorizações sobre a semiologia, na década de 70 do século passado. Geógrafos e cartógrafos dedicaram-se a estabelecer uma semiologia gráfica a partir de Jacques Bertin, com suas obras *Sémiologie du système graphique de signes* (1967) e *La graphique et le traitement graphique de l'information* (1977), considerando as variáveis visuais: a forma, a orientação, a cor, a granulação, o valor e o tamanho. As escalas das variáveis visuais no mapa dependem da maneira pela qual se dá o registro dos fenômenos — por pontos, linhas ou áreas — e da finalidade de sua marcação — diferenciação (informação qualitativa), classificação (informação ordenada) ou tamanho (informação quantitativa). O quadro abaixo sintetiza essa multiplicidade dos atributos.

A Escolha das Variáveis

Formas \ O que Mostra?	DIFERENCIAÇÃO Informação Qualitativa	CLASSIFICAÇÃO Informação Ordenada	TAMANHO Informação Quantitativa
Pontos	• Variação de Formas ○ □ △ Atenção: além de um certo número de formas o olho humano não percebe a diferença • Variação de Cores ○ ● ●	• Variação de Granulometria • Variação de Valor ○ ● ● • Variação de Cores Atenção: a cor só exprime uma classificação ao variar o valor da tinta ○ ○ ●	○ ○ ○ ○ (barras crescentes)
Linhas	• Variação de Formas .... — — — • Variação de Cores	• Variação de Granulometria • Variação de Valor • Variação de Cores Variando o Valor da Tinta	• Variação de Tamanho
Superfícies	• Variação de Orientação Atenção: o espaçamento e a espessura são constantes • Variação de Cores Contrastes mais fortes Cores Frias / Cores Quentes Cores complementares	• Variação de Granulometria • Variação de Valor • Variação de Cores Fazendo variar a cor Classes com valores opostos −∞ 0 +∞	• Variação de Tamanho Varia-se o tamanho de um círculo (ou de um retângulo) colocando-o no centro da superfície

Fonte: Adaptado e traduzido de Gérin-Grataloup (1995, p. 115)

No Brasil, pesquisadores utilizam esse referencial na elaboração de mapas temáticos. É importante destacar, para o ensino, a diferença existente entre mapas topográficos e mapas temáticos.

As cartas ou mapas topográficos servem para dar referências sobre o terreno. São indispensáveis para orientar o militar, o geógrafo ou cartógrafo. Apresentam informações precisas sobre relevo, rede hidrográfica, distribuição do hábitat, vias de circulação e também nomes dos lugares.

Os mapas topográficos utilizam basicamente quatro cores: verde para representar a vegetação, limites florestais e parques naturais; azul para hidrografia (curso d'água, lagos e mar); laranja para curvas de nível, estradas principais e fronteiras; preto para estradas secundárias, caminhos, via férrea e nomes de lugares.

A escala desses mapas é de 1:50.000, significando que um centímetro no mapa representa 50 mil centímetros no terreno, ou seja, 500 metros. As escalas dos mapas topográficos podem variar em alguns países entre 1:25.000, 1:100.000 e 1:250.000.

O relevo é neles representado pelas curvas de nível, que ligam pontos de mesma altitude. O desnível entre duas curvas pode ser de 5, 10, 50, 100 metros ou mais, dependendo do objetivo de seu uso. Nos pontos mais altos das elevações e nas curvas principais há indicação de altitude. O espaçamento das curvas de nível permite identificar o declive — mais abrupto ou mais suave.

As cartas temáticas representam somente um fenômeno espacial. Os atlas dão numerosos exemplos desse tipo de carta: relevo, vegetação, distribuição da população, agricultura, indústria, turismo, comunicação. Os mapas temáticos são estabelecidos com base em fontes estatísticas.

Há vários tipos de representações nas cartas temáticas: entre eles, encontram-se aqueles que exprimem diversos aspectos de um fenômeno por cores ou hachuras com orientações diferentes ou permitem a visualização das cores por meio de gradações e aqueles que traduzem a distribuição de um fenômeno por meio de pontos.

2. Maquetes: a simbolização da realidade

Segundo Piaget, a criança representa uma realidade vivida por meio de uma dramatização ou construção tridimensional, por imitação, por um processo de assimilação e acomodação diante de dada realidade, fazendo uso de jogos simbólicos. Na imitação, a criança apropria-se dos atributos e funções dos objetos, modificando-os e acomodando-os a nova situação. Nessa reprodução, adapta a realidade aos seus anseios, desejos e medos. Esse brincar simbólico e lúdico com as coisas do mundo infantil modifica-se no adulto, através do tempo, mediante a ciência e as artes.

As construções espontâneas surgem dos fragmentos de vegetais, dos diferentes tipos de pedras, de peças produzidas, de miniaturas de pessoas, casas, igrejas, fortes, carros, trens e cidades inteiras. Esse processo permite que a criança, nas brincadeiras, manipule objetos, tenha poder sobre eventos e fatos, domine os fenômenos, a exemplo dos jogos de soldadinhos ou de diplomacia, imitando a realidade.

A entrada na escola estimula a criança a empreender vários tipos de construções e progressivamente chegar à construção da maquete da sala de aula, da casa, da escola, da rua, do bairro, do relevo. O aluno vai defrontar-se com questões referentes à variedade de tipos, ao tamanho e à proporcionalidade dos objetos, de uns em relação aos outros nas escalas qualitativas (cidades, cultura de soja) e quantitativas (maior ou menor).

A construção da maquete na sala de aula merece alguns cuidados por parte do professor, no sentido de enfatizar e incentivar a criatividade na busca de material, no exercício do trabalho coletivo e nas representações dos objetos.

A construção da maquete. Almeida (2001), no livro *Do desenho ao mapa*, discute o processo de construção de uma maquete na sala de aula com alunos do ensino fundamental. Inicialmente, trabalha-se com o processo de orientação para, a seguir, ocupar-se com o desenho da sala de aula e, mais tarde, chegar à construção da maquete. A autora analisa as soluções encontradas pelos grupos de alunos. Algumas observações realizadas sobre os alunos na primeira etapa são importantes:

> *percebi que nenhum grupo antecipou o problema da proporção entre os objetos e a caixa da maquete (...)*
> *Das oito maquetes construídas, apenas duas apresentavam todos os elementos da sala de aula, na quantidade certa e no lugar certo (...)*
> *Na avaliação desse trabalho, notei que todos os grupos conseguiram solucionar bem as questões sobre localizações. Resolveram corretamente a relação de mudança de pontos de vista e os elementos que poderiam ser observados. O ponto de vista de cima foi apontado pela maioria dos grupos como a solução para ver todos os elementos da maquete de uma só vez.*

Na segunda etapa, para realizar a projeção da maquete no plano, coloca-se um papel celofane transparente sobre ela e traça-se o contorno dos objetos com caneta própria para retroprojetor. Algumas situações devem ser resolvidas pelos alunos, como a indicação das paredes, portas e janelas.

Em meio aos trabalhos, determinada aluna assim se expressou: "Nós construímos a maquete para fazer um mapa. Como é que eles fazem o mapa?" Segundo a autora, a pergunta é indicativa do que se esperava atingir com a atividade da maquete: o processo de mapeamento. Da comparação entre a maquete e a planta, introduz-se a planta em escala, mediante o uso de um fio, para realizar as proporções entre o tamanho real e o tamanho na planta, promovendo também a construção da respectiva legenda (Almeida, 2001, p. 75-97).

Essas construções realizadas no ensino fundamental a partir do segundo e terceiro ciclos, quando as questões de localização, dimensões, proporção e escalas estão em fase de operacionalização, permitem o levantamento de questões e soluções por parte dos alunos e/ou com a intervenção do professor.

A construção da maquete com base na planta e na carta topográfica é atividade frequente na formação cartográfica dos alunos do curso de Geografia.

A maquete construída com base na carta topográfica. No processo de construção da maquete do Brasil proposto por Simielli, os alunos confeccionaram maquetes individuais referentes às áreas de pesquisa de cada um, obedecendo às seguintes etapas:

1) escolha de um dos mapas físicos do IBGE ou do Geoatlas (Simielli, 2006), fazendo a adequação da escala de acordo com o objetivo pretendido;
2) desenho das curvas de nível;
3) transposição das curvas de nível para as placas de isopor;
4) recorte das placas de isopor;
5) colagem das placas de isopor;
6) recobrimento com gesso ou massa corrida;
7) acabamento com a pintura.

> Os mapas físicos podem ser adquiridos no Instituto Brasileiro de Geografia e Estatística (IBGE) no *site*: <http://www.ibge.gov.br>.

Em suas considerações finais sobre a confecção da maquete, a autora ressalta que a maquete não é um fim, mas um meio didático pelo qual vários elementos da realidade devem ser trabalhados em conjunto (Simielli, 1991).

Uma maquete feita com base em carta topográfica pode ser usada como instrumento de pesquisa para análise de domínio de relações espaciais e coordenação de pontos de vista tal como a utilizada por Piaget, Inhelder e equipe (1993).

Com base na carta topográfica de 1:50.000, uma maquete de Copacabana e Ipanema foi construída para a pesquisa sobre a posição em relação às perspectivas, cujo foco foram as elevações do Arpoador e dos morros do Pavão, Pavãozinho e Cantagalo, tomados como um bloco contínuo e apresentando diferentes aspectos em suas faces norte-sul e leste-oeste. A pesquisa adapta o experimento de Piaget das três montanhas (Piaget e Inhelder, 1993) para uma situação concreta de alunos moradores e não moradores desses morros, que possuem elevações bastante marcantes e visíveis das escolas situadas neles e nos arredores.

Em uma primeira etapa, foi realizada uma excursão em micro-ônibus, com as escolas envolvidas na pesquisa, em redor do conjunto dos morros de Cantagalo, Pavão e Pavãozinho, com parada para visualização dos morros de diferentes lugares e identificação dos pontos de vista à direita, à esquerda, à frente e atrás. Posteriormente, em sala de aula, os alunos fizeram a representação gráfica do trajeto (Escola–Copacabana–Arpoador–Ipanema–Escola).

Em entrevistas individuais, foram apresentadas fotos dos morros de diferentes pontos de vista e solicitada sua localização na maquete.

As crianças foram postas diante da maquete, e a primeira pergunta do professor referia-se à identificação dos lugares nela representados (a praia de Copacabana, de Ipanema, o Arpoador, o arruamento, as praças). Há sempre um encantamento e estranhamento provocados pela maquete.

Em um segundo momento, foram tiradas fotos da maquete para identificar a localização de um boneco em redor dela.

Constatou-se que a grande dificuldade dos alunos moradores e não moradores dos morros foi relacionar a posição do boneco na maquete e nas fotografias correspondentes. A percepção aleatória guiou as localizações; poucos alunos utilizavam o conhecimento vivido, e as dimensões projetivas (frente/atrás ou direita/esquerda) propiciavam respostas aleatórias para resolução da relação entre a posição e as diferentes vistas dos lugares.

Evidenciou-se, na pesquisa, o pouco reconhecimento dos alunos de seu próprio espaço de moradia, de circulação diária (casa–escola) de moradores e não moradores, nas várias formas de representação: visuais, figurativas, fotográficas e da maquete. Constatou-se assim a necessidade de realizar um trabalho sistemático de reconhecimento da realidade próxima da escola e de atuar com professores e alunos das primeiras séries (Paganelli, 1982).

3. Atividades

1) Leia o trecho do livro *O coração das trevas* e procure identificar os lugares mencionados pelo texto. Situe o contexto histórico em que se passa a narrativa, identificando o rio mencionado e o continente em que ele se encontra.

2) Leia o livro citado para melhor realizar a contextualização do tempo e do espaço em que ocorre a narrativa.
3) Relacione os fatos narrados pelo livro e a posição de Yves Lacoste sobre a Geografia (segundo a qual ela serve, antes de tudo, para fazer a guerra). Leia o livro de Lacoste (1988) para avaliar o papel e o uso dos mapas nas ações táticas e estratégicas dos Estados-Maiores e do mercado.
4) Analise a linguagem cartográfica de um atlas escolar.
5) Informe-se sobre as atividades do grupo de pesquisas sobre cartografia para crianças e para escolares em sua cidade ou região, junto aos colegas e professores de Geografia e aos professores da universidade. Faça uma consulta em sites sobre cartografia para crianças e na Comission on Cartography and Children da ICA (International Cartographic Association).
6) Recorra às fontes das experiências apresentadas para compreender melhor a utilização das maquetes em Geografia.
7) A partir do segundo ciclo de ensino, planeje a construção de uma maquete com base na planta topográfica de sua cidade.
8) Organize grupos para confeccionar maquetes a fim de detalhar a formação e os problemas ambientais das bacias hidrográficas de seu município ou de seu Estado.
9) Se você mora em um lugar de montanhas, avalie as coordenações de perspectivas, como o experimento das três montanhas de Piaget (Piaget e Inhelder, 1993), tendo como foco sua localidade. Ou procure conhecer o experimento e modele três elevações desiguais de fácil identificação e um boneco para avaliar as coordenações de pontos de vista de seus alunos.

4. Leituras complementares

ALMEIDA, Rosangela Doin de. *Do desenho ao mapa:* iniciação cartográfica na escola. São Paulo: Contexto, 2001.

_____. *Proposta metodológica para a compreensão de mapas geográficos.* 1994. 289 f. Tese (Doutorado em Educação) – Faculdade de Educação, Universidade de São Paulo, São Paulo.

_____ et al. *Atividades cartográficas.* São Paulo: Atual, 1997. 4 v.

_____; PASSINI, Elza Yasuko. *O espaço geográfico:* ensino e representação. São Paulo: Contexto, 1989.

BRIAN, Sam. Teaching Geography and mapping from terrain models. In: THE JOINT INTERNATIONAL CARTOGRAPHIC ASSOCIATION SEMINAR "DISCOVERING BASIC CONCEPTS", 1999. Montreal, Canada. *Proceedings:* Montreal: Concorde University. Dep. of Geography, 1999. p. 14-18.

MARTINELLI, Marcelo. Cartografia temática: cadernos de mapas. São Paulo: Edusp, 2003.

_____. *Curso de cartografia temática.* São Paulo: Contexto, 1991.

PAGANELLI, Tomoko Iyda. *Para construção do espaço geográfico.* 1982. 515 f. Dissertação (mestrado) – Instituto de Estudos Avançados em Educação, Fundação Getúlio Vargas. Rio de Janeiro.

PASSINI, Elza Yasuko. *Alfabetização cartográfica.* Belo Horizonte: Lê, 1994.

PIAGET, Jean; INHELDER, Bärbel. *Representação do espaço na criança.* Tradução de Bernardina Machado de Albuquerque. Porto Alegre: Artes Médicas, 1993.

REGIS, Wanda. *Aprendendo a fazer maquetes em 3 lições:* vídeo didático. Rio de Janeiro: UFRJ; João Pessoa: UFPB, 1999.

SANTOS, Clézio. *Cartografia geográfica:* representando graficamente o relevo. Ribeirão Preto: Edição do Autor, 1999.

SIMIELLI, Maria Elena Ramos. *Primeiros mapas:* como entender e construir. São Paulo: Ática, 1993. 4 v.

_____. Do plano ao tridimensional: a maquete como recurso didático. *Boletim Paulista de Geografia,* São Paulo: AGB – São Paulo, n. 70, p. 5-21, 2. sem. 1991.

Capítulo V

O LIVRO DIDÁTICO DE GEOGRAFIA

O livro didático
de Geografia

*Atualmente, a ampla produção cultural disponibiliza
múltiplas linguagens a ser utilizadas como auxiliares na
compreensão e análise do espaço geográfico.
Não obstante, os livros didáticos continuam a ser o grande
referencial na sala de aula para alunos e professores das
escolas públicas e privadas do País, embora sejam
utilizados de formas variadas: às vezes,
permitindo que o aluno faça uma reflexão sobre o espaço;
muitas vezes, trabalhando com a Geografia
de modo tradicional e não reflexivo.
A variação de usos em sala de aula depende da relação
existente entre os vários fatores: a formação geográfica e
pedagógica do professor, o tipo de escola, o público que a
frequenta e as classes sociais a que atende.*

Uma primeira reflexão a ser realizada é sobre o que vem a ser o livro didático. Este recurso apresenta múltiplos aspectos, sendo uma produção cultural e, ao mesmo tempo, uma mercadoria, devendo, portanto, atender a determinado mercado. É uma produção que leva o nome de um ou mais autores, mas tem por trás todo um grupo de pessoas em seu tratamento industrial antes de sua chegada às escolas e livrarias. Como mercadoria, o importante para as editoras é que ele seja vendido, e é preciso considerar que o grande comprador do livro didático é o próprio governo federal. Daí

<small>Cf. BITTENCOURT, C. M. F. Livros e materiais didáticos de História. In: *Ensino de História*. São Paulo: Cortez, 2004. p. 295-324.</small>

resulta o desejo das editoras de que seu livro seja escolhido e bem avaliado pelo MEC — do contrário, o governo central não vai comprá-lo.

O professor, ao escolher um livro didático, não pode fazê-lo de forma aleatória, pois alguma reflexão necessita ser realizada se o mestre tiver a consciência de que o alvo é, no presente caso, o aprendizado geográfico. Cada disciplina tem suas exigências diante de seu principal objeto de estudo e das linguagens que permitem o entendimento dele. No ensino e aprendizagem da Geografia, há a linguagem textual, a qual exige que os autores sejam especialistas, portanto, conhecedores da ciência e de seu ensino, mas é imprescindível que o livro trabalhe com outras linguagens, para representar melhor o espaço geográfico. Desse modo, não basta um texto bom, atualizado, se a diagramação não contribuir para a compreensão daquilo que se quer ensinar.

Na Geografia, as representações gráficas e cartográficas são extremamente importantes na ampliação de conhecimentos espaciais tanto do cotidiano dos estudantes como de lugares distantes, sobretudo na atualidade, com o processo de globalização em curso. Assim, gráficos e cartogramas devem interagir com os textos, complementado-os ou até mesmo servindo para a organização pedagógica de suas aulas. Não se pode estudar Geografia sem essas linguagens.

Em relação aos atuais livros de Geografia, há propostas mais avançadas que incluem, além de textos dos próprios autores, textos de jornais e revistas e mesmo de outros autores, o que permite ao aluno o contato com linguagens não exatamente didáticas que sejam ampliadoras da capacidade de leitura dos estudantes, não os limitando a uma leitura didática e a somente uma proposta de ensino. Há livros que inserem textos literários, o que contribui para a formação geral do aluno, ao ter a oportunidade de conhecer autores como João Cabral de Melo Neto, Castro Alves, Guimarães Rosa e muitos outros.

Os poemas, as músicas e todos os textos impregnados de poesia são importantes, porque muitos deles foram construídos com base no conhecimento e na reflexão sobre realidades locais ou regionais que, em interação com os eixos temáticos da Geografia e seus conceitos básicos, permitem fazer um trânsito entre diferentes disciplinas.

O significado do livro didático. No Brasil, experiências de professores e de estagiários dos cursos de licenciatura que frequentam escolas públicas trazem informações sobre livros didáticos adotados pelas escolas e, também, sobre a ausência de livro na sala de aula.

Embora haja professores que não façam uso de livros didáticos, as razões para esse procedimento são muito variadas. Há um grupo de professores, com boa formação e grande compromisso com os alunos, capaz de fazer projetos individuais ou interdisciplinares em suas escolas, usando textos de variados livros didáticos ou não, filmes e saídas a campo, não se limitando a apenas uma produção didática. Esses professores, ou se utilizam da sala de leitura de sua própria escola, ou possuem uma biblioteca pessoal de Geografia que lhes permite "alçar voos" no interior da sala de aula com seus alunos. Por outro lado, existe outro grupo, com alunos sem acesso ao livro didático, em que somente o professor possui o livro, utilizando-o como sua principal bibliografia; o livro é do professor e não do aluno. O texto inteiro ou um resumo do texto é escrito na lousa e os alunos passam o tempo da aula copiando a "lição", com explicações rápidas ou, às vezes, sem explicações. Felizmente, este último caso existe, mas não é a regra. Entre os dois polos mencionados, há ampla variedade de usos do livro didático.

O livro didático de Geografia na realidade educacional do Brasil. Na atualidade, uma conversa comum entre professores tanto do ensino fundamental e médio como do ensino superior é que os alunos leem pouco, e muitas vezes atribui-se a culpa por essa situação aos próprios alunos, como se fossem os únicos responsáveis pela falta de interesse na leitura. Esse é um dos grandes problemas vividos pelas escolas e, sobretudo, pelos professores que desejam formar bem seus alunos. Ler bem é um valor na construção da cidadania.

As temáticas geográficas tratadas na universidade e no ensino fundamental e médio estão também na mídia, e então se poderia perguntar para que existe a escola, quando se sabe que a televisão e os canais de maior aceitação do público espectador atingem os grandes centros, como Rio de Janeiro, São Paulo, Belo Horizonte, Recife e Manaus, para citar apenas alguns, e também pequenos centros quase rurais de diferentes regiões do País, do Amapá ao Rio Grande do Sul, do Rio Grande do Norte ao Acre. Essa questão precisa ser enfrentada, pois a rapidez com que a mídia leva aos lares a multiplicidade de informações, por vezes com belíssimas imagens da natureza e das cidades, promove a veiculação de informações parcelares, fragmentadas e facilmente esquecíveis. A escola, não tendo o ritmo de uma CNN ou mesmo de uma Globo, pode até aproveitar informações trazidas pela mídia para transformá-las em conhecimento, mas com a ajuda de outras vias de comunicação. As imagens invadem nossos lares e encantam-nos, mas a criança e o adolescente sozinhos não transformam em conhecimento tais informações, uma vez que não conseguem contextualizá-las nem estabelecer nexos; é a escola que pode ajudá-los nessa tarefa.

O livro didático de Geografia não pode apresentar-se como um conjunto de informações sem nexos ou correlações. Além de não ter a linguagem atraente da televisão ou dos sites visualizados na internet — isso para considerar a camada da população com acesso ao telefone e ao computador —, ele pode não contribuir para a produção de um conhecimento que ajude o aluno a enriquecer sua visão de mundo mediante estudos geográficos. Daí surge a importância de que os autores de livros didáticos também descubram formas atraentes de tratar de assuntos relativos ao cotidiano dos alunos do ponto de vista espacial e de outras realidades, os quais no mundo globalizado em que vivemos interferem no cotidiano tanto do aluno quanto do professor.

O livro didático deveria configurar-se de modo que o professor pudesse tê-lo como instrumento auxiliar de sua reflexão geográfica com seus alunos, mas existem fatores limitantes para tal.

O Brasil é um país de grande extensão territorial, constituído por realidades e culturas muito diferentes, que os conteúdos do livro didático não têm condições de abarcar. Daí advém a necessidade de um professor bem formado, que saiba relacionar os conteúdos e as imagens do livro com as diferentes linguagens disponíveis e com o cotidiano de seus alunos, tornando a sala de aula um lugar de diálogo e de confronto de ideias diferenciadas. Com esse proceder, foge ao pronto e acabado, que poderia ser apresentado aos alunos como verdade absoluta. Nem a proposta de um livro nem as ideias do professor são infalíveis; portanto, a relatividade do conhecimento precisa estar sempre presente na análise de qualquer produção didática, a fim de que se trabalhe com o aluno o dinamismo na construção do saber.

Apesar dessas críticas, dos limites que o livro didático impõe ao processo de ensino e aprendizagem e do crescente interesse econômico no mercado editorial, acreditamos ser preferível o aluno ter em mãos um livro de Geografia a não ter nenhum, principalmente por sabermos que, no que tange a milhares de famílias brasileiras, o livro não faz parte dos elementos culturais presentes em seus lares.

1. Critério de avaliação: um exemplo

Na escola, o livro de Geografia, assim como os de outras disciplinas, não costuma passar por uma análise crítica da parte dos professores. Desse modo, sugere-se aqui um critério composto de alguns itens básicos para a análise dele ou de outras produções didáticas.

1) Capa: Uma das questões a ser verificadas é o conteúdo da capa. O que esse conteúdo (imagem e texto) diz ao jovem leitor ou à criança sobre o livro? Trata-se de uma capa que motiva a pessoa a abrir o livro e continuar a examiná-lo? Está adequada aos interesses das faixas etárias a que se destina? Permite perceber minimamente a atitude teórica com relação à Geografia por meio de seu título e das imagens? Outras perguntas podem ser feitas em sua análise.

2) Autor ou Autores: Quem são os autores? São especialistas da disciplina escolar Geografia ou não? Há alguns traços biográficos no início ou no fim do livro? Onde estudaram? Onde lecionaram?

3) Público: O livro destina-se ao ensino fundamental ou médio? Quais são as diferentes modalidades do público?

4) Apresentação do livro: Geralmente o autor faz uma apresentação do livro para os alunos ou para o professor. O que diz sobre ele? Se o livro é destinado ao aluno, que linguagem é utilizada, considerando a faixa etária do estudante à qual se destina?

5) Índice e estrutura do livro: Pelo índice, pode-se realizar uma primeira avaliação da estrutura e da organização dos conteúdos. Quais são os temas priorizados? Eles obedecem aos parâmetros curriculares ou às propostas dos órgãos centrais de educação? É possível ver os conceitos geográficos hoje priorizados, tais como lugar, região, espaço, território, sociedade, natureza...?
6) Diagramação: Um livro pode apresentar um conteúdo bom, sem veicular preconceitos, mostrando-se compatível com temas da atualidade geográfica. Todavia, se não houver boa interação entre conteúdo e forma, torna-se difícil a compreensão do próprio conteúdo. Portanto, esse aspecto precisa ser avaliado. Para uma turma de 5º e 6º ano, os textos devem ser curtos, com imagens sugestivas e relacionadas ao conteúdo do texto. Para classes mais velhas, a parte textual pode ser mais densa, mas em Geografia não se pode prescindir de ilustrações, sobretudo de material cartográfico.
7) Imagens, representações gráficas e cartográficas: As imagens constituídas por fotos, pinturas e gravuras são necessárias em um livro de Geografia, porque podem complementar os textos; podem interagir com eles, sendo parte integrante de seu conteúdo, e podem ainda ser empregadas em atividades em que sejam solicitadas aos alunos reflexões sobre paisagens ou localidades quaisquer.
8) Proposta teórico-metodológica: A trajetória da Geografia como ciência apresenta aos professores da disciplina vários caminhos teóricos a ser trilhados que vêm servindo de base para a produção de material didático. São tendências mais tradicionais e outras mais progressistas, muitas vezes denominadas críticas, que precisam ser detectadas na leitura dos textos que tratam do espaço geográfico.

Dificilmente um livro didático para alunos do ensino fundamental e médio apresenta apenas uma direção teórica. Do ponto de vista metodológico também há variações, caminhando desde propostas mais inovadoras, tratando de temas espaciais com preocupações conceituais e de compreensão e domínio de linguagens, até livros que ainda persistem na racionalidade técnica, não exigindo a mobilização das várias faculdades mentais do aluno.

9) Linguagem: Esse aspecto do livro é de grande importância, porque, se o aluno tiver diante de si uma linguagem inadequada à sua idade, do ponto de vista de sua compreensão, ou distante de sua realidade, certamente o livro não será um auxiliar nem para ele, aluno, nem para o professor na construção do conhecimento geográfico. O autor que tiver compromisso com o público de estudantes e verdadeiramente desejar contribuir para que o aluno cresça do ponto de vista de sua compreensão da realidade e de sua relação no e com o mundo precisa estar atento para que, no livro, não exista apenas a própria linguagem. Há necessidade da inclusão de poesias, músicas, textos de jornais, de revistas e de outros autores que escrevam de forma mais erudita.

10) Atividades: As atividades podem colaborar no avanço da compreensão do conteúdo do texto desde que tenham essa intenção. No entanto, não podem ser reprodução de excertos do texto. Há uma série de atividades que podem ser propostas com o uso de outros textos diferentes, não contidos no corpo do capítulo, com mapas, gráficos, imagens de satélite e fotografias, constituindo um repertório de linguagens que o aluno precisa conhecer e analisar para que, com base nesses elementos, desenvolva um processo de criação, exigência das várias dimensões da vida.

11) Bibliografia: As fontes bibliográficas precisam ser sempre mencionadas no livro, e o papel do professor é chamar a atenção e oferecer dados bibliográficos sobre os autores mais utilizados. É importante que sejam sugeridos livros adequados à faixa etária da classe, que tenham relação com os respectivos conteúdos e também com a realidade socioespacial dos alunos.

A avaliação do livro didático. As editoras e os respectivos autores, sabendo que o grande comprador de livros didáticos no País é o governo federal, têm procurado atender às avaliações feitas pelo Programa Nacional do Livro Didático (PNLD), sob a responsabilidade da Secretaria do Ensino Fundamental do Ministério da Educação e Cultura, as quais vêm ocorrendo desde 1996 e abrangendo livros e coleções.

Essa avaliação é constituída por um elenco de critérios que, se não forem contemplados pelo autor, excluem a obra da lista de compra do MEC.

Maria Encarnação Spósito (2002) afirma que a avaliação diz respeito aos livros, e não aos autores. Na avaliação, são utilizados dois critérios principais para a exclusão: presença de erros conceituais ou de informação; presença de preconceito ou de indução a preconceito. Segundo essa autora, as críticas do MEC e equipe de avaliadores, de um lado, e das editoras e autores, de outro, produziram mudanças na posição de autores envolvidos no processo e resultados positivos já começaram a aparecer.

Segundo o MEC, as escolas estaduais do Estado de São Paulo receberam do PNLD mais de 93 milhões de livros didáticos e mais de 13 milhões de paradidáticos. A escolha dos livros das escolas foi realizada pelos próprios professores, após receberem da Coordenadoria de Estudos e Normas Pedagógicas (Cenp) subsídios teóricos e metodológicos das respectivas obras.

2. Atividades

1) Escolha dois livros didáticos de Geografia — um do primeiro e outro do segundo ciclo — e faça a ava-

liação de ambos, tendo como parâmetros os critérios sugeridos no capítulo ou outros criados por você.

2) Se estiver realizando estágio, procure saber qual livro o professor adotou ou sugeriu à classe e realize uma entrevista sobre a obra com o professor e os estudantes.

3) Verifique também como o professor utiliza o livro em sala de aula e o comportamento dos alunos em relação aos saberes nele contidos.

3. Leituras complementares

BRASIL. Ministério de Educação e Cultura. *Programa Nacional do Livro Didático*. Disponível em: <https://www.fnde.gov.br>. Acesso em: 7 fev. 2007.

CHARTIER, Roger. *A aventura do livro:* do leitor ao navegador. Tradução de Reginaldo de Moraes. São Paulo: Unesp: Imprensa Oficial do Estado de São Paulo, 1999.

SPÓSITO, Maria Encarnação. As diferentes propostas curriculares e o livro didático. In: PONTUSCHKA, Nídia Nacib; OLIVEIRA, Ariovaldo Umbelino de (Orgs.). *Geografia em perspectiva:* ensino e pesquisa. São Paulo: Contexto, 2002.

SUERTEGARAY, Dirce Maria Antunes. Pesquisa e educação de professores. In: PONTUSCHKA, Nídia Nacib; OLIVEIRA, Ariovaldo Umbelino de (Orgs.). *Geografia em perspectiva:* ensino e pesquisa. São Paulo: Contexto, 2002.

VESENTINI, José William. Educação e ensino da Geografia: instrumentos de dominação e/ou libertação. In: CARLOS, Ana Fani Alessandri. *A Geografia na sala de aula.* São Paulo: Contexto, 1999.

Bibliografia

AB'SÁBER, Aziz. *Os domínios de natureza no Brasil:* potencialidades paisagísticas. São Paulo: Ateliê, 2003.

ALMEIDA, Milton José de. *Cinema:* arte da memória. Campinas: Autores Associados, 1999.

_____. *Imagens e sons: a nova cultura oral.* São Paulo: Cortez, 1994.

ALMEIDA, Rosangela Doin de. *Do desenho ao mapa:* iniciação cartográfica na escola. São Paulo: Contexto, 2001.

_____ et al. Atividades cartográficas. São Paulo: Atual, 1997. 4 v.

_____; PASSINI, Elza Yasuko. *O espaço geográfico*: ensino e representação. São Paulo: Contexto, 1989.

ANDRADE, Ana Lúcia. *O filme dentro do filme.* Belo Horizonte: UFMG, 1999.

ANDRADE, Manuel Correia de. *Geografia econômica.* 7. ed. São Paulo: Atlas, 1981.

ANDRÉ, Marli. *O papel da pesquisa na formação e na prática dos professores.* Campinas: Papirus, 2001. (Prática pedagógica.)

ANDRE, Yves. *Enseigner les représentations spatiales.* Paris: Antropos, 1998.

APPLE, M. Curriculum design and cultural order. In: SHIMAHARA, N. *Educational reconstruction:* promise and challenge. Columbus, Ohio: Charles E. Merril, 1973. p. 157-183.

AZEVEDO, Aroldo de (Coord.). *A cidade de São Paulo:* estudos de Geografia urbana. São Paulo: AGB – São Paulo, 1958. 4 v.

_____. *Palavras de apresentação.* Boletim Paulista de Geografia, São Paulo, n. 1, p. 2, mar. 1949.

BAILLY, Antoine S.; DEBARBIEUX, B. Geógraphie et représentations spatiales. In: BAILLY, Antoine S. et al (Coord.). 2ème ed. *Les concepts de la Géographie humaine.* Paris: Masson, 1991.

BALE, John. *Didáctica de la Geografía en la escuela primaria.* Tradução de Guilhermo Solana. 2. ed. Madrid: Morata, 1996.

BALZAN, Newton Cesar. *Estudos Sociais:* atitudes e opiniões de ex-alunos. 1974. Tese (Doutorado) – Faculdade de Filosofia, Ciências e Letras, Universidade Estadual Paulista, Presidente Prudente.

BARBOSA, Anna Mae Tavares. Universidade x ensino de 1º grau. In: LEITE, Ligia Chiappini Moraes et al. *Reinventando o diálogo.* São Paulo: Brasiliense, 1987.

BARBOSA, C. (Org.). *Olhares:* registro de práticas pedagógicas. Osasco: V&B, 2002.

BARBOSA, Jorge Luiz. Geografia e cinema: em busca de aproximações e do inesperado. In: CARLOS, Ana Fani Alessandri (Org.). *A Geografia na sala de aula.* São Paulo: Contexto, 1999. p. 109-131.

BASSARD, Michel. Algumas observações para uma abordagem interdisciplinar do espaço. In: SANTOS, Milton; SOUZA, Maria Adélia de (Coords.). *O espaço interdisciplinar.* São Paulo: Nobel, 1986.

BELLUZZO, Ana Maria de M. *O Brasil dos viajantes.* São Paulo: Objetiva: Metalivros, 1999.

BERNARDO, Teresinha. *Memória em branco e negro:* olhares sobre São Paulo. São Paulo: Educ: Fapesp, 1998.

BERNSTEIN, Basil. *Class, codes and control.* London: Routledge: K. Paul, 1971-1975. 3 v.

BITTENCOURT, Circe Maria Fernandes. *Ensino de História:* fundamentos e métodos. São Paulo: Cortez, 2004.

_____. *Saber histórico na sala de aula.* São Paulo: Contexto, 1997.

BLOOM, Benjamim et al. *Taxonomia dos objetivos educacionais:* domínio cognitivo. Porto Alegre: Globo, 1970a.

_____. *Taxonomia dos objetivos educacionais:* domínio afetivo. Porto Alegre: Globo, 1970b.

BOLETIM DE GEOGRAFIA TEORÉTICA. Rio Claro: Ageteo, 1971-1995.

BOLETIM GEOGRÁFICO. Rio de Janeiro: IBGE, 1943-1978.

BOLETIM PAULISTA DE GEOGRAFIA. São Paulo: AGB – São Paulo, 1949- .

BOLOGIAN, Levon. *A transposição didática do conceito de território no ensino da Geografia.* Rio Claro: Unesp, 2003.

BORNHEIM, Gerd. O sujeito e a norma. In: NOVAES, Adauto (Org.). *Ética.* São Paulo: Companhia das Letras, 1992. p. 247-260.

BOSI, Ecléa. *O tempo vivo da memória*: ensaios de psicologia social. São Paulo: Ateliê, 2003.

BRASIL Ministério da Educação e Cultura. Programa Nacional do Livro Didático. Disponível em: <https://www.fnde.gov.br>. Acesso em: 7 fev. 2007.

_____ . _____. *Parâmetros Curriculares Nacionais:* ensino médio. Ciências humanas e suas tecnologias. Brasília: MEC, 1999.

_____. _____. *Parâmetros curriculares nacionais:* terceiro e quarto ciclo do ensino fundamental. Apresentação dos temas transversais e ética. Brasília: MEC/SEF, 1997.

_____. _____. *Campanha de Aperfeiçoamento ao Ensino Secundário* – Cades. Rio de Janeiro: MEC, 1963.

_____. _____. Secretaria de Ensino Superior. *Diretrizes Curriculares Nacionais:* 1998-2000.

_____. _____. Secretaria de Educação Fundamental. *Parâmetros Curriculares Nacionais:* História e Geografia. 2. ed. Rio de Janeiro: DP&A, 2000. v. 5.

_____. _____. _____. *Parâmetros Curriculares Nacionais:* terceiro e quarto ciclo do ensino fundamental: introdução. Brasília: MEC, 1998.

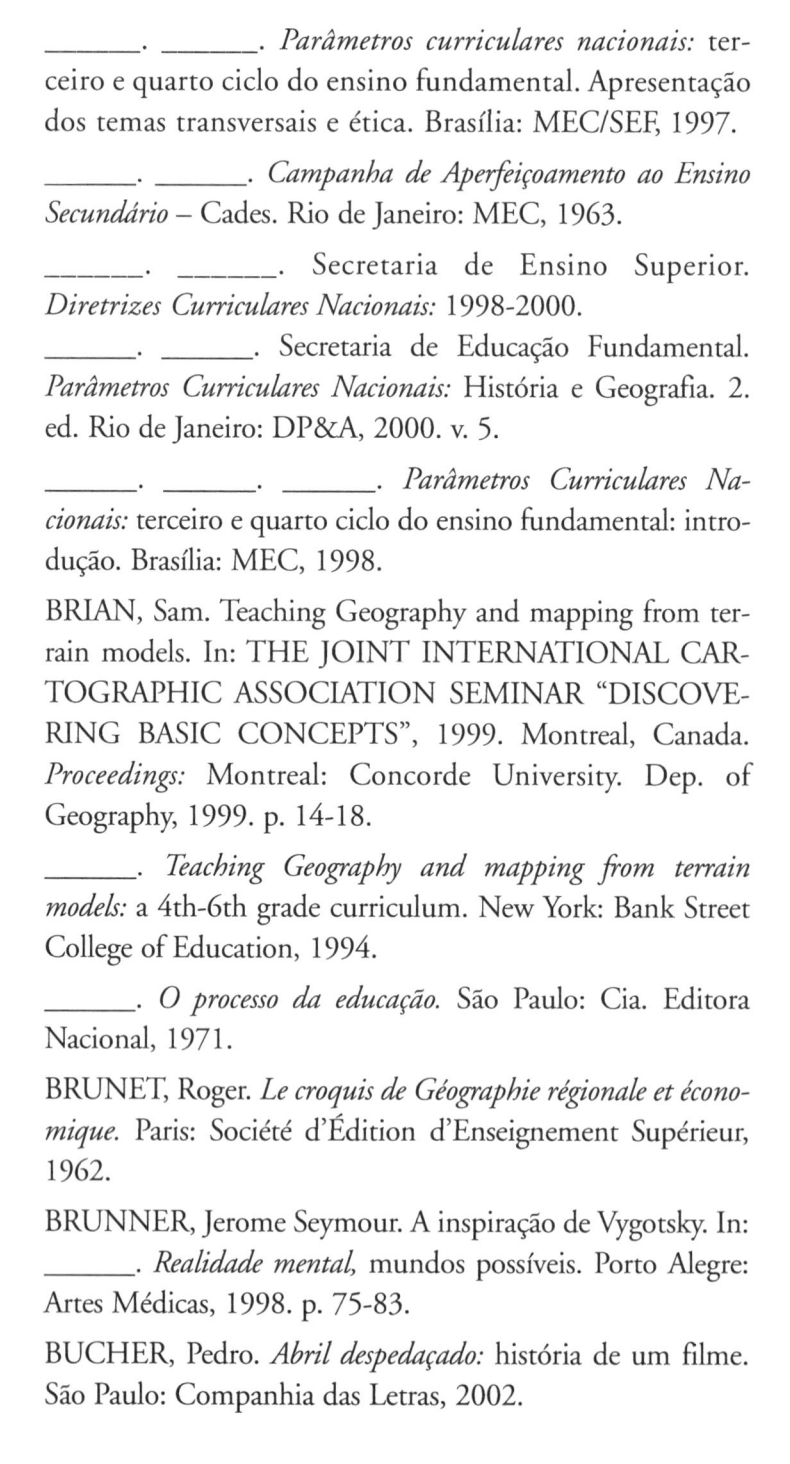

BRIAN, Sam. Teaching Geography and mapping from terrain models. In: THE JOINT INTERNATIONAL CARTOGRAPHIC ASSOCIATION SEMINAR "DISCOVERING BASIC CONCEPTS", 1999. Montreal, Canada. *Proceedings:* Montreal: Concorde University. Dep. of Geography, 1999. p. 14-18.

_____. *Teaching Geography and mapping from terrain models:* a 4th-6th grade curriculum. New York: Bank Street College of Education, 1994.

_____. *O processo da educação.* São Paulo: Cia. Editora Nacional, 1971.

BRUNET, Roger. *Le croquis de Géographie régionale et économique.* Paris: Société d'Édition d'Enseignement Supérieur, 1962.

BRUNNER, Jerome Seymour. A inspiração de Vygotsky. In: _____. *Realidade mental,* mundos possíveis. Porto Alegre: Artes Médicas, 1998. p. 75-83.

BUCHER, Pedro. *Abril despedaçado:* história de um filme. São Paulo: Companhia das Letras, 2002.

BUTTIMER, Anne. O espaço social numa perspectiva interdisciplinar. In: SANTOS, Milton; SOUZA, Maria Adélia de (Coords.). *O espaço interdisciplinar.* São Paulo: Nobel, 1986.

CACETE, Núria Hanglei. A formação de professores e os contextos institucionais. In: SILVA, José Borzacchiello; LIMA, Luiz Cruz; DANTAS, Eustógio Wanderley Correia (Orgs.). *Panorama da Geografia brasileira.* São Paulo: Annablume: Anpege, 2006. v. 2. p. 243-248.

CADERNOS CEDES: *Ensino de Geografia.* São Paulo: Papirus, n. 39, 1996.

CAMARGO, Luis Fernandi de F.; FORTUNATO, M. Regina. Marcas de uma política de exclusão social para a América Latina: propostas neoliberais para educação na região. *Revista Terra Livre:* os PCNs em discussão, São Paulo: AGB, n. 13, p. 20-29, ago. 1997.

CARLOS, Ana Fani Alessandri. A Geografia brasileira, hoje: algumas reflexões. *Terra Livre*, São Paulo, n. 18, p. 161-178, jan./jun. 2002.

_____ (Org.). *A Geografia na sala de aula.* São Paulo: Contexto, 1999.

_____. *Novos caminhos da Geografia.* São Paulo: Contexto, 2001.

_____; OLIVEIRA, Ariovaldo Umbelino de (Orgs.). *Reformas no mundo da educação:* parâmetros curriculares e Geografia. São Paulo: Contexto, 1999.

CARVALHO, Carlos Miguel de. A orientação moderna em Geografia. In: VLACH, Vânia R. F. *Geografia em construção.* Belo Horizonte: Lê, 1991.

CARVALHO, Irene M. *O ensino por unidades didáticas:* seu ensaio no Colégio Nova Friburgo. Rio de Janeiro: MEC: Inep, 1956.

CASTELLAR, Sonia Maria Vanzella. O ensino de Geografia e a formação docente. In: PESSOA, Ana Maria Carvalho (Org.). *Formação de professores*: articulando os conteúdos específicos. São Paulo: Pioneira: Thompson Learning, 2003.

_____ (Org.). Educação geográfica: teorias e práticas docentes. São Paulo: Contexto, 2005.

CASTELLS, Manuel. *A sociedade em rede:* a era da informação: economia, sociedade e cultura. São Paulo: Paz e Terra, 1999. v. 1.

CASTROGIOVANNI, Antonio Carlos et al. *Geografia em sala de aula: práticas e reflexões.* 2. ed. Porto Alegre: UFRGS, 1999.

CAVALCANTI, Lana de Souza. *Geografia, escola e construção de conhecimentos.* 6. ed. Campinas: Papirus, 1998.

_____ (Org.). *Formação de professores*: concepções e práticas em Geografia. Goiânia: Vieira, 2006.

CAZETTA, Valeria. *A aprendizagem escolar do conceito de uso do território por meio de croquis e fotografias aéreas verticais.* 2002. Dissertação (Mestrado) – Instituto de Geociências e Ciências Exatas, Universidade Estadual Paulista, Rio Claro.

CHARLOT, *A mistificação pedagógica:* esboço de uma pedagogia não-ideológica. Rio de Janeiro: Zahar, 1979.

CHARTIER, Roger. *A aventura do livro:* do leitor ao navegador. Tradução de Reginaldo de Moraes. São Paulo: Unesp: Imprensa Oficial do Estado de São Paulo, 1999.

CHERVEL, André. *La culture scolaire:* une approache historique. Paris: Belin, 1998.

_____. *História das disciplinas escolares*: reflexões sobre um campo de pesquisa. Teoria & Educação, Porto Alegre, n. 2, p. 177-229, 1990.

CHEVALLARD, Yves; BOSCH, Marianna; GASCÓN, Josep. *Estudar matemáticas:* o elo perdido entre o ensino e a aprendizagem. Tradução de Dayse Vaz de Moraes. Porto Alegre: Artmed, 2001.

CLARY, M. et al. *Cartes et modèles à l'école.* Montpellier: Reclus, 1987.

COLL, Cesar et al. *Os conteúdos na reforma:* ensino e aprendizagem de conceitos, procedimentos e atitudes. Tradução de Beatriz Affonso Neves. Porto Alegre: Artmed, 1998.

COLTRINARI, Lylian. *Itaim Paulista e Itaquera na bacia de São Paulo:* breve história da paisagem. Orientação, São Paulo, n. 10, p. 117-122, 1993.

CONRAD, Joseph. *O coração das trevas.* Porto Alegre: L&PM, 2001.

CONTI, José Bueno. A reforma do ensino de 1971 e a situação da Geografia. *Boletim Paulista de Geografia*, São Paulo, n. 51, p. 57-74, jun. 1976.

CORTELAZZO, A. L.; GARCIA, S. L. O micro invade a sala. *Nova Escola*, São Paulo, ano 13, n. 110, mar./abr., 1998.

COSTA, Jurandir Freire. O último dom da vida. *Folha de S. Paulo*, São Paulo, 28 abr. 2002. Caderno Mais.

DELIZOICOV, Demétrio. *Conhecimento, tensões e transições.* 1991. 214 f. Tese (Doutorado) – Faculdade de Educação, Universidade de São Paulo, São Paulo.

_____; ZANETIC, João. A proposta de interdisciplinaridade e o seu impacto no ensino municipal de 1º grau. In: PONTUSCHKA, Nídia Nacib (Org.). *Ousadia no diálogo: interdisciplinaridade na escola pública.* São Paulo: Contexto, 2002. p. 9-15.

DEMO, Pedro. *Formação de formadores básicos.* Em Aberto, Brasília, ano 12, n. 54, p. 23-42, abr./jun. 1992.

_____. *Pesquisa:* princípio científico e educativo. São Paulo: Cortez, 1990.

DERDYK, Edith. *Formas de pensar o desenho:* desenvolvimento do grafismo infantil. São Paulo: Scipione, 1989.

DOORNKAMP, John Charles; KING, Cuchlaine A. M. *Numeral analysis in Geomorphology:* an introduction. Londres: E. Arnold, 1971.

DORO, Maria da Penha M. *Pouco espaço com grandes ideais:* os topônimos de Vila Nova Savoia. 2000. 309 f. Dissertação (Mestrado) – Faculdade de Filosofia, Letras e Ciências Humanas, Departamento de Geografia, Universidade de São Paulo, São Paulo.

ENCONTRO NACIONAL DE ENSINO DE GEOGRAFIA: FALA, PROFESSOR, 1., 1987, Brasília. *Atas...* Brasília: AGB, jul. 1987. 2 v.

FARIA, A. L. G. de. *A ideologia no livro didático.* São Paulo: Cortez, 1986.

FEBVRE, Lucien. *La terre et l'évolution humaine*: introduction géographique à l'Histoire. Paris: La Renaissance du Livre, 1922.

FESTER, Antonio Carlos. Para que todos tenham voz: educação pela ética e dignidade do ser humano. In: PONTUSCHKA, Nídia Nacib. *Ousadia no diálogo.* São Paulo: Loyola, 1993.

FISCHMAN, Gustavo. Representando a docência: jogando com o bom, o mau e o ambíguo. In: SILVA, Luiz Heron (Org.). *A escola cidadã no contexto da globalização.* Petrópolis: Vozes, 1998. p. 64.

FRANCO, Aléxia Pádua (Coord.). *Álbum musical para o ensino de História e Geografia no 1º grau.* 2. ed. Uberlândia: Universidade Federal de Uberlândia, 1995.

FREIRE, Paulo. *A educação na cidade.* 4. ed. São Paulo: Cortez, 2000.

_____. *Pedagogia da autonomia:* saberes necessários à prática educativa. 21. ed. São Paulo: Paz e Terra, 1996.

_____. *Pedagogia da esperança:* o encontro com a pedagogia do oprimido. 10. ed. Rio de Janeiro: Paz e Terra, 1992.

_____. *A importância do ato de ler:* em três artigos que se completam. São Paulo: Cortez, 1986.

_____. *Educação e mudança.* Rio de Janeiro: Paz e Terra, 1986.

_____. *Educação como prática da liberdade.* Rio de Janeiro: Paz e Terra, 1976.

_____; SHOR, *Ira. Medo e ousadia:* o cotidiano do professor. 8. ed. Tradução de Adriana Lopes. Rio de Janeiro: Paz e Terra, 2000.

FREIRE, Sonia M.; PAGANELLI, Tomoko I. *Curso de treinamento do Cieps/RJ.* Rio de Janeiro: SME, 1985-1990.

FREITAS, Lia. *A moral na obra de Jean Piaget:* um projeto inacabado. São Paulo: Cortez, 2003.

FRÉMONT, Armand. *A região, espaço vivido.* Coimbra, Portugal: Almedina, 1980.

GEORGE, Pierre et al. *A Geografia ativa.* Tradução de Gil Toledo, Manuel Seabra, Nelson De La Côrte e Vincenzo Bochicchio. São Paulo: Difusão Europeia do Livro, 1966.

GÉRIN-GRATALOUP, Anne-Marie. Les cartes mentales. In: _____. *Précis de Géographie.* 2ème ed. Paris: Nathan, 1998.

_____. Précis de Géographie. Paris: Nathan, 1995.

GIOLITTO, Pierre. *Enseigner la Géographie à l'école.* Paris: Hachette Éducation, 1992.

GONTHIER-COHEN, Joelle. Le dessin, ça sert aussi a faire géographie et reciproquement. *Hérodote:* paysages en action, Paris: Decouverte, n. 44, 1987.

GOODSON, Ivor. *Currículo:* teoria e história. Petrópolis: Vozes, 1995.

GOULD, P; WHITE, R. *Mental maps.* 2nd ed. London: Routledge, 1986.

GREGORY, K. J.; WALLING, D. E. *Human activity and environmental processes.* New York: Wiley, 1987.

HAMILINE, D. *Les objectifs pédagogiques en formation initiale et continue.* Paris: ESF, 1979.

HANNAIRE, André. Le matériel pédagogique. In: UNESCO. *L'enseignement de la Geographie.* Paris: Unesco: Ipam, 1966.

HARVEY, David. *Condição pós-moderna.* Tradução de Adail U. Sobral e Maria S. Gonçalves. 4. ed. São Paulo: Loyola, 1994.

_____. Entrevista concedida à Mônica Arroyo, Lilian Póvoa Neto, Marcia Quintero Riviera e Roberto Morales Urra, em visita ao Depto. de Geografia da USP, São Paulo, 29 mar. 1995. *Boletim Paulista de Geografia*, São Paulo, AGB – São Paulo, n. 74, p. 67-81, 1996.

_____. *A justiça social e a cidade.* São Paulo: Hucitec, 1980.

HUBERMAN, M. (Org.). *Maîtriser les processus d'apprentissage:* fondements et perspectives de la pédagogie de maîtrise. Paris: Delachauxet Niestlé, 1988.

IANNI, Octavio. *Estado e planejamento econômico no Brasil* (1930-1970). Rio de Janeiro: Civilização Brasileira, 1977.

ISAMBERT, Jamati V. *Les savoirs scolaries.* Paris: Éditions Universitaires, 1990.

ISSLER, Bernardo. *A Geografia e os Estudos Sociais.* 1973. 253 f. e anexos. Tese (Doutorado) – Universidade Estadual Paulista, Presidente Prudente.

JANTSCH, Ari Paulo; BIANCHETTI, Lúcio (Orgs.). *Interdisciplinaridade:* para além da filosofia do sujeito. Petrópolis: Vozes, 1995.

JAPIASSU, Hilton. *Dicionário básico de Filosofia*. Rio de Janeiro: Zahar, 1990.

_____. *Interdisciplinaridade e patologia do saber*. Rio de Janeiro: Imago, 1976.

KATUTA, Angela Massumi. *Ensino da Geografia x mapas:* em busca de uma reconciliação. 1997. 488 f. Dissertação (Mestrado) – Faculdade de Ciências e Tecnologia, Universidade Estadual Paulista, Presidente Prudente.

LACOSTE, Yves. *La légende de la Terre*. Paris: Flamarion, 1996.

_____. *A Geografia:* isso serve, em primeiro lugar, para fazer a guerra. Campinas: Papirus, 1988.

_____. A quoi sert le paysage? Qu'est-ce qu'un beau paysage? *Hérodote*, Paris, n. 7, p. 3-41, juil./sept. 1977.

LAFOURCADE, P. D. Evaluación de los Estudios Sociales. In: _____. *Evaluación de los aprendizajes*. Buenos Aires: Kapelusz, 1969. p. 330-355.

LARROSA, Jorge. Agamenon e seu porqueiro. Notas sobre a produção e o uso da realidade nos aparatos pedagógicos e nos meios de comunicação. In: SILVA, Luiz Heron. *A escola cidadã no contexto da globalização*. Petrópolis: Vozes, 1998.

LE HELIEC, Y.; MARTIN, A. *Une approche géographique de l'image: paysages et habitat*. Nantes: CDDP de Vendée, 1990.

LE SANN, Janine et al. *Atlas escolar de Itamarandiva*. Belo Horizonte: UFMG, 2002.

LEFEBVRE, H. *La presence et l'absence: contribuition à la theorie des représentations*. Paris: Castermann, 1980.

_____. *Lógica formal e lógica dialética*. Rio de Janeiro: Civilização Brasileira, 1979.

LEITE, Ligia Chiappini Moraes et al. *Reinventando o diálogo*. São Paulo: Brasiliense, 1987.

LENCIONI, Sandra. *Região e Geografia*. São Paulo: Edusp, 1999.

LIBÂNEO, José Carlos. *Adeus professor, Adeus professora?:* novas exigências educacionais e profissão docente. São Paulo: Cortez, 1998.

_____. *Didática*. São Paulo: Cortez, 1994.

LIMA, Luciano Castro. O sentido é o meio: ser ou não ser. In: PONTUSCHKA, Nídia Nacib; OLIVEIRA, Ariovaldo Umbelino de (Orgs.). *Geografia em perspectiva:* ensino e pesquisa. São Paulo: Contexto, 2002. p. 161-174.

LIPIETZ, Alain. *O capital e seu espaço*. São Paulo: Nobel, 1987.

LOMÔNACO, M. A. T. Planeta São Paulo. *Revista Cidade*. São Paulo: Departamento do Patrimônio Histórico, 1995.

LORIERI, Marcos Antônio. *Filosofia:* fundamentos e métodos. São Paulo: Cortez, 2002.

LUC, Jean-Noel. *La enseñanza de la Historia a través del medio*. Madrid: Cincel, 1981.

LÜDKE, Menga. A pesquisa na formação do professor. In: ENCONTRO NACIONAL DE DIDÁTICA E PRÁTICA DE ENSINO, 7., 1994, Goiânia. *Anais...* Goiânia, 1994. p. 297-303.

_____ (Coord.). *O professor e a pesquisa*. Campinas: Papirus, 2001. (Prática pedagógica.)

LUIZ, Ângela. *Paisagem:* representação e interpretação. Uma análise da paisagem no ensino de Geografia. 2001. 172 f. e anexos. Dissertação (Mestrado) – Faculdade de Educação, Universidade de São Paulo, São Paulo.

LURIA, Alexander Romanovitch. *Desenvolvimento cognitivo: seus fundamentos culturais e sociais*. São Paulo: Ícone, 1990.

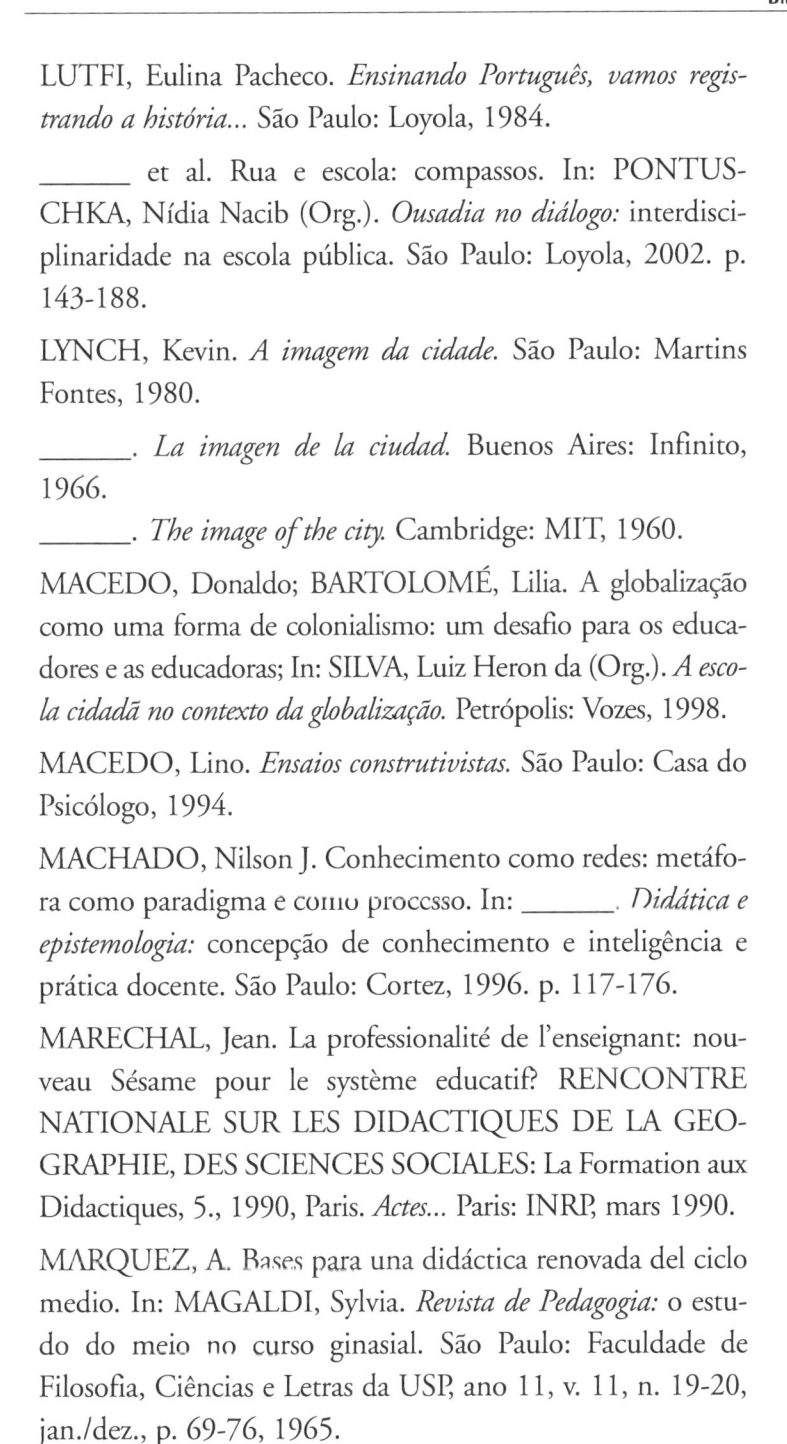

LUTFI, Eulina Pacheco. *Ensinando Português, vamos registrando a história...* São Paulo: Loyola, 1984.

_____ et al. Rua e escola: compassos. In: PONTUSCHKA, Nídia Nacib (Org.). *Ousadia no diálogo:* interdisciplinaridade na escola pública. São Paulo: Loyola, 2002. p. 143-188.

LYNCH, Kevin. *A imagem da cidade.* São Paulo: Martins Fontes, 1980.

_____. *La imagen de la ciudad.* Buenos Aires: Infinito, 1966.

_____. *The image of the city.* Cambridge: MIT, 1960.

MACEDO, Donaldo; BARTOLOMÉ, Lilia. A globalização como uma forma de colonialismo: um desafio para os educadores e as educadoras; In: SILVA, Luiz Heron da (Org.). *A escola cidadã no contexto da globalização.* Petrópolis: Vozes, 1998.

MACEDO, Lino. *Ensaios construtivistas.* São Paulo: Casa do Psicólogo, 1994.

MACHADO, Nilson J. Conhecimento como redes: metáfora como paradigma e como processo. In: _____. *Didática e epistemologia:* concepção de conhecimento e inteligência e prática docente. São Paulo: Cortez, 1996. p. 117-176.

MARECHAL, Jean. La professionalité de l'enseignant: nouveau Sésame pour le système educatif? RENCONTRE NATIONALE SUR LES DIDACTIQUES DE LA GEOGRAPHIE, DES SCIENCES SOCIALES: La Formation aux Didactiques, 5., 1990, Paris. *Actes...* Paris: INRP, mars 1990.

MARQUEZ, A. Bases para una didáctica renovada del ciclo medio. In: MAGALDI, Sylvia. *Revista de Pedagogia:* o estudo do meio no curso ginasial. São Paulo: Faculdade de Filosofia, Ciências e Letras da USP, ano 11, v. 11, n. 19-20, jan./dez., p. 69-76, 1965.

MARTINELLI, Marcelo. *Cartografia temática:* cadernos de mapas. São Paulo: Edusp, 2003.

_____. *Curso de cartografia temática.* São Paulo: Contexto, 1991.

MARTINS, José de Souza. *Subúrbio:* vida cotidiana e história da cidade de São Paulo: São Caetano, do fim do Império ao fim da República Velha. São Paulo: Hucitec, 1992.

MASSON, Michelle. *Vous avez dit Géographies:* didactique d'une Géographie plurielle. Paris: Armand Colin, 1994.

MEIRIEU, Philippe. *Aprender... sim, mas como?* Tradução de Vanise Pereira Dresch. 7. ed. Porto Alegre: Artes Médicas, 1998.

MONTESQUIEU, Charles Louis Secondat. *Espírito das leis.* São Paulo: Difusão Europeia do Livro, 1962. v. 2.

MORAES, Antonio Carlos Robert de. Geografia: ideologia nos currículos do 1º grau. In: BARRETO, Elba S. de S. (Org.). *Os currículos do ensino fundamental para as escolas brasileiras.* São Paulo: Autores Associados: Fundação Carlos Chagas, 1998. p. 163-192.

_____; COSTA, Wanderlei Messias da. *A valorização do espaço.* 4. ed. São Paulo: Hucitec, 1999.

_____. *Geografia:* pequena história crítica. 6. ed. São Paulo: Hucitec, 1987.

MOREIRA, A. F. B. Propostas curriculares alternativas: limites e avanços. *Educação e Sociedade,* Campinas, ano 21, n. 73, p. 109-138, dez. 2000.

MOREIRA, Marco Antonio. *Mapas conceituais:* instrumentos didáticos de avaliação e de análise de currículos. São Paulo: Moraes, 1987.

MORIN, Edgar. *Saberes globais e saberes locais:* o olhar transdisciplinar. 3. ed. Rio de Janeiro: Garamond, 2001.

MUNFORD, Levis. *A cultura das cidades.* Belo Horizonte: Itatiaia, 1961.

MYANAKI, Jacqueline. *A paisagem no ensino de Geografia:* uma estratégia didática a partir da arte. 2003. 137 f. e anexos. Dissertação (Mestrado) – Departamento de Geografia, Faculdade de Filosofia, Letras e Ciências Humanas, Universidade de São Paulo, São Paulo. Disponível em: <http://www.teses.usp.br/teses/disponiveis/8/8135/tde-03012005-124908/>. Acesso em: jan. 2007.

NADAI, Elza. *Educação como apostolado:* história e reminiscências (1930-1970). 1991. 450 f. Tese (Livre-Docência) – Faculdade de Educação, Universidade de São Paulo, São Paulo.

NAPOLITANO, Marcos. *Como usar o cinema na sala de aula.* São Paulo: Contexto, 2003.

NOBRE, Neimar F. *Croquis:* uma prática no ensino da Geografia. Rio de Janeiro: UFF: 2002. Educação/Monitoria.

_____; SANTOS, Paulo José. Projeto do estudo do meio na Geografia: uma análise da baixada de Jacarepaguá – RJ. ENCONTRO NACIONAL DE PRÁTICA DE ENSINO, 7., Vitória (ES). *Anais...* Vitória: Efes, 2003. p. 573-579.

NOGUEIRA, Amélia Regina Batista. *Percepção e representação gráfica:* a "geograficidade" nos mapas mentais dos comandantes de embarcações no Amazonas. 2001. 181 f. Tese (Doutorado) – Faculdade de Filosofia, Letras e Ciências Humanas, Departamento de Geografia, Universidade de São Paulo, São Paulo.

_____. Mapa mental. Recurso didático no ensino da Geografia do 1º grau. 1994. 208 f. Dissertação (Mestrado) – Faculdade de Filosofia, Letras e Ciências Humanas, Departamento de Geografia, Universidade de São Paulo, São Paulo.

NOVAK, J. D.; GOWIN, D. B. *Aprender a aprender.* Lisboa: Plátano Universitária, 1984. p. 109-124.

OLHARES & TRILHAS – Revista de Ensino da Geografia e Áreas Afins da Universidade Federal de Uberlândia:. A cidade e o urbano em verso e canção. Uberlândia, ano 3, n. 3, 2002.

_____. Educação e ensino de Geografia na realidade brasileira. In: OLIVEIRA, Ariovaldo Umbelino de (Org.). *Para onde vai o ensino de Geografia?* São Paulo: Contexto, 1989. p. 135-144.

_____. *A Geografia no ensino superior e tendências. Orientação*, São Paulo: Instituto de Geografia – USP, n. 5. p. 29-32, 1984.

ORIENTAÇÃO. São Paulo: Instituto de Geografia – USP, n. 6, nov. 1985.

PAGANELLI, Tomoko Iyda. A imagem, imaginação e o espaço vivido, concebido e as práticas sociais. In: COLÓQUIO DE CARTOGRAFIA ESCOLAR, 4., 2002, Maringá. *Anais...* Maringá, 2002.

_____. Reflexões sobre categorias, conceitos e conteúdos geográficos: seleção e organização. In: PONTUSCHKA, Nídia Nacib; OLIVEIRA, Ariovaldo Umbelino de (Orgs.). *Geografia em perspectiva: ensino e pesquisa.* São Paulo: Contexto, 2002. p. 149-156.

_____. Desenho de paisagem. In: _____. *Paisagem:* decifração do espaço-tempo social. As representações das paisagens do Rio de Janeiro. 1998. 172 f. Tese (Doutorado) – Faculdade de Filosofia, Letras e Ciências Humanas, Departamento de Geografia, Universidade de São Paulo, São Paulo. p. 14-79.

_____. *Para construção do espaço geográfico.* 1982. 515 f . Dissertação (Mestrado) – Instituto de Estudos Avançados em Educação, Fundação Getúlio Vargas, Rio de Janeiro.

_____ et al. A cidade de Niterói na representação dos carteiros. In: INTERNATIONAL CARTOGRAPHIC CONFERENCE (ICC), 21th, 2003, Durban. *Annals...* Durban, 2003. 1 CD.

PASSINI, Elza Yasuko. *Alfabetização cartográfica.* Belo Horizonte: Lê, 1994.

PEET, Richard. *Modern geographical thought.* Oxford: Blackwell, 1998.

PEREIRA, Ângelo. *Cartografia no ensino médio.* Niterói: Universidade Federal Fluminense, 2002. Monografia de Geografia.

PEREIRA, Diamantino. Paisagens, lugares e espaço: a Geografia no ensino básico. *Boletim Paulista de Geografia,* São Paulo, n. 79, p. 9-22, 2003.

PERRENOUD, Philippe. *Novas competências para ensinar.* Porto Alegre: Artmed, 2000.

_____. *Construir as competências desde a escola.* Porto Alegre: Artmed, 1999.

_____. *Práticas pedagógicas, profissão docente e formação:* perspectivas sociológicas. Tradução de Helena Faria et al. 2. ed. Lisboa: Dom Quixote, 1997.

PETITO, Sônia. *Projetos de trabalho em informática:* desenvolvendo competências. Campinas: Papirus, 2003.

PETRONE, Pasquale. *O ensino de Geografia nos últimos 50 anos.* Orientação, São Paulo, Departamento de Geografia – USP, n. 10, p. 13-17, 1993.

_____. *Geografia humana:* história das ciências no Brasil. São Paulo: Edusp, 1979.

PEZZATO, João Pedro. *Ensino de Geografia:* histórias e práticas cotidianas. 2001. 302 f. Tese (Doutorado em Educação) – Faculdade de Educação, Universidade de São Paulo, São Paulo.

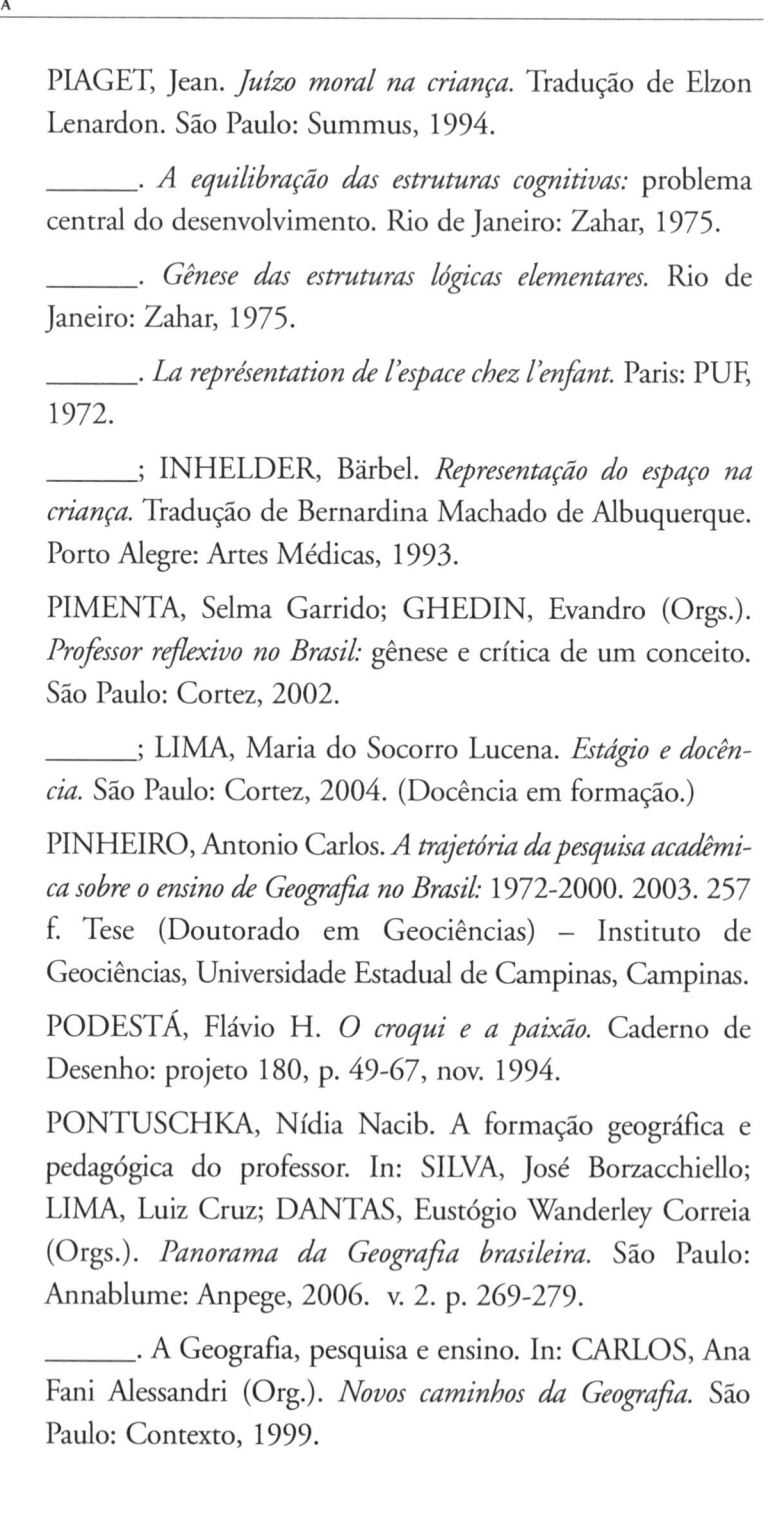

PIAGET, Jean. *Juízo moral na criança*. Tradução de Elzon Lenardon. São Paulo: Summus, 1994.

_____. *A equilibração das estruturas cognitivas:* problema central do desenvolvimento. Rio de Janeiro: Zahar, 1975.

_____. *Gênese das estruturas lógicas elementares*. Rio de Janeiro: Zahar, 1975.

_____. *La représentation de l'espace chez l'enfant*. Paris: PUF, 1972.

_____; INHELDER, Bärbel. *Representação do espaço na criança*. Tradução de Bernardina Machado de Albuquerque. Porto Alegre: Artes Médicas, 1993.

PIMENTA, Selma Garrido; GHEDIN, Evandro (Orgs.). *Professor reflexivo no Brasil:* gênese e crítica de um conceito. São Paulo: Cortez, 2002.

_____; LIMA, Maria do Socorro Lucena. *Estágio e docência*. São Paulo: Cortez, 2004. (Docência em formação.)

PINHEIRO, Antonio Carlos. *A trajetória da pesquisa acadêmica sobre o ensino de Geografia no Brasil:* 1972-2000. 2003. 257 f. Tese (Doutorado em Geociências) – Instituto de Geociências, Universidade Estadual de Campinas, Campinas.

PODESTÁ, Flávio H. *O croqui e a paixão*. Caderno de Desenho: projeto 180, p. 49-67, nov. 1994.

PONTUSCHKA, Nídia Nacib. A formação geográfica e pedagógica do professor. In: SILVA, José Borzacchiello; LIMA, Luiz Cruz; DANTAS, Eustógio Wanderley Correia (Orgs.). *Panorama da Geografia brasileira*. São Paulo: Annablume: Anpege, 2006. v. 2. p. 269-279.

_____. A Geografia, pesquisa e ensino. In: CARLOS, Ana Fani Alessandri (Org.). *Novos caminhos da Geografia*. São Paulo: Contexto, 1999.

_____. O estudo do meio como trabalho integrador das práticas de ensino. *Boletim Paulista de Geografia*, São Paulo: AGB, n. 70, p. 45-51, 1991.

_____ (Org.). *Ousadia no diálogo:* interdisciplinaridade na escola pública. São Paulo: Loyola, 2002.

_____. *Um projeto... tantas visões:* a Educação Ambiental na escola pública. São Paulo: AGB – São Paulo, 1996.

_____; LUTFI, Eulina Pacheco. Estudando o Peru através do livro "Bom Dia para os Defuntos": exemplo de integração entre as áreas de Português e de Geografia no ensino de 2º grau. *Orientação*, São Paulo: Instituto de Geografia-USP, n. 6, p. 59-68, 1985.

_____; OLIVEIRA, Ariovaldo Umbelino de (Orgs.). *Geografia em perspectiva:* ensino e pesquisa. São Paulo: Contexto, 2002.

PREVÉ, Orlandina da Silva Damian. A participação do Boletim Geográfico do IBGE na produção da metodologia do ensino da Geografia. 1988. 326 f. Dissertação (Mestrado) – Faculdade de Educação, Universidade Estadual de Campinas, Campinas.

QUAINI, Massimo. *Marxismo e Geografia*. Tradução de Liliana Lagana Fernandes. 2. ed. Rio de Janeiro: Paz e Terra, 1979.

RAMIREZ, Regina Rizzo. O espaço tridimensional e a experiência com a simbolização. In: REGIS, Wanda. *Aprendendo a fazer maquetes em 3 lições:* vídeo didático. Rio de Janeiro: UFRJ; João Pessoa: UFPB, 1999.

REGIS, Wanda. *Aprendendo a fazer maquetes em 3 lições:* vídeo didático. Rio de Janeiro: UFRJ; João Pessoa: UFPB, 1999.

REVISTA BRASILEIRA DE GEOGRAFIA. Rio de Janeiro: IBGE, 1939-.

_____. Rio de Janeiro: IBGE, ano 34, n. 1-4, 1972.

RIOS, Terezinha Azerêdo. *Compreender e ensinar:* por uma docência da melhor qualidade. São Paulo: Cortez, 2001.

RUA, João et al. *Para ensinar Geografia.* Rio de Janeiro: Access, 1993.

RUDIO, Franz Victor. *Introdução ao projeto de pesquisa científica.* Petrópolis: Vozes, 1986.

RUSSEL, Bertrand. *A perspectiva científica.* São Paulo: Cia. Editora Nacional, 1962. Título original: *The scientific outlook.*

SÁ, Jeanete L. Martins de. *Serviço social e interdisciplinaridade:* dos fundamentos filosóficos à prática interdisciplinar no ensino, pesquisa e extensão. São Paulo: Cortez, 1989.

SACRISTÁN, J. Gimeno. *O currículo: uma reflexão sobre a prática.* 3. ed. Tradução de Ernani F. da Fonseca. Porto Alegre: Artmed, 1998.

_____; GÓMEZ, A. L. *Compreender e transformar o ensino.* 4. ed. Porto Alegre: Artmed, 1998.

SANTO ANDRÉ. Secretaria de *Educação. Educação de jovens e adultos.* Santo André: Gráfica FG, 2000.

SANTOS, Boaventura de Sousa. *A crítica da razão indolente:* contra o desperdício da experiência. 2. ed. São Paulo: Cortez, 2000.

_____. *Pela mão de Alice:* o social e o político na pósmodernidade. 2. ed. São Paulo: Cortez, 1996.

SANTOS, Clézio. *Cartografia geográfica:* representando graficamente o relevo. Ribeirão Preto: Edição do Autor, 1999.

SANTOS, Domingos Fábio dos. *Plantando na terra, colhendo no mar.* 1993. 57 f. Monografia (Trabalho de graduação individual) – Faculdade de Filosofia, Letras e Ciências Humanas, Departamento de Geografia, Universidade de São Paulo, São Paulo.

SANTOS. Milton. *A natureza do espaço:* técnica e tempo, razão e emoção. São Paulo: Edusp, 2004.

_____. *Por uma Geografia nova:* da crítica da Geografia a uma Geografia crítica. São Paulo: Edusp, 2002.

_____. *Por uma outra globalização:* do pensamento único à consciência universal. Rio de Janeiro: Record, 2000.

_____. *Técnica, espaço, tempo:* globalização e meio técnico-científico informacional. São Paulo: Hucitec, 1994.

_____. *Metamorfose do espaço habitado.* São Paulo: Hucitec, 1988.

_____. *O espaço do cidadão.* São Paulo: Nobel, 1987.

_____. *Espaço e método.* São Paulo: Nobel, 1986.

_____; SILVEIRA, Maria Laura. *O Brasil:* território e sociedade no início do século XXI. Rio de Janeiro: Record, 2001.

_____; SOUZA, Maria Adélia de (Coords). *O espaço interdisciplinar.* São Paulo: Nobel, 1986.

SÃO PAULO (Estado). Secretaria de Educação. Proposta curricular para o ensino de Geografia – *1º grau.* 4. ed. São Paulo, 1988.

SÃO PAULO (Município). Secretaria de Vias Públicas. Programa de Canalização de Córregos e Implantação de Vias de Fundo de Vale – Provac. *Relatório final:* Contrato BID. PMSP 233/IC-BR. São Paulo, 1987-1994.

_____. Secretaria Municipal de Educação. *Tema Gerador e a construção do programa.* São Paulo, 1991.

_____. _____. *Visão de área.* São Paulo: SME, 1992.

_____. _____. *Geografia:* relatos de prática. São Paulo: SME, 1992.

_____. _____. *Estudo do meio e outras saídas para o ensino noturno:* teoria e prática. São Paulo: SME, 1992.

SCORZA, Manuel. *Bom dia para os defuntos.* 3. ed. Tradução de Hamílcar de Garcia. Rio de Janeiro: Civilização Brasileira, 1975.

SEABRA, Manoel Fernando Gonçalves. As propostas curriculares de Geografia e a participação da universidade. Palestra proferida no Seminário do NAE-6, em São Paulo, em 1º jun. 1992. *Orientação*, São Paulo, n. 10, p. 113-117, 1993.

_____. *Fundamentos humanos da organização do espaço geográfico.* [S.l.: s.n., 1982?]. Mimeografado.

_____. Estudos Sociais e vulgarização do magistério e do ensino de 1º e 2º graus. *Boletim Paulista de Geografia*, São Paulo, n. 58, p. 121-133, set. 1981.

SENE, Eustáquio de. *Globalização e espaço geográfico.* São Paulo: Contexto, 2003.

SEVERINO, Antônio Joaquim. *Metodologia do trabalho científico.* 22. ed. São Paulo: Cortez, 2002.

_____. *Serviço social e interdisciplinaridade:* subsídios para uma reflexão sobre novos caminhos da interdisciplinaridade. São Paulo: Cortez, 1989.

_____. *Métodos de estudos para o 2º grau.* São Paulo: Cortez, 1984.

SILVA, Armando Correia. As categorias como fundamentos do conhecimento geográfico. In: SANTOS, Milton; SOUZA, Maria Adélia de (Coords). *Espaço interdisciplinar.* São Paulo: Nobel, 1986. p. 25-37.

SILVA, Ketley Mary Higsberg de Barros. O estudo do conceito de bacia hidrográfica por alunos de 5ª série do ensino fundamental. 2004. 58 f. Monografia (Trabalho de graduação individual) – Faculdade de Filosofia, Letras e Ciências Humanas, Departamento de Geografia, Universidade de São Paulo, São Paulo.

SILVA, Luiz Heron da (Org.). *A escola cidadã no contexto da globalização.* Petrópolis: Vozes, 1998.

SILVA, Tomaz Tadeu da. Introdução. In: SILVA, Luiz Heron da (Org.). *A escola cidadã no contexto da globalização.* Petrópolis: Vozes, 1998.

SILVEIRA, Sérgio Amadeu. *Exclusão digital:* a miséria na era da informação. São Paulo: Fundação Perseu Abramo, 2003.

SIMIELLI, Maria Elena Ramos. *Geoatlas.* São Paulo. 32. ed. São Paulo: Ática, 2006.

_____. Cartografia no ensino fundamental e médio. In: CARLOS, Ana Fani Alessandri (Org.). *A Geografia na sala de aula.* São Paulo: Contexto, 1999. p. 92-108.

_____. Entender e construir mapas para crianças. COLÓQUIO DE CARTOGRAFIA PARA CRIANÇAS, 1., 1995, Rio Claro. *Anais...* Rio Claro, 1995.

_____. *Primeiros mapas:* como entender e construir. São Paulo: Ática, 1993. 4v.

_____. Cartografia no ensino fundamental. In: CARLOS, Ana Fani Alessandri (Org.). *A Geografia na sala de aula.* São Paulo: Contexto, 1992. p. 92-108.

_____. *Do plano ao tridimensional:* a maquete como recurso didático. Boletim Paulista de Geografia, São Paulo: AGB – São Paulo, n. 70, p. 5-21, 2. sem. 1991.

_____. *O mapa como meio de comunicação*: implicações no ensino da Geografia do 1o grau. 1986. 205 f. Tese (Doutorado em Geografia) – Departamento de Geografia, Universidade de São Paulo, São Paulo.

SODRÉ, Nelson Werneck. *Introdução à Geografia:* Geografia e ideologia. 5. ed. Petrópolis: Vozes, 1986.

SOUZA, José Gilberto de; KATUTA, Ângela Massumi. *Geografia e conhecimentos cartográficos:* a cartografia no movimento de renovação da Geografia brasileira e a importância do uso de mapas. São Paulo: Unesp, 2001.

SPÓSITO, Maria Encarnação Beltrão. As diferentes propostas curriculares e o livro didático. In: PONTUSCHKA, Nídia Nacib; OLIVEIRA, Ariovaldo Umbelino de (Orgs.). *Geografia em perspectiva:* ensino e pesquisa. São Paulo: Contexto, 2002. p. 297-311.

_____ (Org.). *Livros didáticos de História e Geografia:* avaliação e pesquisa. São Paulo: Cultura Acadêmica, 2006.

SUERTEGARAY, Dirce Maria Antunes. Pesquisa e educação de professores. In: PONTUSCHKA, Nídia Nacib; OLIVEIRA, Ariovaldo Umbelino de (Orgs.). *Geografia em perspectiva:* ensino e pesquisa. São Paulo: Cortez, 2002.

TAILLE, Yves de la. *Limites:* três dimensões educacionais. São Paulo: Ática, 2000.

_____. Para um estudo psicológico da honra. In: BANKS-LEITE, Luci (Org.). *Percursos piagetianos.* São Paulo: Cortez, 1997.

TERRA BRASILIS. *Geografia:* disciplina escolar. Rio de Janeiro: Sal da Terra, n. 1. jan./jun. 2000.

THRALLS, Zoe A. *O ensino da Geografia.* Porto Alegre, Globo, 1967.

TONINI, Ivaine Maria. Identidades capturadas: gênero, geração e etnia na hierarquia territorial dos livros didáticos. In: SILVA, José Borzacchiello; LIMA, Luiz Cruz; DANTAS, Eustógio Wanderley Correia (Orgs.). *Panorama da Geografia brasileira.* São Paulo: Annablume: Anpege, 2006. v. 2. p. 249-267.

UNWIN, T. *The place of Geography.* Harlow: Longman, 1992.

VASCONCELLOS, Vera M. R.; VALSINER. Jaan. *Perspectiva coconstrutivista na psicologia e na educação.* Porto Alegre: Artes Médicas, 1995.

VESENTINI, José William. Educação e ensino da Geografia: instrumentos de dominação e/ou libertação. In: CARLOS, Ana Fani Alessandri (Org.). *A Geografia na sala de aula*. São Paulo: Contexto, 1999.

_____ (Org.). *O ensino de Geografia no século XXI*. Campinas: Papirus, 2004.

VIEZZER, Moema. *Se me deixam falar...:* Domitila – depoimento de uma mineira boliviana. 6. ed. Tradução de Edmilson Bizelli. São Paulo: Global, 1981.

VLACH, Vânia R. F. *Geografia em construção*. Belo Horizonte: Lê, 1991.

VYGOTSKY, Lev Semenovich. *Pensamento e linguagem*. 2. ed. São Paulo: Martins Fontes, 1989.

WOODWARD, DAVID; LEWIS, G. Malcolm. *The history of cartography:* cartography in traditional African, American, Artic, Australian and Pacific societies. v. 2, book 3. Chicago: London: University of Chicago Press, 1998.

XAVIER, Ismail. *Cinema brasileiro moderno*. 2. ed. São Paulo: Paz e Terra, 2001. (Leitura.)

YUS, Rafael. *Temas transversais:* em busca de uma nova escola. Tradução de Ernani F. F. Rosa. Porto Alegre: Artmed, 1998.

ZABALA, Antoni. *A prática educativa:* como ensinar. Tradução de Ernani F. F. Rosa. Porto Alegre: Artmed, 1998.

ZAVOIANU, Ion. Morphometry of drainage basins. In: _____. *Development in water science*. Amsterdam: Elsevier, 1985.

Nídia Nacib Pontuschka – Professora doutora da Faculdade de Educação da USP – Feusp. Atua na Graduação da Feusp e na Pós-Graduação do Departamento de Geografia da FFLCH-USP, na área de Geografia Humana e da Feusp na área de Educação, subárea de Didática.
Licenciada e Bacharel em Geografia pela Universidade de São Paulo (1962). Mestrado em Geografia Humana pelo Departamento de Geografia da FFLCH-USP (1979) e Doutorado em Educação pela Faculdade de Educação – USP na subárea de Didática, Teorias de Ensino e Práticas escolares. (1994). Professora credenciada no Programa de Pós-Graduação da FEUSP e do Departamento de Geografia – FFLCH – USP.
Atua nas áreas de Formação de professores, com ênfase no ensino de Geografia, Estudo do Meio, Interdisciplinaridade, História da disciplina de Geografia, Trabalho de campo e Educação Ambiental. Na atualidade integra o grupo de pesquisa financiada pela FAPESP, denominada "Educação de Adultos Trabalhadores: metodologias de ensino e aprendizagem, itinerário formativo e capacitação de professores". Coordena o projeto de Estudo do Meio e Formação de Professores da Secretaria Municipal de Guarulhos. Possui vários artigos e livros dos quais é organizadora e autora. Destacam-se Pesquisa Ambiental – Construção de um Processo Participativo de Educação e Mudança (2006); Geografia em Perspectiva, 3ª ed. (2006) e Ousadia no Diálogo – Interdisciplinaridade na Escola Pública, 3ª ed. (2006) Artigos completos publicados em anais de eventos relacionados à Educação, ao Ensino de Geografia e à Formação de Professores, na Argentina, Portugal, México, Colômbia e, sobretudo, no Brasil.

Núria Hanglei Cacete – Graduada em Geografia pela Universidade de São Paulo, mestre pela Faculdade de Filosofia, Letras e Ciências Humanas da Universidade de São Paulo - FFLCH-USP (1992) e doutora em Geografia Física pelo Departamento de Geografia da FFLCH-USP (2003). Professora doutora da Faculdade de Educação da USP, na área de Metodologia do Ensino de Geografia, no Departamento de Metodologia do Ensino e Educação Comparada e dos Programas de Pós-Graduação na área de Educação – Didática, Teorias de Ensino e Práticas Escolares. Coordena o Grupo de Estudos e Pesquisas sobre o Ensino Superior e a Formação de Professores FE/USP.
Disciplina ministrada de Pós-Graduação – O Ensino Superior no Brasil e a Formação de Professores para a escola básica. Publicou capítulos de livros e artigos sobre o ensino de Geografia e a formação de professores para a escola básica. Artigos recentes publicados – A formação de professores e os contextos institucionais., In: José Borzacchiello da Silva; Luiz Cruz Lima; Eustógio Wanderlei Correia Dantas. (Org.). *Panorama da Geografia Brasileira*. 1 ed. São Paulo: Annablume, 2006, v. 2, p. 243-249; Vinte anos do Fala Professor: revisitando os Encontros Nacionais de Ensino de Geografia. *Boletim Paulista de Geografia*/Seção São Paulo. Associação dos Geógrafos Brasileiros, nº 86, São Paulo – AGB, 2007. *A AGB, os PCNs e os professores – Reformas no Mundo da Educação:* parâmetros curriculares e Geografia. São Paulo: Contexto, 1999. Os contextos institucionais e a formação do professor de Geografia. In: XIV Encontro Nacional de Geógrafos. A Geografia e a Amazônia no contexto Latino-Americano: diálogos, práticas e percursos, 2006. Anais do XIV Encontro Nacional de Geógrafos, 2006. p. 1-10 e As instituições de ensino superior e a formação de professores para a escola básica no município de São Paulo. In: IV Semana da Educação – ensinar e aprender: formação, percursos e projetos, 2006, São Paulo. Anais da IV Semana da Educação. São Paulo, 2006. p. 1-12.

Tomoko Iyda Paganelli – Graduação em Geografia pela Universidade de S. Paulo (1959). Especialização em Geografía General y de España pela Universidad Autónoma de Madrid (1962). Especialização no Centre Universitaire des Hautes Études Européennes da Université de Strasbourg.(1963). Mestrado em Educação pelo IESAE da Fundação Getúlio Vargas (1982). Doutorado em Geografia Humana pela Universidade de S. Paulo (1998).

Professora Adjunta IV da Universidade Federal Fluminense. Geógrafa, RGS (CPOE), Rio de Janeiro – INEP/MEC, Laboratório de Currículos SEC/RJ; município do Rio de Janeiro (Cidade de Deus) e equipe central de Geografia dos CIEPs, no Rio de Janeiro.

Professora das disciplinas no ensino superior da Universidade Federal Fluminense: na licenciatura de Geografia e Pedagogia, Didática e Prática de Ensino de Geografia e Ciências Sociais: conteúdo e método. Em curso de pós-graduação: Produção e sistematização de conhecimento na especialização do curso para formação de Jovens e Adultos; Didática do Ensino Superior nos cursos de especialização de Organização Espacial do Rio de Janeiro e Planejamento Ambiental da Geografia; Seminários teóricos conceituais e Áreas de fronteiras de conhecimentos da História e Ciências Sociais do curso de especialização do ensino de História na Universidade Fluminense.

Publicação – Livros em coautoria de Estudos Sociais: Teoria e Prática. R. Janeiro. ACESS, 1993 e na Coleção "Viva nossa turma" para as primeiras séries. (Casa, Escola, Estado do Rio de Janeiro, Brasil e vários municípios do Estado do Rio de Janeiro: Rio de Janeiro, Niterói, Teresópolis, Macaé, Nova Iguaçu, Araruama, Cabo Frio, Friburgo). Vários artigos em livros e revistas sobre o ensino e aprendizagem da geografia e seus conceitos básicos.

Pranchas coloridas

Figura 3: Trajeto casa-escola de aluno das primeiras séries

Turismo na França

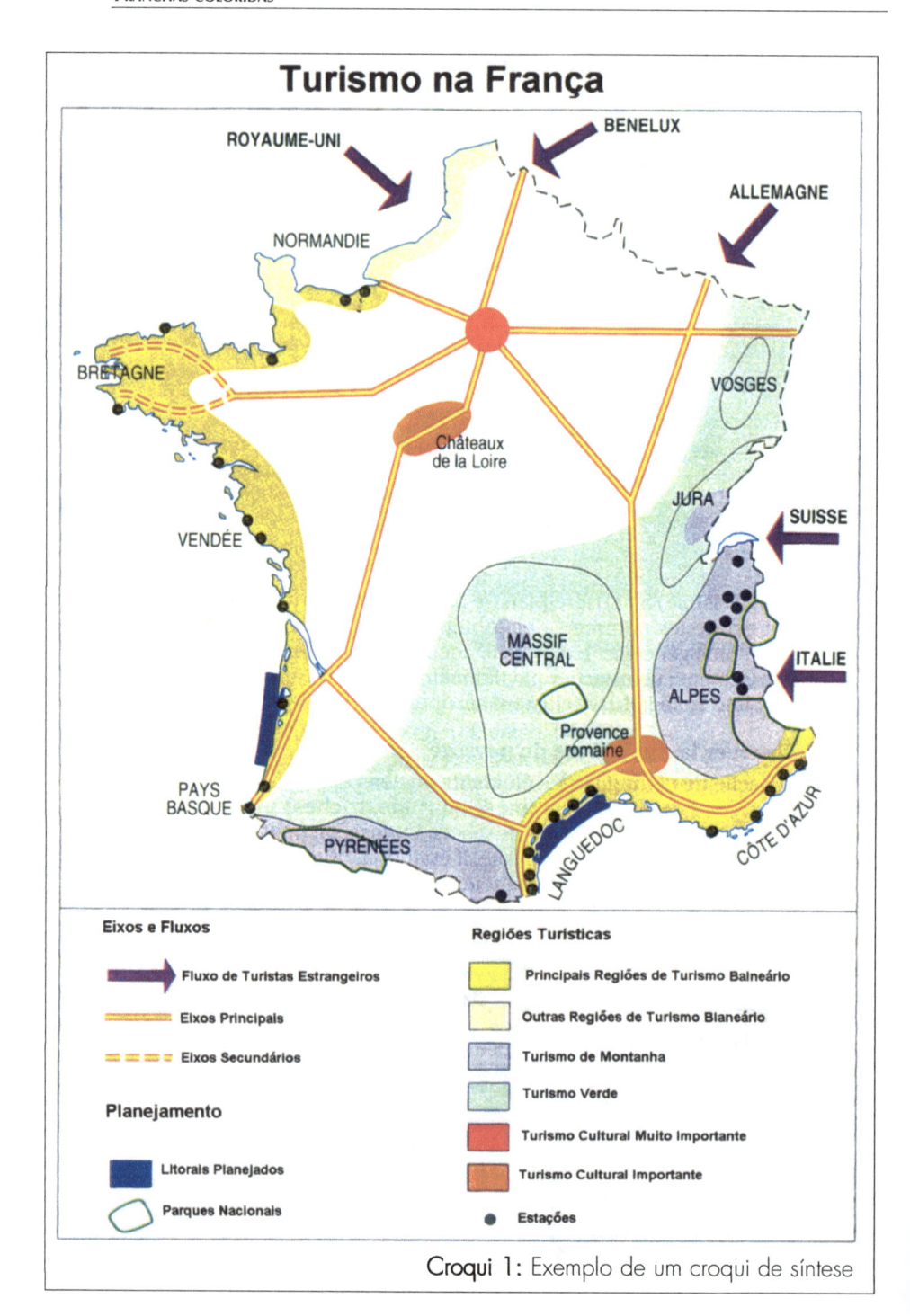

Croqui 1: Exemplo de um croqui de síntese

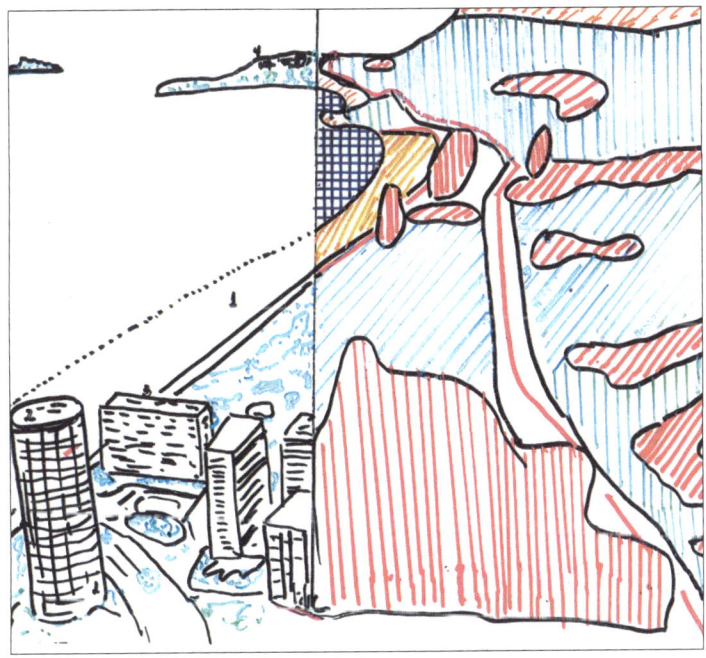

Croqui 4: Croqui baseado em fotografia

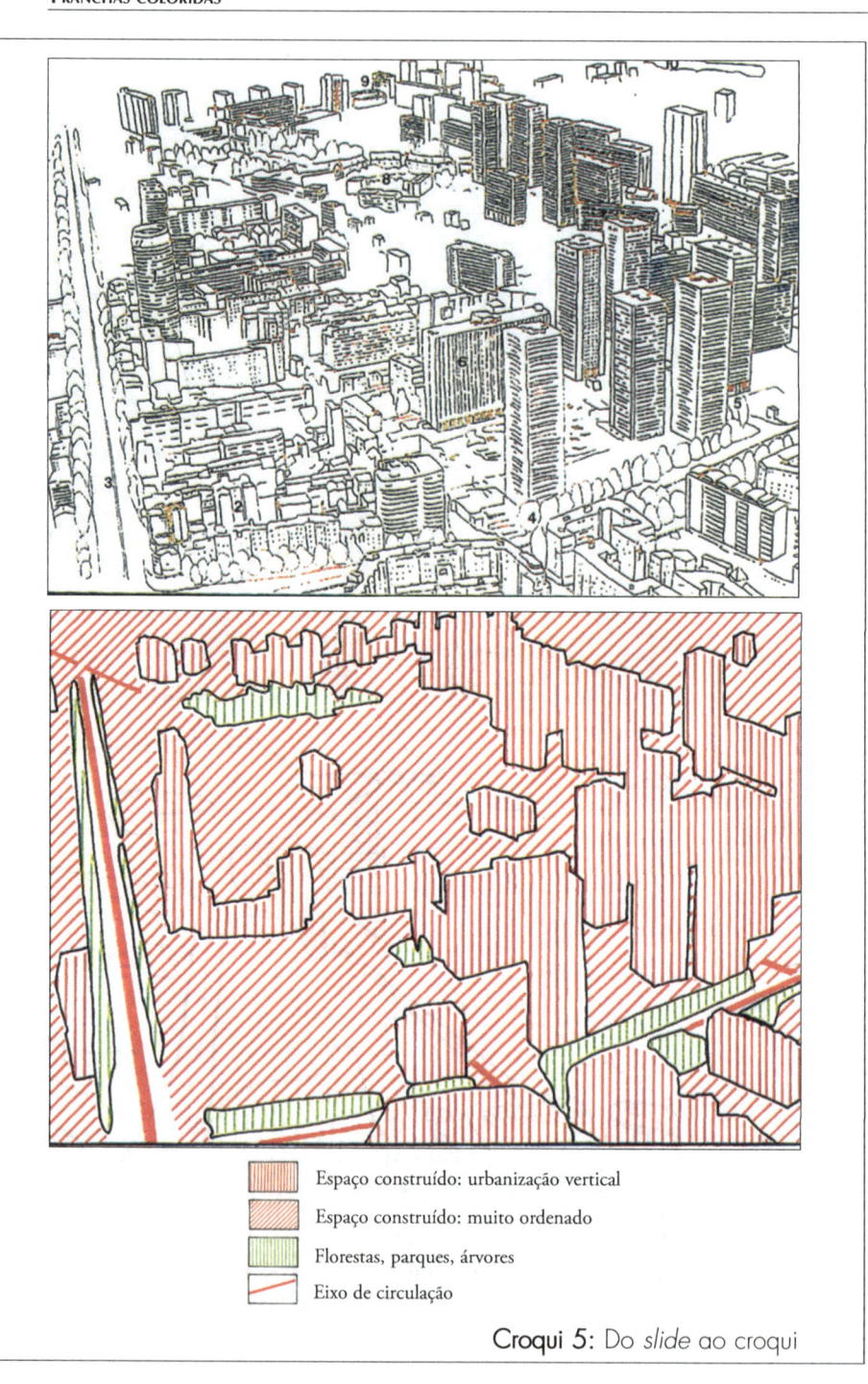

Espaço construído: urbanização vertical
Espaço construído: muito ordenado
Florestas, parques, árvores
Eixo de circulação

Croqui 5: Do *slide* ao croqui

Croqui 6: Foto aérea para a realização de croqui. Croqui da Vila Alemã feito por Luciane, 6ª-A, em 28/4/2000

LEGENDA
- Ferrovia
- Áreas construídas
- Áreas verdes
- Terrenos vazios
- Ruas e avenidas
- Lago Azul

amarelo: reflorestamento com eucalipto

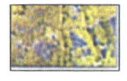

verde-amarelado: vegetação rasteira

azul-claro: solo com vegetação rala

azul-escuro: vegetação rala e estradas

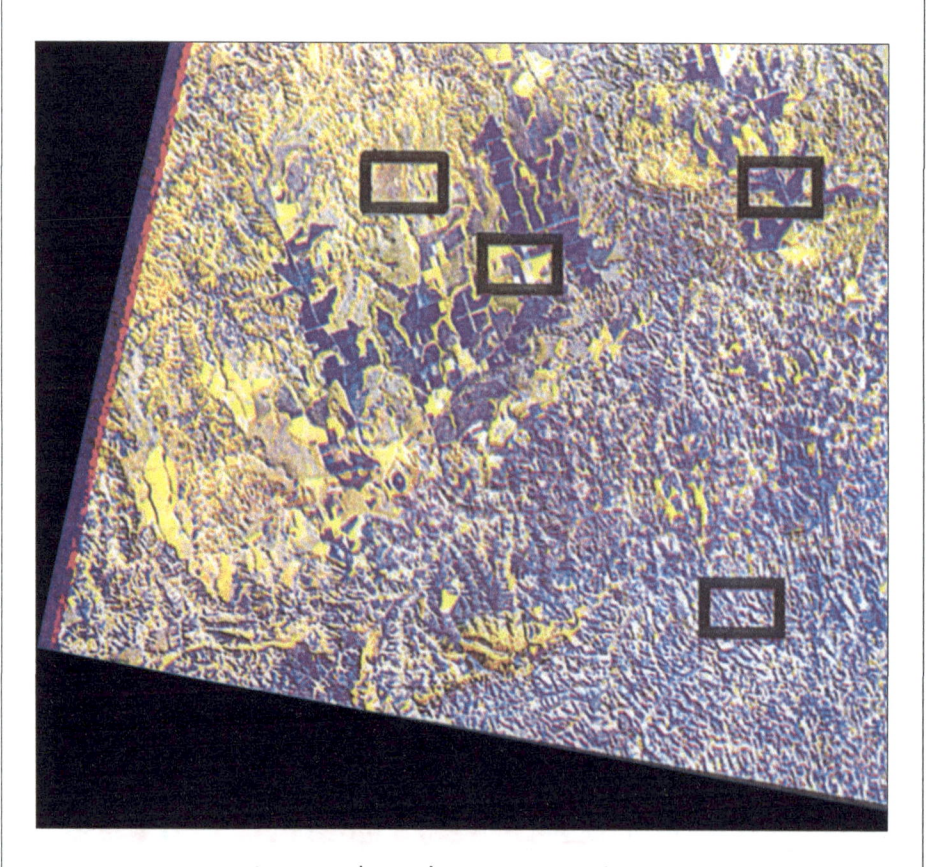

Imagem de satélite 1: Imagem de satélite do município de Itamarantiba (MG). Fonte: Le Sann (2002)

A Escolha das Variáveis

Formas \ O que Mostra?	DIFERENCIAÇÃO Informação Qualitativa	CLASSIFICAÇÃO Informação Ordenada	TAMANHO Informação Quantitativa
Pontos	• Variação de Formas ○ □ △ Atenção: além de um certo número de formas o olho humano não percebe a diferença • Variação de Cores	• Variação de Granulometria • Variação de Valor • Variação de Cores Atenção: a cor só exprime uma classificação ao variar o valor da tinta	• Variação de Tamanho (círculos)
Linhas	• Variação de Formas • Variação de Cores	• Variação de Granulometria • Variação de Valor • Variação de Cores Variando o Valor da Tinta	• Variação de Tamanho
Superfícies	• Variação de Orientação Atenção: o espaçamento e a espessura são constantes • Variação de Cores Contrastes mais fortes Cores Frias / Cores Quentes Cores complementares	• Variação de Granulometria • Variação de Valor • Variação de Cores Fazendo variar a cor Classes com valores opostos −∞ 0 +∞	• Variação de Tamanho Varia-se o tamanho de um círculo (ou de um retângulo) colocando-o no centro da superfície

Fonte: Adaptado e traduzido de Gérin-Grataloup (1995, p. 115)

CORTEZ
EDITORA
Comprometida com a educação

www.cortezeditora.com.br